넷지마스터의 탁구에 관한 거의 모든 것

탁구학개론

배석민 지음

넷지마스터의 탁구에 관한 거의 모든 것
탁구학개론

1판 1쇄 인쇄 2025년 9월 1일
1판 1쇄 발행 2025년 9월 12일

지은이 배석민

발행처 책보람
발행인 고찬규

신고번호 제2025-000225호
신고일자 2025년 8월 13일

주소 (04029) 서울특별시 마포구 양화로7길 84 영화빌딩 4층
전화 02-325-5676
팩스 02-333-5980

저작권자 ⓒ 2025 배석민
이 책의 저작권자는 위와 같습니다. 저작권자의 동의 없이
내용의 일부를 인용하거나 발췌하는 것을 금합니다.

값은 표지에 있습니다.
ISBN 979-11-94110-07-1 13690

넷지마스터의 탁구에 관한 거의 모든 것

탁구학개론

배석민 지음

머리말

안녕하세요. '넷지마스터(Net & Edge Master)' 유튜브 채널을 운영하는 배석민입니다. 채널명에 담긴 '네트와 엣지의 행운'처럼, 여러분의 일상에도 행운이 가득하기를 기원합니다.

탁구와의 인연은 2006년 대학 동아리에서 시작되었습니다. 부상으로 인한 5년간의 공백을 제외하고 약 13년 동안 탁구를 즐겨왔습니다. 2024년에는 생활스포츠지도사 2급, 2025년에는 노인스포츠지도사, 유소년스포츠지도사 탁구 자격증을 취득했습니다. 현재는 시도 부수 서울 5부와 전국 오픈 5부로 활동하고 있습니다.

비록 높은 수준의 실력은 아니지만, 오랜 기간 생활체육인으로서 쌓아온 경험과 체계적인 레슨을 통해 얻은 지식을 바탕으로 탁구 입문자들에게 실질적인 도움을 줄 수 있다고 판단하여 이 책을 집필하게 되었습니다.

'탁구학개론'은 읽는 것만으로 실력이 향상되는 마법의 책은 아닙니다. 하지만 탁구를 즐기는 데 필요한 대부분의 정보를 담고 있습니다. 이 책이 여러분의 탁구 여정에 믿음직한 안내서가 되기를 진심으로 바랍니다.

차례

머리말

제1장. 탁구학개론이란? •15

1. 탁구학개론의 목적
2. 탁구의 매력과 탁구학개론의 방향

제2장. 세계 탁구의 역사 •19

1. 들어가며
2. 탁구의 기원
3. 탁구 발전의 초석 (1900-1926년)
4. 하드 러버의 유행과 유럽 우위의 시대 (1920-1950년)
5. 소프트 러버의 유행과 아시아 우위의 시대 (1950-1970년)
6. 용품의 발전과 유럽의 재도약 (1970-1980년)
7. 탁구의 현대화 (1980-2025년)

제3장. 한국 탁구의 역사 •38

1. 들어가며
2. 한국 탁구의 기틀 마련 (1910-1940년대)
3. 한국 탁구의 국제 무대 진출 (1950-1960년대)
4. 한국 탁구의 황금기 (1970-1980년대)
5. 탁구 강국으로서의 한국 (1990년대)
6. 한국 탁구의 성숙기 (2000년대)
7. 한국 탁구의 세대교체 (2010년대)
8. 오늘날의 한국 탁구 (2020년대)

제4장. 탁구 주요 용어 •62

1. 들어가며
2. 탁구 규칙 용어
3. 탁구 기술 용어
    - 3-1. 서비스(Service, Serve)와 리시브(Receive)
    - 3-2. 포핸드 기본 타법 (Forehand Drive)
    - 3-3. 백핸드 기본 타법 (Backhand Drive)
    - 3-4. 스매시 (Smash)
    - 3-5. 탑스핀 (Top Spin)
    - 3-6. 푸시 (Push)
    - 3-7. 촙 (Chop)
    - 3-8. 드롭 샷 (Drop Shot)
    - 3-9. 플릭 (Flick)
    - 3-10. 바나나 플릭 (Banana Flick)
    - 3-11. 블록 (Block)
    - 3-12. 로브 (Lob, Lobbing)

제5장. 탁구 블레이드 •90

1. 들어가며
2. 라켓의 구성
3. 블레이드의 소재
4. 블레이드의 구조

5. 추천 블레이드
6. 비스카리아의 대안은?

제6장. 탁구 러버 •105

1. 들어가며
2. 핌플 인 러버
   - 2-1. 핌플 인 러버의 종류와 구조
   - 2-2. 스펀지의 구조와 특성
   - 2-3. 탑시트의 구조와 특성
3. 핌플 아웃 러버
   - 3-1. 핌플 아웃 러버의 종류와 구조
   - 3-2. 숏 핌플의 종류와 특성
   - 3-3. 롱 핌플의 종류와 특성
4. 러버의 수명과 관리 방법
5. 추천 평면 러버

제7장. 탁구 기타 용품 •124

1. 들어가며
2. 탁구대
3. 탁구공
4. 탁구화
5. 탁구 양말
6. 탁구복
7. 탁구 가방류
   - 7-1. 라켓 케이스

7-2. 탁구공 케이스
7-3. 탁구 가방
8. 러버 보호 용품
8-1. 러버 클리너와 스펀지
8-2. 러버 보호 필름
8-3. 러버 보호 커버
9. 블레이드 보호 용품
9-1. 사이드 테이프
9-2. 그립 테이프
9-3. 표면 보호 코팅제
9-4. 무게 증량 테이프
10. 러버 부착 용품
10-1. 수성 글루와 스펀지
10-2. 접착 시트
10-3. 커팅 칼과 가위
10-4. 부착 롤러
10-5. 무게 측정 저울
10-6. 후처리 용품

제8장. 탁구 용품 구매 방법 •147

1. 들어가며
2. 온라인 구매 방법
3. 오프라인 구매 방법

제9장. 탁구 러버 부착 방법 •170

1. 들어가며
2. 준비물
3. 1차 글루잉 및 건조
4. 2차 글루잉 및 건조
5. 러버 부착
6. 러버 자르기
7. 라켓 무게 측정

제10장. 탁구장 및 레슨 선택 방법 •181

1. 들어가며
2. 탁구장 유형과 장단점
3. 탁구장 선택 시 고려사항
4. 탁구장 예절

제11장. 대회 및 리그전 참가 방법 •192

1. 들어가며
2. 참가의 필요성
3. 부수 및 핸디 제도
　3-1. 부수 제도에 관한 배경지식
　3-2. 시도 부수와 전국 오픈 부수
　3-3. 리그전 부수
　3-4. 과거 지역 부수
　3-5. 탁구장 부수

4. 탁구 대회의 특징과 참가 방법
　　5. 탁구 리그전의 특징과 참가 방법

제12장. 탁구 정보 수집 방법 •206

　　1. 들어가며
　　2. 탁구 인터넷 커뮤니티 소개
　　　　2-1. 대한탁구협회
　　　　2-2. 빠빠빠 탁구클럽
　　　　2-3. 타토즈 공식 카페
　　　　2-4. TTGearLab
　　　　2-5. 탁구 마이너 갤러리
　　　　2-6. 탁구벼룩시장
　　3. 탁구 유튜브 채널 소개
　　　　3-1. 전문 선수 대회 채널
　　　　3-2. 생활체육 대회 채널
　　　　3-3. 레슨 채널
　　　　3-4. 동호인 종합 채널
　　　　3-5. 해외 채널

제13장. 탁구 관련 자격증 •221

　　1. 들어가며
　　2. 체육지도자 자격증
　　　　2-1. 자격 체계 안내
　　　　2-2. 필기시험 안내

2-3. 구술 및 실기시험 체계
　　　2-4. 구술시험 준비 방법
　　　2-5. 실기시험 준비 방법
　　　2-6. 구술 및 실기시험 실제 후기
　　　2-7. 연수 및 현장실습 안내
　　　2-8. 연수 및 현장실습 실제 후기
　3. 탁구 심판 자격증
　　　3-1. 취득 목적과 활용
　　　3-2. 3급 국내심판 자격증 취득 방법
　　　3-3. 2급 국내심판 자격증 취득 방법
　　　3-4. 1급 국내심판 자격증 취득 방법
　　　3-5. 국제심판 자격증 취득 방법

탁구학개론을 마치며 •248

부록 - 2025 국제탁구연맹 규정집 •250
　　탁구의 규칙
　　국제 경기 규정
　　탁구 용어
　　찾아보기

넷지마스터의 탁구에 관한 거의 모든 것
탁구학개론

제1장. 탁구학개론이란?

QR코드를 카메라로 스캔하면 해당 장의 유튜브 영상을 시청할 수 있습니다.

1. 탁구학개론의 목적

　탁구학개론은 생활체육 탁구를 시작하는 초보자를 위한 탁구 안내서입니다. 제목은 다소 거창해 보일 수 있지만, 제대로 탁구를 배우고 싶은 분들에게 꼭 필요한 정보만을 담고 있습니다.
　탁구 유튜브 채널 수가 많아지면서 탁구 정보의 양은 이전보다 풍성해졌습니다. 하지만 입문자가 산발적인 정보를 취합하는 데는 많은 시간과 노력이 필요합니다. 탁구학개론은 탁구에 입문하고 즐기는 데 필요한 핵심 정보만을 체계화하고 한곳에 모아 입문자들이 정보를 찾는 데 들이는 수고를 줄이는 데 목적을 두고 있습니다.
　탁구학개론 책은 유튜브 채널 '넷지마스터(Net & Edge Master)'의 '생활체육 탁구 입문자를 위한 탁구학개론' 영상 시리즈를 바탕으로 저술되었습니다. 기본 내용과 틀은 영상과 맥락을 같이하지만, 책 출간 시점에 맞춰 내용을 업데이트했고 영상에서 다루지 못했던 정보도 추가 수록했습니다.

따라서 이 책은 영상과 함께 활용하면 더 효과적입니다. 영상은 시청각 자료를 통해 이해를 돕고, 책은 더 자세한 설명과 추가 정보를 제공합니다. 종이책에는 QR 코드가, 전자책에는 각 장의 제목에 영상 링크가 있어 관련 유튜브 영상을 쉽게 볼 수 있습니다. 책과 영상을 함께 활용하면 탁구에 대한 이해를 더욱 높일 수 있습니다.

2. 탁구의 매력과 탁구학개론의 방향

다양한 생활체육 운동 중에 탁구를 선택한 것이 왜 좋은 결정일까요? 첫째, 탁구는 다른 운동에 비해 부상 위험이 적고 근력이나 체력 요구가 상대적으로 낮습니다. 덕분에 남녀노소 누구나 함께 즐길 수 있습니다. 60~70대가 20대를 이기거나, 여성이 남성을 이기는 경우도 흔히 볼 수 있습니다. 또한 다양한 전형과 용품을 활용하면 체력에 크게 의존하지 않고도 승리할 수 있는 전략을 구사할 수 있습니다. 반대로 전문 선수들처럼 높은 운동량을 원한다면 그에 맞는 전형도 선택할 수 있어, 개인의 체력과 선호에 맞는 탁구 스타일을 정할 수 있습니다.

둘째, 탁구는 공간 제약과 날씨의 영향을 적게 받습니다. 러닝은 접근성이 좋지만 비 오는 날 하기 어렵고, 배드민턴이나 테니스는 넓은 공간이 필요해 코트 이용에 제약이 있을 수 있습니다. 반면 탁구는 작은 공간의 실내에서도 즐길 수 있어, 원하는 시간에 자유롭게 운동할 수 있습니다.

셋째, 용품 조합의 재미가 있습니다. 다른 스포츠도 용품을 선택하는 재미가 있지만 탁구는 다른 스포츠의 수준을 월등히 넘어섭니다. 탁구 라켓은 러버와 블레이드로 구성되는데, 러버의 재질 및 형태와 블레이드를 구성하는 목재 및 특수소재가 다양해 수백 가지의 조합이 가능합니다.

넷째, 다른 스포츠보다 비용이 적게 드는 스포츠입니다. 물론 개인의 선택에 따라 레슨이나 용품 구입 비용이 달라질 수 있지만 기본적으로 경제적인 편입니다.

마지막으로 탁구는 어렵습니다. 남자들은 군대에서 탁구를 접하는 경우가 많습니다. 군대에서 탁구를 잘했던 경험을 생각하고 탁구장에 방문했다가 어머님들께 혼쭐난 기억이 한 번은 있을 겁니다. 탁구는 쉽게 보이지만 실제로는 매우 복잡하고 어려운 스포츠이기 때문입니다. 섬세한 기술, 회전에 대한 이해, 다양한 전형에 대한 대응 등 많은 경험과 연습이 필요합니다. 그래서 탁구는 생각보다 경기력을 단기간에 늘리기 어렵습니다. 어려움이 오히려 장점이 될 수 있는 이유는 지속적인 연습 동기를 부여하기 때문입니다. 이는 나이와 성별의 제약이 적다는 점과 더불어 탁구를 평생 운동으로 삼을 수 있는 원동력입니다.

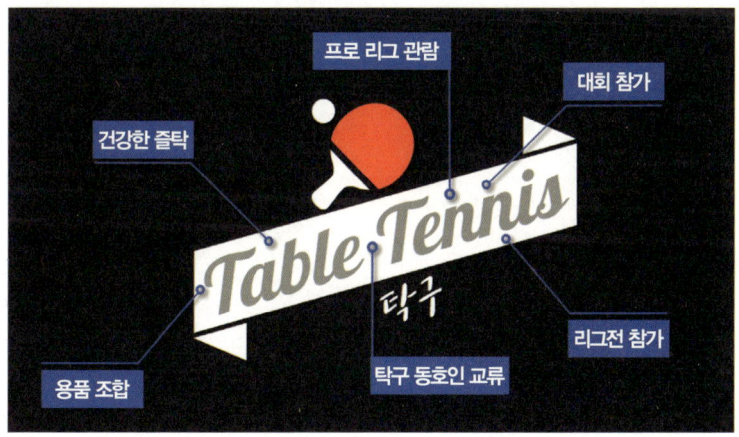

다양한 대회와 행사에 참여하면서 다른 동호인들과 교류하다 보면, 탁구를 통해 깊이 있고 다양한 즐거움을 얻을 수 있습니다. 이러한 이유들 덕분에 탁구에 입문하려는 결정은 아주 훌륭한 선택입니다.

탁구에 입문하려면 어떤 것들을 알아야 할까요? 모든 스포츠는 역사와 용어를 알면 종목에 대한 이해가 증진됩니다. 우선 제2장부터 제4장까지 탁구의 역사와 용어에 대해 소개하겠습니다. 이후 제5장부터 제9장까지는 라켓, 탁구공, 탁구화 등 탁구를 하기 위한 필수 용품과 그 외의 기타 용품에 대해 다루겠습니다.

용품을 갖춘 뒤에는 탁구장에 갑니다. 제10장에서는 탁구장 등록 방법 및 레슨 선택 시 유의할 점, 탁구장 예절 등을 다루겠습니다. 제11장에서는 탁구장과 탁구 기술에 익숙해졌다는 전제하에 대회 및 리그전에 참가하는 방법, 제12장에서는 업데이트되는 탁구 정보를 얻는 방법에 대해 다루면서 탁구 실력을 빠르게 증진하는 방법을 정리해 드리겠습니다.

마지막으로 탁구 실력이 일정 수준에 다다르면 관심 두게 되는 탁구 자격증의 종류와 취득 방법을 제13장에서 다루면서 탁구학개론을 마치겠습니다.

제2장. 세계 탁구의 역사

QR코드를 카메라로 스캔하면 해당 장의 유튜브 영상을 시청할 수 있습니다.

1. 들어가며

탁구는 100년이 넘는 긴 기간 동안 규칙과 용품이 끊임없이 발전해 왔습니다. 탁구의 역사를 이해하는 것은 단순히 지식을 축적하는 것을 넘어, 현대 탁구의 규칙과 장비를 더욱 깊이 있게 파악할 수 있는 기반이 됩니다. 탁구에 대한 폭넓은 시각을 갖추고, 탁구를 더욱 풍성하게 즐길 수 있기 때문에 탁구의 역사를 알아두는 것은 큰 의미가 있습니다.

본 장에서는 탁구의 기원에 대해 알아본 뒤, 1900년대에 탁구의 기틀이 어떻게 마련되고 발전했는지 살펴보겠습니다. 마지막으로 2000년대 현대 탁구가 완성되어 가는 과정을 알아보면서 내용을 마치겠습니다.

2. 탁구의 기원

탁구는 1800년대 후반 영국 빅토리아 시대 때 사교적 오락거리로 시

작되었습니다. 초기에는 샴페인 코르크 뚜껑을 공으로, 시가 상자를 라켓으로, 책을 네트로, 식탁을 탁구대로 사용했습니다. 초창기 탁구는 배드민턴이나 테니스와 마찬가지로 주 드 포메(Jeu de Paume)로 알려진 중세 테니스 방식에서 출발했습니다. 상류층의 식후 오락거리나 비오는 날 테니스를 대신해서 하는 테니스의 테이블 버전으로 성행했습니다.

정확한 연대 측정이 가능한 최초의 탁구 기록은 탁구 연구가 앨런 듀크(Alan Duke)가 발견한 랄프 슬레이젠저(Ralph Slazenger)의 1883년 그물망에 대한 영국 특허입니다. 이 특허는 당구대나 식탁에 그물망을 걸쳐 실내에서 테니스를 할 수 있도록 하는 내용을 담고 있습니다.

탁구가 본격적으로 틀을 갖추기 시작한 것은 각종 탁구 게임 세트들이 출시되면서입니다. 가장 오래된 게임 세트는 1890년 영국에서 데이비드 포스터(David Foster)가 특허받은 팔러 테이블 게임즈(Parlour Table Games)입니다. 팔러 테이블 게임즈는 스트링이 있는 라켓, 30mm 천으로 덮인 고무공, 그리고 테이블 주변에 설치하는 목재 울타리, 양쪽의 큰 사이드 네트로 구성되어 있었습니다. 팔러 테이블 게임즈가 인기를

　얻으면서 다른 게임 제조업체들도 테니스의 실내 버전을 상용화하기 시작했습니다. 보드 주사위, 카드, 라켓과 풍선 등을 이용한 다양한 방식을 시도했고, 제각기 인기를 얻으면서 탁구와 관련된 다양한 명칭과 규칙이 생겨났습니다. 그중에서도 오늘날의 탁구 명칭인 '테이블 테니스(Table Tennis)'가 공식적으로 세상에 나온 것은 1885년 10월 9일의 일입니다.

　과거에 테이블 테니스란 명칭을 처음 만든 사람이 누구인지에 대한 논란이 있었습니다. 탁구 연구가 앨런 듀크에 의하면, 제임스 데본셔(James Devonshire)가 1885년 테이블 테니스에 대한 특허를 가장 먼저 획득했으나 1887년에 특허가 폐기되었습니다. 게다가 데본셔가 탁구 게임 제작에 기여했다는 증거가 없고, 1901년 '디 에코(The Echo)' 잡지와의 인터뷰에서 데본셔 본인이 고시마(Gossima) 게임을 만든 존 자크(John Jaques)가 테이블 테니스란 이름과 규칙을 발명했다고 말한 것이 발견되면서 논란은 일단락되었습니다. 다만 학계에서는 존 자크가 데본셔에게 대가를 지불하고 구입한 아이디어가 1891년에 출시한 존 자크의 고시마 게임의 기초가 되었다는 가설을 유력하게 보고 있습니다.

테이블 테니스의 근간이 된 고시마는 셔틀콕 게임의 드럼 스타일의 라켓을 차용하고, 50mm 코르크공을 사용했으며, 테이블 아래에 벨트와 같은 가죽끈으로 고정된 30cm 높이의 그물망을 사용했습니다.

한편, 고시마는 고무공 버전과 코르크공 버전이 있었습니다. 존 자크가 1890년대 내내 두 가지 버전의 고시마를 광고했지만, 고무공은 너무 강하게 튀어 오르고 코르크공은 너무 약하게 튀어 오르기 때문에 인기를 얻는 데 실패했습니다.

이후 1900년(1898~1901년 사이 추정)에 이상적인 바운스를 보이는 셀룰로이드 공이 제임스 깁(James Gibb)에 의해 게임에 도입되었고, 1902년 구드(E. C. Goode)에 의해 나무판 위에 돌기나 홈이 있는 얇은 고무를 붙여 만든 라켓이 도입되면서 오늘날의 탁구와 유사한 형태가 나타납니다.

3. 탁구 발전의 초석 (1900-1926년)

1900년 셀룰로이드 공이 도입되면서부터 '핑퐁(Ping Pong)'이라는 명칭이 붙기 시작했습니다. 핑퐁이라는 이름이 유행한 이유는 라켓과 셀룰로이드 공이 튕기는 소리가 1884년 해리 데이커(Harry Dacre)의 노래에서 들리는 핑퐁이라는 소리와 유사했기 때문입니다.

핑퐁이라는 명칭이 인기를 얻자 존 자크는 고시마의 이름을 'Gossima or Ping Pong'으로 바꿨고, 최종적으로 고시마라는 명칭은 삭제했습니다. 핑퐁 외에도 위프와프(Whiff Waff), 폼폼(Pom Pom), 핌팜(Pim Pam) 등의 이름으로도 불렸으나 결국 살아남은 명칭은 '핑퐁'과 '테이블 테니스' 두 가지입니다.

두 가지의 이름 모두 인기가 있었기에 테이블 테니스 협회와 핑퐁 협회가 1901년 런던에서 따로 결성되었습니다. 각각 경기 규칙이 달라지면서 몇몇 문제가 생기면서 결국 1903년에 두 협회가 통합되었습니다. 하지만 1904년 영국에서는 점차 탁구 열풍이 사라지면서 협회가 해체

됐고 동유럽에서만 인기가 지속되는 상황이 유지되었습니다. 영국에서 탁구 협회가 다시 창설된 것은 17년 뒤인 1921년입니다. 영국과 유럽 각지에서 대회들이 부활하면서 1922년 종주국인 영국에서 게임 표준법이 제정되었습니다.

이후 1926년 독일 탁구협회장인 레만(Georg Lehmann) 박사가 제창하고, 오스트리아, 서독, 헝가리 등의 대표들이 베를린에 모여 국제탁구연맹(ITTF: International Table Tennis Federation)을 결성했습니다. 또한 같은 해, 영국 런던에서 첫 세계선수권대회가 열리면서 '테이블 테니스'라는 이름이 공식 명칭으로 사용되었고, 아이보르 몬태규(Ivor Montagu, 영국) 초대 회장이 선출되어 국제탁구연맹 헌법과 첫 번째 표준화된 법률 세트가 채택되었습니다. 이런 과정을 통해 탁구 발전의 초석이 마련되었습니다.

4. 하드 러버의 유행과 유럽 우위의 시대 (1920-1950년)

1920년에서 1950년까지는 스펀지 없이 돌기가 돌출된 탑시트(러버의 스펀지를 제외한 고무 부분)만 있는 오소독스 러버(Orthodox Rubber)를 사용한 하드 러버 라켓(Hard Rubber Racket)이 주로 사용되었습니다.

이 시기에는 탁구 보급이 늦은 아시아보다는 유럽이 강세를 보였습니다. 일례로 1926년부터 1931년까지 헝가리의 마리아 메드난스키(Maria

Mednyanszky) 선수가 세계선수권에서 5연패를 달성하고 총 18개의 금메달을 획득했으며, 1930년부터 1935년 사이에는 헝가리의 빅터 바르나(Viktor

Barna) 선수가 세계선수권에서 단식을 다섯 번 우승하고, 총 22개의 금메달을 획득했습니다.

유럽 강세의 분위기 속에서 1937년에 탁구 규칙에 첫 변화가 일어납니다. 1936년 체코슬로바키아 프라하에서 열린 제10회 세계선수권대회에서 역사상 가장 긴 랠리가 펼쳐졌습니다. 알로이지 에

를리히(Alojzy Ehrlich) 선수와 페네스 파르카스(Paneth Farkas) 선수의 수비적인 스타일로 인해 경기 시작 후 첫 포인트를 내는 데 무려 2시간 12분이 걸렸습니다. 1937년 국제탁구연맹은 이를 문제 삼아 네트 높이를 17.2cm에서 15.25cm로 낮추어 공격적인 스타일을 유도했고, 경기 시간 제한을 강화했습니다.

탁구가 전 세계로 보급되면서 유럽 외 지역 처음으로 1939년 이집트의 카이로에서 세계선수권대회가 열렸으며, 1940년에서 1946년까지는 제2차 세계 대전으로 인해 국제탁구연맹은 활동을 중단하고 세계선수권대회를 개최하지 않았습니다.

전쟁 종식 후 1947년부터 국제탁구연맹이 활동을 재개한 이후, 1950년부터 1955년까지 안젤리카 로제아누-아델슈타인(Angelica Rozeanu-Adelstein) 선수가 세계선수권대회에서 6연패를 달성했으나, 점차 아시아의 강세로 현재까지 여자 단식 우승을 차지한 마지막 비아시아인이 되었습니다.

 2.15.1 경기 촉진제

2.15.1 '경기 촉진제'는 2.15.2항에 명시된 경우는 제외하고 게임 시작 후 10분이 되었거나 또는 시간에 관계없이 양쪽 선수 또는 복식조의 요청이 있을 경우에 시행한다.

2.15.1 경기 촉진제는 게임 중 양 선수나 조가 득점한 점수의 합이 적어도 18점이 되면 시행하지 않는다.

2.15.3 제한 신간이 되었을 때 서브한 선수가 서브하도록 하여 경기를 재개시킨다. 경기 촉진제가 시행되는 시점에 공이 랠리에서 리시브했던 선수가 서브하도록 하여 경기를 재개 시킨다.

2.15.4 그 이후 각 선수는 게임이 끝날 때까지 1포인트씩 교대로 서브한다. 그리고 리시브 하는 선수 또는 조가 13개의 리턴에 성공하면 리시버는 1포인트를 획득한다.

2.15.5 (2.13.6)에서 정의한 바와 같이 경기 촉진제의 시행이 해당 매치 내에서 서빙, 리시빙 순서를 바꾸지 않는다.

2.15.6 경기 촉진제가 일단 시행되면 매치가 끝날 때까지 경기 촉진제를 계속 유지 한다.

5. 소프트 러버의 유행과 아시아 우위의 시대 (1950-1970년)

최초의 러버인 오소독스 러버 등장 이후에도 다양한 종류의 러버가 등장했지만, 1950년 전까진 탑시트만 있는 오소독스 러버가 주류였습니다. 하지만 1950년에 들어 스펀지를 사용하여 부드럽다는 의미인 소프트 러버(Soft Rubber)가 대세로 떠오르면서 아시아 탁구의 강세가 시작됩니다.

소프트 러버에 대해 부연 설명을 하자면, 소프트 러버의 종류로는 오소독스 러버에 스펀지를 붙인 핌플 아웃 러버(Pimple out Rubber), 돌기를 스펀지 쪽으로 붙인 인버티드 러버(Inverted Rubber) 혹은 핌플 인 러버(Pimple in Rubber), 단단한 스펀지와 부드러운 스펀지 두 장을 겹친 스펀지 러버 등이 있습니다. 러버에 대한 자세한 정보는 '제6장. 탁구 러버'에서 다룹니다.

아시아탁구연맹(ATTF, 현 아시아탁구연합 ATTU)이 출범한 1952년에 인도 봄베이에서 아시아 최초로 세계선수권대회가 개최됩니다. 이 대회에서 일본의 사토 히로지(佐藤 博治, Sato Hiroji) 선수가 두꺼운 스펀지로 덮

인 라켓을 사용해 최초의 아시아인 세계 챔피언이 되면서 소프트 러버가 빛을 발합니다.

1954년 런던 세계선수권대회에서도 일본의 오기무라 이치로(荻村 伊智朗, Ogimura Ichiro) 선수가 겉면은 단단하고 안쪽은 부드러운 두 장의 스펀지를 겹친 7mm가 넘는 러버를 사용하여 우승하였는데, 공격은 강력했으나 소리가 크지 않아 사람들은 사일런트 스매시(Silent Smash)라 불렀습니다.

1955년의 세계선수권대회에서도 일본의 다나카 토시아키(田中 利明, Tanaka Toshiaki) 선수가 고무 탑시트와 스펀지가 결합된 러버로 우승하면서 핌플 인 러버도 주목을 받게 됩니다. 당시에는 러버의 두께에 제한이 없었기 때문에 오늘날과 달리 매우 두꺼운 러버였습니다.

두꺼운 스펀지 러버와 핌플 인 러버로 일본이 탁구계를 점령하자, 1959년 독일 도르트문트 세계선수권대회에서 국제탁구연맹은 타구음이 없는 스펀지 러버를 금지하고, 러버 두께 제한을 4mm 이하로 두는 라켓 표준화법을 만들었습니다. 새로운 규정으로 인해 일본의 기세는 한층 꺾였으나, 1953년부터 국제대회에 참가한 핌플 아웃 러버를 사용하는 중국 선수들의 전성기로 이어졌고, 1959년 롱궈톈(容国团, Rong Guotuan) 선수가 중국인 최초로 세계 챔피언이 되면서 아시아의 강세는 계속되었습니다. 그 과정에서 1963년 중국에서 롱 핌플 러버의 원형이

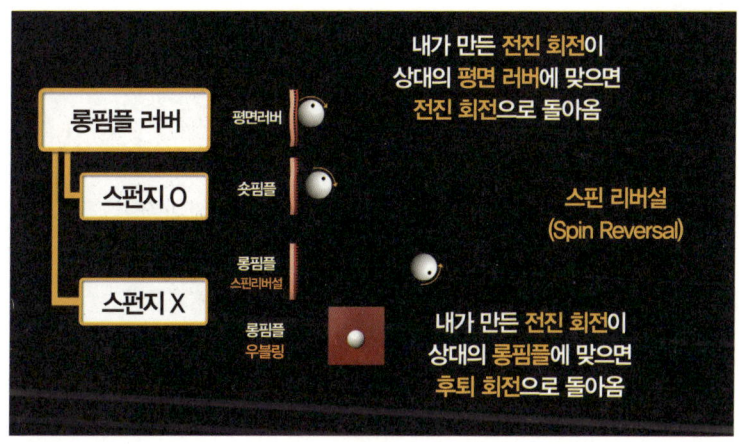

되는 러버가 탄생했습니다.

이전까지는 핌플 아웃 러버의 돌기 규정이 없었기 때문에 숏 핌플 러버(Short Pimple out Rubber)와 롱 핌플 러버(Long Pimple out Rubber)를 특별히 구별하진 않았으나, 롱 핌플 특유의 리버스(Reverse) 성질과 우블링(Wobbling) 성질이 두각을 보이면서 돌기가 짧은 숏 핌플 러버와 구분되기 시작했습니다.

6. 용품의 발전과 유럽의 재도약 (1970-1980년)

1967년에 최초로 탑시트에 합성 고무를 섞은 버터플라이(Butterfly) 브랜드의 스라이버(Sriver)와 1969년 야사카(Yasaka) 브랜드의 마크 V(Mark V)라는 핌플 인 러버가 출시되면서, 천연 고무만 사용한 이전 러버들 대비 공의 속도와 회전력이 많이 증가했습니다. 1971년 마크 V를 사용한 스텔란 벵트손(Stellan Bengtsson) 선수가 남자 단식 우승을 차지했고,

1975년에는 헝가리의 요니에르(Istvan Jonyer) 선수가 스라이버를 사용하여 세계 챔피언이 되면서 유럽의 올라운드와 파워가 전진속공의 중국 탁구를 이겨냅니다.

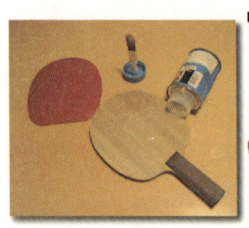 

또한 1978년 헝가리의 클람파르(Tibor Klampar) 선수는 시합 시작 전 급하게 러버를 붙였는데, 러버에서 금속성의 높은 소리와 함께 스피드와 회전이 늘어나는 것을 우연히 발견했습니다. 저휘발성 용매의 비율이 높은 접착제를 사용하여 스펀지가 젖은 상태로 경기하면 트램펄린 효과가 일어나 일정 시간 동안 스피드와 회전이 증가한다는 것을 알게 되었습니다. 이런 성질을 띠는 접착제를 '스피드 글루(Speed Glue)'라고 부르기 시작했습니다.

다른 유럽 선수들도 스피드 글루를 사용하면서 잠시나마 유럽 탁구가 중국 탁구에 우위를 점했으나, 중국 선수들도 곧 스피드 글루를 사용하기 시작했습니다. 결국 1981년 유고슬라비아 노바사드에서 열린 세계선수권대회에서 중국이 7개의 금메달을 모두 차지했고 중국의 세계 탁구 지배가 확고해졌습니다.

스라이버, 마크 V처럼 탄성과 마찰력이 높은 핌플 인 러버 외에도 회전의 영향을 적게 받는 안티스핀 러버(Anti-spin Rubber)가 1971년에 새롭게 등장했고, 중국의 시엔팅(郗恩庭, Xi Enting)이 1973년 세계 챔피언이 되면서 점착 러버의 존재감도 부각되었습니다. 특히 차이전화(蔡振华, Cai Zhenhua) 선수가 한쪽은 평범한 핌플 인 러버, 다른 한쪽은 안티스핀 러버를 같은 검정 색상으로 사용하는 동시에, 서비스 시 공이 어떤 면에 맞는지 모르도록 몸으로 가리는 플레이로 많은 성적을 냈습니다.

결국 국제탁구연맹은 1983년 다른 색상의 러버를 붙여야 한다는 규정과 함께 몸으로 서비스를 가리면 안 된다는 규정을 발표했습니다. 이 규정의 영향으로 안티스핀 러버의 영향력이 줄어들고 그 자리를 롱 핌플 러버가 차지하게 됩니다.

	1937년 '핑거 스핀 서비스 금지'	공을 손가락으로 튕기어 임의의 회전을 주는 것을 금지
	1947년 '오픈 핸드 서비스 채택'	프리핸드의 손바닥을 펴고 올린 공을 수직에 가깝게 위로 던져야 하는 규정 → 주먹 서브 금지
	1965년	공은 올라갔다 내려오는 중에 쳐야 한다는 규정 채택(서브 타이밍을 리시버가 알 수 있게 만듦)
	1983년 '바디 하이드 서비스 금지'	공을 몸으로 가리는 서비스 금지(현 서비스 규정 2. 6. 4 공이 리시버에게 가려져서는 안 된다)
	2002년 '핸드 하이드 서비스 금지'	프리 핸드로 공 가리는 것 금지(현 서비스 규정 2. 6. 4 공이 리시버에게 가려져서는 안 된다)
한쪽 면은 반드시 블랙 색상 러버		양쪽 면 같은 색상 러버 금지

7. 탁구의 현대화 (1980-2025년)

1980년대에 들어 탁구는 올림픽 공식 종목으로 채택되면서 현대화의 길을 걷습니다. 1977년 국제탁구연맹이 국제올림픽위원회(IOC)로부터 공식 인정을 받았고, 1988년 대한민국 서울 올림픽에서 탁구가 처음으로 올림픽 종목으로 도입되었습니다. 이때 서울 올림픽에서 한국인인 유남규 선수가 최초의 올림픽 남자 단식 금메달리스트가 되었습니다.

1992년 바르셀로나 올림픽에서는 얀 오베 발드네르 혹은 발트너(Jan-Ove Waldner) 선수가 유럽 최초의 올림픽 금메달리스트가 되면서, 올림픽, 세계선수권, 월드컵 세 개의 메이저 대회를 우승한 최초의 탁구 그랜드 슬래머(Grand Slammer)가 됩니다.

하지만 1995년 중국 톈진에서 열린 세계선수권대회에서는 역대 그랜드 슬래머인 공링후이(孔令輝, Kong linghui)와 류궈량(刘国梁, Liu Guoliang)

을 필두로 한 중국이 단식 금은동은 물론 7개의 종목에서 금메달을 휩쓸면서 중국의 만리장성 탁구를 굳건히 했습니다.

  1996년에는 ITTF 프로 투어가 시작되면서 전 세계에서 대회가 개최되기 시작했고, 중계 스포츠에 적합하도록 국제탁구연맹은 탁구 규정을 개선하게 됩니다. 첫째, 2000년 시드니 올림픽이 끝난 후 탁구공 지름을 38mm에서 40mm로 늘렸습니다. 탁구공이 커지면서 화면에서 공을 좀 더 잘 볼 수 있게 되었으며, 길어진 랠리를 통해 탁구에 대한

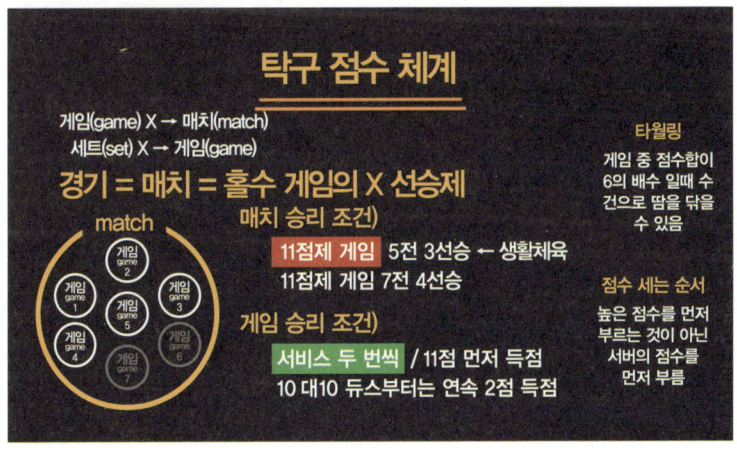

시청자들의 흥미를 높이고자 했습니다.

둘째, 2001년 일본 오사카에서 열린 세계선수권대회부터 경기 시스템을 변경하였습니다. 서비스권을 5개에서 2개로 줄임으로써 과도한 서비스 득점으로 인해 경기가 단조로워지는 것을 방지했고, 게임 스코어를 21점에서 11점으로 줄여 경기의 속도감을 높였습니다. 규정 변경의 목적은 중계 프로스포츠로서 적합하게 바꾸는 것이었지만 중국의 강세를 막는 것이라는 견해도 존재했습니다.

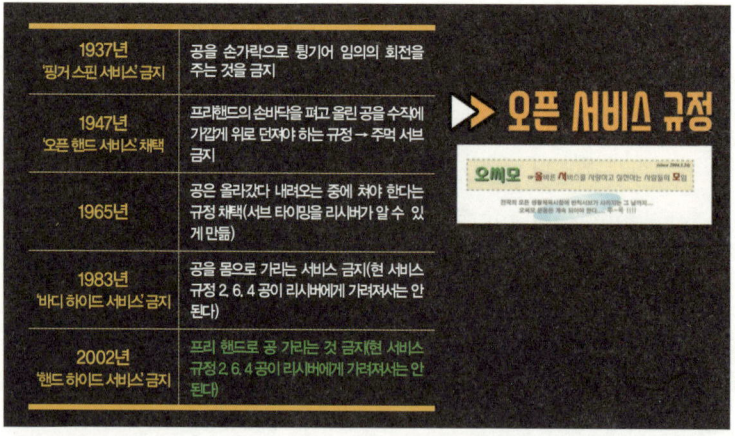

그런데도 공링후이, 마린(马琳, Ma Lin), 왕리친(王励勤, Wang Liqin) 선수의 활약으로 오사카 세계선수권에서도 중국이 7개의 금메달을 모두 획득하면서 여전히 만리장성의 견고함을 보여줬습니다. 1년 뒤인 2002년 국제탁구연맹은 서비스의 영향력을 더 줄이기 위해 공을 토스하는 프리 핸드로 서비스 임팩트(라켓과 공이 충돌하는 순간 혹은 공에 힘을 전달하는 능력)를 가리는 것을 금지했습니다.

경기 규정 변경 외에도 현대 탁구에 큰 영향을 준 사건이 있는데 바로 스피드 글루의 금지입니다. 앞서 언급한 대로 스피드 글루는 1978년부터 사용되기 시작했습니다. 당시에는 톨루엔, 벤젠과 같은 유독성 용매가 사용되어 선수들의 건강을 해치고, 스포츠 정신에 위배된다는 이유로 탁구의 이미지가 크게 손상되고 있었습니다. 또한 청소년들이 스피드 글루를 본드 흡입하듯 환각제로 사용하는 경우도 발생하면서 사회적 문제로도 대두되었습니다. 1992년 오기무라 이치로 국제탁구연맹 회장의 강력한 주장에 의하여 스피드 글루가 금지되었고, 이후 독성이 없는 용매를 사용한 공인 스피드 글루만 재허용 되었습니다. 하지만 여전히 건강에 유해한 휘발성 유기화합물(VOC: Volatile Organic Compounds)이 검출되어 2005년 상하이 세계선수권 총회에서 2007년부터 스피드 글루를 전면 금지하기로 했습니다. 이후 유예기간을 두어 베이징 올림픽이 끝난 직후인 2008년 9월 최종 금지되었습니다. 스피드 글루의 금지가 예정되면서 용품 제조사들은 스피드 글루 효과를 내장하는 러버를 개발하기 시작했습니다.

스피드 글루 금지 이후 한 번 더 탁구계를 뒤흔드는 대격변이 일어나는데 바로 탁구공 소재의 변경입니다. 2014년 탁구공 소재는 셀룰로이드의 인화성으로 인해 항공 운송이 어려워지면서 플라스틱으로 변경되었습니다. 그 결과 셀룰로이드 대비 회전력과 탁구대 바운드 후의 변화가 줄어들었습니다. 강력한 포핸드 탑스핀을 주력으로 삼는 일본식 펜홀드 그립 전형과 탁구대에서 떨어져 경기하는 중후진 올라운드 전형은 사장되었으며, 구질 변화를 중요시하는 수비수 또한 불리해졌습니다. 이런 분위기 속에서 회전력이 높고 전진에서 유리한 중국식 고경도 점착 러버 사용이 더욱 주목을 받게 되었습니다. 탄성이 부족한 점착 러버 특성상 자연스레 스펀지의 탄성을 높이는 부스팅 후처리가 필수적인 요소로 따라다니게 되었습니다.

2025년 지금도 과거부터 점착 러버를 사용한 중국은 체계적인 선수 육성 시스템과 인프라를 기반으로 탁구 최강국의 위치를 굳건히 하고 있습니다. 2020년에는 마롱(马龙 Ma Long) 선수가 그랜드 슬램 달성 이후 두 번 연속 올림픽 단식 금메달을 획득하여 탁구계 G.O.A.T(Greatest Of All Time)라는 칭호를 받음과 동시에 중국 탁구의 강함을 상징하는 존재가 되었습니다. 지금도 판젠동(樊振东, Fan Zhendong), 왕추친(王楚钦, Wang Chuqin), 량징쿤(梁靖崑, Liang Jingkun) 등의 걸출한 선수들은 물론, 린시동(林诗栋 Lin Shidong)과 같은 무서운 신예들도 계속해서 배출하고 있어 앞으로도 당분간은 다른 국가들이 중국 탁구의 만리장성을 무너뜨리기

란 쉽지 않아 보입니다.

  탁구는 지금도 발전하고 있습니다. 국제탁구연맹은 2019년 자회사인 WTT(World Table Tennis)를 설립하여, 탁구를 더 상업적이고 대중적인 스포츠로 발전시키고자 노력하고 있습니다. 다양한 탁구 용품 제조사들은 부스팅 후처리가 없어도 만족할 만한 성능의 러버를 만들어내기 위해 노력하고 있습니다. 비록 지금은 중국 탁구가 세계 탁구를 지배하고 있지만, 선수들의 수준이 상향 평준화되고 있기에 중국을 위협하는 선수들이 더욱 많이 등장할 거라 기대합니다.

제3장. 한국 탁구의 역사

QR코드를 카메라로 스캔하면 해당 장의 유튜브 영상을 시청할 수 있습니다.

1. 들어가며

본 장에서는 앞서 다룬 세계 탁구의 역사에 이어 대한민국 탁구의 역사를 살펴보겠습니다. 탁구가 한국에 어떻게 도입되고 발전의 기틀

시대구분	남자 선수 계보	여자 선수 계보
1920-1930	권상순, 장경복, 방인영	이용렴
1930-1950	최근항	
1950-1960	김상훈, 이경호	이종희, 위쌍숙, 조경자, 최경자, 황율자
1960-1970	김지화, 김충용, 박종열, 박종길, 유경석, 윤길중, 이재철, 주장석, 한춘택	노화자, 윤기숙, 이에리사, 정해욱, 최정숙, 최환환
1970-1980	김완, 오병만, 유경석, 유시흥	김순옥, 나인숙, 박미라, 이에리사, 이기원, 정현숙
1980-1990	김완, 김기택, 박창익, 안재형, 오병만, 유남규	양영자, 현정화, 홍차옥
1990-2000	강희찬, 김택수, 박상준, 오상은, 유남규, 이상준, 이철승, 추교성	류지혜, 박혜정, 석은미, 이은실, 현정화
2000-2010	김정훈, 오상은, 유승민, 이정우, 이진권, 임재현, 주세혁	곽방방, 김경아, 김미영, 당예서, 박미영, 서효원
2010-2020	서현덕, 안재현, 이상수, 장우진, 정영식, 조대성, 조승민	서효원, 석하정, 양하은, 유은총, 전지희
2020-2024	박규현, 안재현, 임종훈, 이상수, 장우진, 조대성	김하영, 신유빈, 양하은, 이은혜, 이시온, 전지희, 최효주
2025	곽유빈, 김민br현, 박강현, 박규현, 오준성, 임종훈, 장우진, 조대성, 장성일, 조승민	김성진, 박가현, 유한나, 양하은, 이다은 1 2, 이시온, 이은혜, 신유빈, 주천희

을 마련했는지 알아본 후, 한국 탁구가 국제 무대에서 두각을 나타내게 된 과정을 고찰하고 현재의 모습까지 살펴보겠습니다.

2. 한국 탁구의 기틀 마련 (1910-1940년대)

탁구는 일제강점기 때 일본을 통해 우리나라에 들어왔습니다. 대한탁구협회는 1924년 1월 경성일일신문사가 주최한 제1회 전조선핑퐁경기대회를 한반도에서 열린 최초의 전국 규모 탁구 대회로 보고, 이를 한국 탁구의 효시로 간주하고 있습니다. 이를 기점으로 2024년에 대한민국 최초로 개최한 부산 세계선수권대회를 한국 탁구 100주년으로 삼고 있습니다.

그러나 일각에서는 한국 탁구의 본격적인 시작을 전조선핑퐁경기대회가 아닌 1928년에 열린 제1회 전조선탁구선수권대회로 보는 견해도 존재합니다. 그 이유는 크게 두 가지입니다. 첫째, 문헌에 따르면 1924년 전조선핑퐁경기대회 이전에도 한반도에서 탁구를 한 기록이 있습니다. 1914

년 조선교육회잡지에서 이미 상비 시설을 갖춰 핑퐁을 즐겨온 기록을 발견할 수 있으며, 1921년 서울YMCA가 창간한 잡지 '청년'에서도 사람들이 탁구를 일상적인 활동으로 즐겨왔다는 것을 확인할 수 있습니다.

둘째, 경성일일신문사가 주최한 전조선핑퐁경기대회와 달리 전조선탁구선수권대회는 우리 민족이 주도하여 주최한 대회입니다. 경성일일신문사는 일본인이 일본어로 신문을 발간하는 신문사였으며, 전조선핑퐁경기대회도 장소가 조선이란 이유로 '전조선'이라는 이름이 붙었을 뿐 참가자와 입상자는 주로 일본인이었습니다. 반면 전조선탁구선수권대회는 서울YMCA가 1928년부터 1937년까지 10년간 주최하면서 민족운동과 계몽운동의 성격을 모두 가진 구국운동의 일환이었습니다. 또한 서울YMCA 인사들이 대한체육회의 전신인 조선체육회를 이끈 인물들이었기 때문에 전조선탁구선수권대회는 정통성 또한 오늘날과 이어집니다.

이런 근거들을 바탕으로 1928년 제1회 전조선탁구선수권대회를 한국 탁구의 효시로 봐야 한다는 견해가 있습니다. 비록 일본을 통해 탁구가 우리나라에 들어왔지만, 우리 민족의 주도하에 전조선탁구선수권대회가 운영되면서 우리나라 탁구 선수들이 더 많이 대회에 참가할 수 있게 되었습니다.

더욱이 국내 최초의 탁구클럽인 계림구락부를 비롯한 각 구락부의 권위자들도 조선탁구계를 통일하기 위해 고려탁구연맹을 설립했습니다. 고려탁구연맹이 1936년 제9회 대회부터 일본식 연식(軟式) 탁구 대신 국제 방식인 경식(硬式) 탁구를 도입하면서 한국 선수들의 국제무대 진출의 장도 마련되었습니다. 특히 10대의 최근항 선수는 국내 경식 탁구 대회를 휩쓸고, 1940년대 일본 대회를 석권하면서 국제무대 진출의 기틀을 마련한 한국 탁구의 선구자로 평가됩니다.

해방된 1945년 9월에는 동덕여고 설립자인 조동식 박사를 초대 회장으로 조선탁구협회가 발족하였습니다. 1947년에는 대한탁구협회로 개칭 후 제1회 전국종합탁구선수권대회 및 전국도시대항탁구대회를 개최하면서 본격적인 한국 탁구의 서막이 시작됩니다.

3. 한국 탁구의 국제 무대 진출 (1950-1960년대)

1950년, 대한탁구협회는 국제탁구연맹과 아시아탁구연맹에 가입했습니다. 같은 해 11월, 한국 대표팀은 싱가포르에서 열린 제1회 아시아선수권대회를 통해 처음으로 국제 무대에 출전했으나 뚜렷한 성과를 거두지는 못했습니다.

1954년, 대한탁구협회는 대한체육회에 가입했습니다. 그해 싱가포르에서 개최된 아시아선수권대회에서 이경호, 위쌍숙 선수가 혼합복식 우승을 차지하며 한국 탁구의 국제대회 첫 금메달을 획득했습니다.

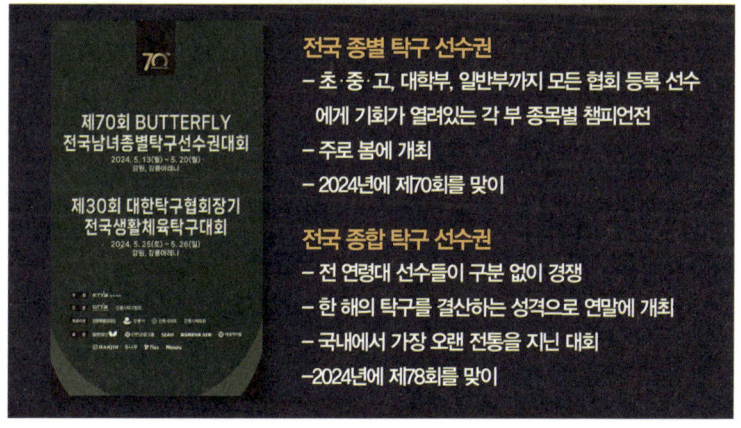

1955년에는 전국종별탁구선수권대회가 처음 개최되었습니다. 이 대회는 연령대별 최고의 선수를 선발하는 대회로, 2024년에 제70회를 맞이했습니다. 1956년, 한국 대표팀은 도쿄 세계선수권대회에 참가하며 아시아를 넘어 세계 무대에 첫발을 내디뎠습니다. 비록 이 대회에서는 입상하지 못했지만, 1959년 도르트문트 세계선수권대회에서 이종희, 조경자, 최경자, 황율자 선수가 여자단체전 준우승을 차지하며 한국은 탁구 신흥 강국으로 세계의 주목을 받게 되었습니다.

　1963년에는 유소년 선수 육성을 위한 한국중고등학교탁구연맹이 발족했고, 이듬해에는 한국 탁구의 중추 역할을 할 한국실업탁구연맹이 설립되었습니다.

　1966년, 태국 방콕에서 열린 아시안 게임에서 김충용 선수가 세계 랭킹 1위 일본의 하세가와 노부히코(長谷川 信彦, Hasegawa Nobuhiko) 선수를 꺾고 남자단식 우승을 차지했습니다. 이는 한국 탁구 사상 최초의 국제대회 단식 금메달이라는 역사적 의미를 지니며, 1970년대 한국 탁구의 황금기를 여는 초석이 되었습니다.

4. 한국 탁구의 황금기 (1970-1980년대)

1970년대와 1980년대는 한국 탁구의 황금기로 평가됩니다. 1973년 4월, 사라예보 세계선수권대회에서 박미라, 이에리사, 정현숙 트리오가 여자단체전 우승을 차지했습니다. 이는 대한민국 구  기종목 사상 최초로 단체전 세계 제패를 이룬 위대한 업적이었습니다. 세 선수의 은퇴 이후, 1970년대 후반부터 80년대 초반까지 한국 탁구는 잠시 침체기를 겪었습니다만 오래가지 않았고, 곧 새로운 황금기를 이끌어갈 유망한 선수들이 등장하기 시작했습니다.

 1982년 인도 뉴델리에서 열린 아시안게임에서 양영자, 안해숙, 윤경미, 이수자 선수가 여자단체전 은메달을, 김기택, 김완 선수가 남자복식 은메달을 획득했습니다. 특히 김완 선수는 1984년과 1986년 탁구 월드컵에서 각각 남자단식 은메달과 동메달을 추가로 획득했습니다.

1986년 서울 아시안게임은 슈퍼스타의 탄생과 함께 한국 탁구의 황금기를 알렸습니다. 김완, 박지현, 박창익, 안재형, 유남규 선수로 구성된 남자 대표팀과 김영미, 양영자, 이선, 현정화 선수로 구성된 여자 대표팀은 단체전에서 모두 금메달을 획득하고, 다른 종목에서도 다수의 메달을 따내는 쾌거를 달성했습니다. 특히 남자단체전 결승은 5시간 18분의 접전 끝에 중국을 5대4로 격파하며 세계 탁구 역사상 최고의 명승부로 기록되었습니다.

그러나 단체전 우승의 기쁨을 온전히 누리지 못한 선수가 있었습니다. 당시 고등학교 3학년이었던 유남규 선수입니다. 그는 단체전 세 경기에서 모두 패배해 우승 후에도 자책감에 시달렸습니다. 하지만 이런 부담감을 안고 남자단식에 참가했음에도 8강에서 세계 랭킹 1위 장자량(江嘉良, Jiang Jialiang)을 극적으로 꺾고 결승에 진출했습니다. 장자량은 세계 랭킹 1위지만 유남규 선수는 세계 랭킹 50위였기 때문에 열세로 보였고, 경기 상황도 마지막 5게임에서 14대19의 큰 점수 차이로 지고 있었지만, 유남규 선수는 극복하고 역전승을 이뤄냈습니다. 결승에서는 중국 국가대표 선발전 1위의 후이준(惠钧 Hui Jun)을 3대0으로 완파하며 우승을 차지했고, 단체전과 개인전 2관왕에 오르며 대회 MVP로 선정되었습니다.

한국 탁구의 기세는 1987년 뉴델리 세계선수권대회까지 이어졌습니다. 이 대회에서 현정화, 양영자 복식조가 여자복식 금메달을 획득했고, 양영자 선수는 여자단식과 여자단체전에서 은메달을, 혼합복식에서 동메달을 추가했습니다.

1988년 서울 올림픽에서는 유남규 선수와 김기택 선수가 각각 남자단식 금메달과 은메달을 차지하면서, 남자 단식 최초의 올림픽 금메달리스트와 은메달리스트가 탄생합니다. 또한 양영자, 현정화 복식조가 여자복식 금메달을, 안재형, 유남규 복식조가 남자복식 동메달을 획득하며 한국 탁구의 위상을 세계에 알렸습니다.

5. 탁구 강국으로서의 한국 (1990년대)

 서울 올림픽 이후에도 한국 탁구는 국제 무대에서 강국으로서의 면모를 굳건히 했습니다. 1990년 베이징 아시안게임에서 강희찬, 김택수, 문규민, 박지현, 유남규 선수가 남자단체전 금메달을 획득했으며, 현정화, 홍차옥 복식조가 여자복식 금메달을 획득합니다. 금메달 외에도 여자단체전, 혼합복식에서 은메달을, 남자단식과 남자복식에서는 동메달도 획득합니다. 또한 같은 해에 있었던 제1회 세계복식컵 탁구대회에서는 김택수, 유남규 선수의 남자복식과 현정화, 홍차옥 선수의 여자복식이 모두 금메달을 차지합니다.
 1991년 지바 세계선수권대회는 역사적인 순간이었습니다. 모든 스포츠 종목 중 최초로 남북 단일팀이 출전해 여자단체전 금메달을 획득했고, 김택수 선수는 21세의 나이에 한국 남자 탁구 최초로 세계선수권 단식 동메달을 획득합니다. 김택수 선수는 이어 1992년 바르셀로나 올림픽과 탁구 월드컵에서도 각각 동메달과 은메달을 획득하며 활약을

이어갔습니다.

  1993년에는 현정화 선수가 세계선수권대회 여자단식에서 우승하며 한국 탁구 역사상 최초이자 유일한 세계선수권 단식 금메달을 획득했습니다. 현정화 선수가 은퇴한 1994년 이후에도 한국 탁구는 1994년 히로시마 아시안게임 남자복식 금메달, 1995년 탁구 월드컵 남자단체전 금메달 등 꾸준히 좋은 성적을 일궈냈습니다.

  그중에서도 1998년 방콕 아시안게임 남자단식 결승은 대중들에게 특히 기억에 남는 경기입니다. 경기 중 나온 김택수 선수와 중국의 류궈량 선수 간의 '전설의 32구 랠리'는 지금도 회자되고 있습니다. 당시에는 38mm의 작은 셀룰로이드 공을 사용했고, 스피드 글루도 사용했기 때문에 수세에 몰리면 반격하기 어려웠습니다. 32구의 긴 랠리 동안 로브 하는 수세의 상황에서도 마지막 반격 기회를 찾아 득점하는 모습은 김택수 선수의 트레이드 마크가 되었습니다. 김택수 선수는 32구 랠리 이후 기세를 몰아 역전하고, 3게임까지 승리하여 3대0으로 류궈량에게 승리를 거머쥡니다. 김택수 선수의 금메달은 1986년 유남규 선수 이후 12년 만의 아시안게임 남자단식 금메달이었습니다.

방콕 아시안게임 금메달은 김택수 선수에게 특별한 의미가 있습니다. 1995년 김택수 선수는 톈진 세계선수권대회 남자단식 8강에서 중국의 왕타오(王涛, Wang Tao)를 꺾고 4강에 안착합니다. 하지만 다음날 국제탁구연맹은 김택수 선수가 사용한 스피드 글루가 규정치의 6배가 넘는 유해성을 가졌다고 판단합니다. 김택수 선수는 공인된 독일제, 일본제 스피드 글루를 사용했기 때문에 일각에서는 주최국인 중국이 견제한 것이라는 견해도 있었습니다. 실격패한 김택수 선수를 사람들은 '무관의 제왕'이라 불렀으며, 방콕 아시안게임 금메달은 미심쩍은 실격패에 대한 울분을 해소할 수 있는 값진 승리였습니다. 김택수 선수는 최고 세계 랭킹 3위, 10년 이상 10위권을 유지하며 '아시아의 호랑이'라는 칭호를 얻음과 동시에 지금까지도 일본식 펜홀드 그립 전형의 교과서라 불립니다.

6. 한국 탁구의 성숙기 (2000년대)

2000년대에는 한국 탁구계에 뛰어난 선수들이 대거 등장하며 대표팀의 선수층이 더욱 두꺼워졌습니다. 남자 선수로는 김택수, 유남규, 이

철승을 필두로 김정훈, 오상은, 유승민, 윤재영, 이정우, 주세혁, 이진권, 임재현, 최현진, 한지민 선수 등이 국제 무대에서 눈부신 활약을 펼쳤습니다. 여자 선수로는 곽방방, 김경아, 김무교, 김복례, 당예서, 류지혜, 문현정, 박미영, 박영숙, 석은미, 심새롬, 이은실 선수 등이 두각을 나타냈습니다.

성인 무대뿐만 아니라 유소년 무대에서도 한국 탁구의 장래를 밝게 비추는 선수들이 등장했습니다. 김동현, 서현덕, 양하은, 유은총, 정상은, 정영식, 이상수, 장우진 선수 등이 뛰어난 기량을 선보이며 한국 탁구의 지속적인 발전 가능성을 보여주었습니다.

이 시기 한국 탁구는 남녀 모두 다양한 연령대에서 우수한 선수들을 배출하며, 국제 무대에서 경쟁력을 한층 강화했습니다. 이는 한국 탁구의 전반적인 수준 향상과 함께 미래에 대한 긍정적인 전망을 제시했다고 볼 수 있습니다.

2000년 쿠알라룸푸르에서 열린 제45회 세계선수권대회에서 김무교, 류지혜, 석은미, 이은실 선수가 여자단체전 동메달을 획득했으며, 같은 해 시드니 올림픽에서도 김무교, 류지혜 복식조가 여자복식 동메달을 획득합니다. 김택수 선수는 2000년 탁구 월드컵과 2001년 코리아 오픈에서 각각 남자 단식 은메달과 금메달을 차지하면서 한국 탁구의 기둥으로서 건재함을 보여줬습니다.

2002년 부산 아시안게임에서는 김택수, 오상은, 유승민, 이철승, 주세혁 선수로 구성된 남자 대표팀이 단체전 은메달을 획득합니다. 또한 이철승, 유승민 복식조와 김택수, 오상은 복식조가 모두 중국의 만리장성을 무너뜨리고 남자복식 결승전에서 만나 각각 금메달과 은메달을 석권하는 쾌거를 달성합니다. 석은미, 이은실 여자 복식조 또한 중국을 꺾고 금메달을 획득합니다.

2003년 파리 세계선수권대회에서는 주세혁 선수가 한국 탁구 역사상 빛나는 순간 중 하나를 만들어냅니다. 주세혁 선수는 뛰어난 수비력과 예리한 공격력을 겸비한 선수로, 세계 강호들을 연이어 격파하며 세계의 이목을 집중시켰습니다. 특히 16강에서 세계 랭킹 5위 장즈위안(庄智渊, Chuang Chih-yuan)을 꺾고, 8강에서는 당시 세계 최강자로 꼽히

2003 파리 세계선수권 결승 - 슐라거 대 주세혁

던 마린을 상대로 극적인 승리를 거두며 전 세계를 깜짝 놀라게 했습니다. 준결승에서는 그리스의 칼리니코스 크레앙가(Kalinikos Kreanga)를 제압하고 결승에 진출, 한국 남자 최초로 세계선수권 단식 결승 무대를 밟습니다. 비록 결승에서 오스트리아의 베르너 슐라거(Werner Schlager)에게 아쉽게 패해 은메달에 그쳤지만, 주세혁 선수의 준우승은 한국 남자 탁구 역사상 세계선수권대회 최고 성적이자 수비주전형으로서는 20여 년 만에 이룬 쾌거였습니다. 이를 계기로 주세혁 선수는 세계적인 스타로 부상했으며, '세계 최고의 수비수'라는 명성을 얻게 되었습니다.

주세혁 선수의 쾌거에 이어 2004년에도 한국 탁구 역사의 새로운 장이 열립니다. 바로 유승민 선수의 아테네 올림픽 남자단식 우승입니다. 1988년 유남규 선수 이후 16년 만에 올림픽 금메달을 획득한 유승민 선수의 성공 뒤에는 김택수 코치의 헌신적인 지도가 있었습니다. 김택수 코치는 아테네 올림픽 국가대표 선발전에서 1위를 했음에도 후배들을 위해 선수가 아닌 코치로서 대표팀에 합류했습니다. 1995년 처음 만난 이후 특별한 인연을 이어온 두 사람은 스승과 제자를 넘어 동지가 되어 중국의 만리장성을 무너뜨리는 대업을 이뤄냈습니다.

유승민 선수의 우승 과정은 극적이었습니다. 대회 직전 허리 부상으로 일주일을 쉬어 온전한 컨디션을 발휘하기 어려웠음에도 불구하고, 부상 투혼을 발휘했습니다. 준결승에서는 그랜드 슬래머인 스웨덴의 얀 오베 발드네르(발트너) 선수를 꺾고 결승에 올랐으며, 결승전에서는 중국의 차세대 에이스이자 이면타법의 완성자인 왕하오(王皓, Wang Hao) 선수를 상대했습니다. 당시 유승민 선수의 왕하오 상대 전적은 성인이 된 후 6전 6패로 절대 열세였으나, 김택수 코치와 함께 왕하오의 이면 타법을 철저히 분석하고 연구한 끝에, 유승민 선수는 4대2로 승리를 거두었습니다. 금메달이 확정되는 순간 김택수 코치와 유승민 선수가 포옹하며 함께 기쁨의 눈물을 흘리는 장면은 지금도 명장면으로 회자됩니다. 이 역사적인 금메달 획득을 계기로 유승민 선수는 국제 탁구계의 새로운 아이콘으로 떠올랐으며, 한국 내에서 탁구에 대한 대중의 관심과 열정을 다시 한번 불러일으키는 촉매제 역할을 하게 되었습니다. 이후 올림픽 금메달리스트 유승민 선수의 승부사 기질은 국제올림픽위원회(IOC) 위원, 대한탁구협회장, 대한체육회장 당선의 밑거름이 됩니다.

김경아 선수 또한 아테네 올림픽에서 여자단식 메달을 획득했습니다. 김경아 선수는 준결승에서 세계 랭킹 1위인 중국의 장이닝(张怡宁, Zhang Yining) 선수에게 패했지만, 동메달 결정전에서 싱가포르의 리자웨이(李

佳薇, Li Jiawei) 선수를 4대1로 제압하며 값진 동메달을 목에 걸었습니다. 이는 현정화 선수가 1992년 바르셀로나 올림픽에서 획득한 동메달 이후 12년 만에 한국 여자 선수가 올림픽 단식에서 얻은 메달이었습니다. 김경아 선수의 '깎신(잘하는 수비주전형을 뜻하는 한국어 별명)' 스타일은 관중들의 눈길을 사로잡았고, 그녀의 투혼은 한국 여자 탁구의 저력을 세계에 다시 한번 알리는 계기가 되었습니다.

  2004년 빛나는 성과 이후에도 한국 탁구는 2006년 독일 브레멘, 2008년 중국 광저우 세계선수권대회에서 남자단체전 은메달을 획득하고, 2008년 베이징 올림픽에서 남자단체전과 여자단체전 모두 동메달을 획득하는 등 뛰어난 성적을 이어 나갑니다.

  한국 탁구의 미래를 이끌어갈 유소년 팀 또한 국제 무대에서 눈부신 활약을 펼쳤습니다. 2006년 아시아주니어선수권대회에서 남자단체전 금메달과 여자단체전 동메달을 획득하며 그 가능성을 입증했습니다. 이어 2007년과 2008년 대회에서도 남자단체전 은메달과 여자단체전 동메달을 연속으로 차지하며 꾸준한 성과를 보여주었습니다. 특히 남

자단식에서는 2007년 정상은 선수와 2008년 이상수 선수가 연달아 금메달을 획득하며 한국 탁구의 밝은 미래를 예고했습니다. 이러한 유소년 선수들의 활약은 한국 탁구의 지속적인 경쟁력과 발전 가능성을 보여주는 중요한 지표가 되었습니다.

7. 한국 탁구의 세대교체 (2010년대)

2010년대를 거치며 한국 탁구는 중요한 세대교체를 경험했습니다. 이상수, 정영식, 장우진 선수로 이어지는 남자 탁구의 계보와 함께, 안재현과 신유빈 선수와 같은 새로운 스타들의 등장은 한국 탁구의 장래를 밝게 하고 있습니다. 이 선수들의 활약은 한국 탁구가 세계 무대에서 계속해서 경쟁력을 유지할 수 있게 하는 원동력이 되고 있습니다.

2010년 모스크바 세계선수권에서 정영식, 조언래, 주세혁, 오상은, 유승민 선수가 남자단체 동메달을 획득하고, 같은 해 아시아주니어선수권대회에서 장우진 선수가 카뎃(Cadet, 15세 이하의 선수) 부문 남자단식 금메달을 차지하며 신예로 등장합니다.

2012년 런던 올림픽에서는 주세혁, 오상은, 유승민 선수가 남자단체 은메달을 획득하여 한국 탁구의 힘을 세계에 다시 한번 보여주는 계기가 되었습니다. 같은 해 세계주니어선수권대회에서 장우진, 임종훈 선수가 남자단체 동메달을 획득하며, 차세대 주자로서의 가능성을 입증했습니다.

2013년은 한국 탁구 세대교체의 시작점이 되었습니다. 부산에서 열린 아시아선수권대회에서 서현덕, 이상수, 이정우, 정영식, 조언래 선수가 남자단체 동메달을 획득하며 새로운 시대의 도래를 알렸습니다. 특히 이상수 선수는 같은 해 파리 세계선수권에서 박영숙 선수와 혼합복식 은메달을, 부산 아시아선수권에서는 혼합복식 금메달을 획득하며 한국 탁구의 새로운 에이스로 자리매김했습니다. 이후 2018년 혼합복식 파트너인 박영숙 선수와 이상수 선수는 결혼이라는 백년가약을 맺습니다.

정영식 선수 역시 이 시기에 두각을 나타내기 시작했습니다. 정영식 선수는 2016년 쿠알라룸푸르 세계선수권에서 남자단체 동메달 획득에 기여하며, 2000년대 이후 세대교체의 완성을 알렸습니다.

다른 세대교체 멤버인 장우진 선수는 2013년 모로코 라바트 세계주니어선수권대회에서 중국을 꺾고 남자단식 금메달을 획득하며 세계적인 주목을 받았습니다. 이후 성인 무대에서도 김동현, 이상수, 임종훈, 정영식 선수와 함께 2018년 자카르타 아시안게임 남자단체에서 은메달, 할람스타드 세계선수권 남자단체에서 동메달을 획득하며 한국 탁구의 중심 선수로 자리 잡았습니다.

또한 2018년에는 어린 시절부터 미디어를 통해 대중에게 인기가 있는 신유빈 선수가 미얀마 네피도 아시아주니어선수권에서 유한나 선수와 함께 여자복식 금메달을 획득하며 한국 여자 탁구의 새로운 얼굴로 등장했습니다. 신유빈 선수의 등장은 한국 여자 탁구에 새로운 활력을 불어넣었고, 지속적인 성장을 통해 대중들의 탁구에 대한 관심을 불러일으켰습니다.

2019년 부다페스트 세계선수권대회에서는 안재현 선수가 20세의 나

이로 남자단식 동메달을 획득합니다. 이는 1991년 김택수 선수가 21세에 세운 기록을 경신한 것으로, 안재현 선수가 한국 탁구의 새로운 희망으로 부상하는 계기가 되었습니다.

8. 오늘날의 한국 탁구 (2020년대)

2020년은 한국 탁구계에 큰 변화와 도전의 해였습니다. 부산에서 개최 예정이었던 세계선수권대회가 코로나19 범유행으로 인해 무산되는 아쉬움을 겪었습니다. 그러나 위기 속에서도 한국 탁구는 새로운 도약을 준비했습니다. 문화체육관광부가 탁구를 승강제 도입 종목으로 선정하면서, 2021년 디비전 리그의 시도 리그 구축을 시작으로 장기적으로 프로 리그까지 연계하는 계획이 수립되었습니다.

　　2021년 카타르 도하에서 열린 아시아선수권대회는 한국 탁구의 저력을 보여준 대회였습니다. 장우진, 조승민, 안재현, 이상수, 임종훈 선수로 구성된 남자 대표팀이 단체전 금메달을 획득했고, 서효원, 신유빈, 이시온, 전지희, 최효주 선수로 이루어진 여자 대표팀은 은메달을 차지했습니다. 특히 이상수 선수의 남자단식 금메달과 신유빈 선수의 여자단식 은메달, 그리고 신유빈, 전지희 조의 여자복식 금메달은 한국 탁구의 밝은 미래를 예고했습니다.

　　2022년 1월 28일, 한국 탁구 역사상 처음으로 프로리그가 창설되었

습니다. 이는 한국 탁구의 대중화와 선수들의 경기력 향상에 크게 기여를 할 것으로 기대되었습니다. 같은 해 중국 청두에서 열린 세계선수권대회에서 안재현, 장우진, 조대성, 조승민, 황민하 선수로 구성된 남자 대표팀이 동메달을 획득하며 국제 무대에서 경쟁력을 입증했습니다.

2023년에는 코로나19 범유행으로 인해 연기되었던 2022 항저우 아시안게임이 개최되었습니다. 이 대회에서 신유빈, 전지희 조가 여자복식 금메달을 획득하는 등 한국 선수들이 다수의 메달을 획득했습니다. 특히 신유빈 선수는 여자단식에서도 동메달을 차지하며 한국 여자 탁구의 새로운 에이스로 자리매김했습니다. 같은 해 평창에서 열린 아시아선수권에서도 한국 대표팀은 여자 단체전 은메달을 비롯해 여러 종목에서 메달을 획득하며 아시아 강호로서 면모를 보였습니다.

2024년은 한국 탁구 역사에 큰 의미를 남긴 해였습니다. 부산에서 개최된 세계선수권대회는 한국 최초의 세계선수권 개최로 기록되었으며, 남자단체전에서 동메달을 획득하는 성과를 거두었습니다. 한국 남

자 대표팀은 중국과의 준결승전에서 접전 끝에 2대3으로 패배했지만, 3시간 이상 지속된 치열한 접전 속에서 중국을 몰아붙이는 헌신적인 경기 모습을 보여 국민들에게 감동을 선사했습니다. 같은 해, 파리 올림픽에서는 신유빈, 임종훈 조가 혼합복식 동메달을, 신유빈, 전지희, 이은혜 선수로 구성된 여자 대표팀이 단체전 동메달을 획득하며 한국 탁구의 국제적 위상을 높였습니다.

또한 청소년 대표팀인 김태민, 박가현, 최나현 선수와 유남규 감독의 딸인 유예린 선수가 대한민국 사상 처음으로 세계청소년대회 단체전 우승을 차지하면서 한국 탁구의 밝은 미래를 보여줬습니다.

한국 탁구는 최근 몇 년간 국제 무대에서 꾸준한 성과를 거두며 세계적인 강호로 자리매김했습니다. 특히 신유빈, 오준성 등 젊은 선수들의 활약은 한국 탁구의 밝은 미래를 예고하고 있습니다. 또한 이승수, 유예린 선수와 같은 차세대 유망주들의 등장은 한국 탁구의 지속적인

발전 가능성을 보여줍니다.

    앞으로 한국 탁구는 세계 최강국인 중국을 넘어서기 위한 도전을 계속할 것입니다. 기술 개발과 체계적인 훈련, 그리고 선수들의 열정이 어우러진다면, 한국 탁구가 세계 정상에 우뚝 서는 날이 머지않아 올 것으로 기대됩니다. 2028년 로스앤젤레스 올림픽을 향한 준비가 이미 시작되었으며, 한국 탁구는 더 큰 영광을 향해 전진할 것입니다.

제4장. 탁구 주요 용어

QR코드를 카메라로 스캔하면 해당 장의 유튜브 영상을 시청할 수 있습니다.

1. 들어가며

탁구를 시작하기 전에 주요 용어를 숙지하는 것은 매우 중요합니다. 탁구 용어를 이해하면 코치의 지도를 더 정확히 파악하고 따를 수 있으며, 다른 동호인과도 원활한 소통이 가능해집니다. 또한 앞으로 이 책에서 다룰 내용들을 이해하는 기초가 됩니다.

본 장에서는 탁구를 즐기는 데 필요한 주요 규칙과 기술 용어를 설명하겠습니다. 국제탁구연맹의 공식 용어를 기준으로 설명하되, 우리나라 생활체육에서 다르게 불리는 용어도 함께 소개하여 이해를 돕겠습니다.

탁구 기술 용어의 정의와 구사 방법은 '탁구학개론' 책에서 더 상세히 다루고 있습니다. 그러나 실제 기술 구사 방법을 익히는 데에는 글만으로는 한계가 있기 때문에 '탁구학개론' 유튜브 영상을 함께 시청하는 것이 더 효과적입니다. 본 장에 제공된 QR코드를 스캔하면 관련 유튜브 영상으로 바로 연결되어 시청할 수 있습니다.

2. 탁구 규칙 용어

랠리 (rally)	공이 경기 중(in play)에 있는 상태
경기 중 (in play)	프리핸드의 손바닥 위에 정지되어 있던 공을 서비스를 위해 의도적으로 던지기 전, 마지막 순간부터 랠리가 렛이나 포인트로 선언되기까지
렛 (let)	랠리의 결과가 득점 되지 않은 것
포인트 (point)	랠리의 결과가 득점 된 것
프리 핸드 (free hand)	라켓을 잡지 않은 손
공을 친다는 것 (strike)	선수가 경기 중에 손에 잡고 있는 라켓이나 라켓 핸드의 손목 아래 부분으로 공을 건드리는 것
공을 방해한다 (obstruck)	상대가 친 공이 시합 표면 위를 향하고 있을 때, 그 공이 자신의 코트에 닿기 전에 자신 또는 착용하고 있거나 소지하고 있는 어떤 것으로든 공을 건드리는 것

포인트인 경우(득점과 실점)

1. 코트에 바운드 된 공을 상대 코트로 다시 넘기지 못한 경우
2. 네트 어셈블리를 건드리는 경우 (네트 어셈블리 = 네트+지주+지주봉+죔쇠)
3. 탁구대를 건드려 표면이 이동되는 경우
4. 랠리 중 프리 핸드로 표면을 건들 경우
5. 서비스나 리시브에 실패했을 경우

국제탁구연맹의 규정에 따르면 주요 경기 규칙 용어들은 다음과 같이 정의되어 있습니다. 먼저 '랠리(rally)'란 공이 '경기 중(in play, 인플레이)'에 있는 상태를 말하며, '포인트(point)'는 랠리의 결과가 득점이나 실점으로 끝난 것을 의미합니다.

탁구 경기에서 포인트인 경우는 다음과 같습니다. 첫째, 코트에 바운드된 공을 상대의 코트로 다시 돌려보내지 못하는 경우입니다. 공격에 성공하든, 수비에 실패하든 득점과 실점으로 여길 수 있는 대부분의 상식적인 경우입니다.

둘째, 선수가 네트 어셈블리(Net Assembly: 네트, 지주, 지주봉, 죔쇠를 통칭하는 용어)를 건드리거나, 선수의 움직임이나 착용품에 의해 탁구

대의 시합 표면이 이동되는 경우입니다. 랠리 중 몸으로 탁구대를 건드린다고 해서 무조건 실점은 아니고, 시합 표면이 이동되면 실점입니다.

셋째, 라켓을 잡고 있지 않은 손을 의미하는 '프리 핸드(free hand)'가 탁구대 표면을 건드린 경우입니다. 랠리 중 프리 핸드로 탁구대를 짚고 공을 치면 실점입니다.

마지막으로 서비스나 리시브에 실패하는 경우입니다. 서비스는 공을 띄운 순간부터 맞히지 못하거나 넘기지 못하면 바로 실점입니다. 반대로 서비스가 엣지를 맞고 성공해도 인플레이와 포인트로 인정됩니다. 하지만 서비스가 네트 어셈블리에 맞고 상대 코트로 넘어가는 렛(let)인 경우는 다시 서브해야 하며 무제한으로 허용됩니다.

랠리 (rally)	공이 경기 중(in play)에 있는 상태	렛인 경우
경기 중 (in play)	프리핸드의 손바닥 위에 정지되어 있던 공을 서비스를 위해 의도적으로 던지기 전, 마지막 순간부터 랠리가 렛이나 포인트로 선언되기까지	1. 서비스한 공이 네트 어셈블리를 맞고 상대 코트로 넘어간 경우 (네트 어셈블리 = 네트+지주+지주봉+죔쇠)
렛 (let)	랠리의 결과가 득점 되지 않은 것	
포인트 (point)	랠리의 결과가 득점 된 것	2. 리시버가 준비되지 않은 상태에서 서비스가 이루어진 경우
프리 핸드 (free hand)	라켓을 잡지 않은 손	
공을 친다는 것 (strike)	선수가 경기 중에 손에 잡고 있는 라켓이나 라켓 핸드의 손목 아래 부분으로 공을 건드리는 것	3. 경기가 심판이나 동적인 주변 환경에 의해 정지 혹은 방해받은 경우
공을 방해한다 (obstruck)	상대가 친 공이 시합 표면 위를 향하고 있을 때, 그 공이 자신의 코트에 닿기 전에 자신 또는 착용하고 있거나 소지하고 있는 어떤 것으로든 공을 건드리는 것	*1번 상황 → 넷(net) X 렛(let) O

여기서 말하는 렛은 포인트와 반대로 랠리의 결과가 득점으로 이어

지지 않는 것 혹은 랠리를 중단하고 다시 플레이하는 것을 의미합니다. 탁구 경기에서 렛인 경우는 서비스할 때 공이 네트 어셈블리를 건드리고 상대 코트로 넘어간 경우, 리시버가 준비되지 않은 상태에서 서비스가 이루어진 경우, 경기가 심판이나 동적인 주변 환경에 의해 정지 혹은 방해받은 경우 등입니다. 공이 네트 어셈블리를 건드리는 경우를 넷(net)이라고 표현하는 동호인이 많은데, 넷은 공식 용어가 아니며 렛이 올바른 표현입니다.

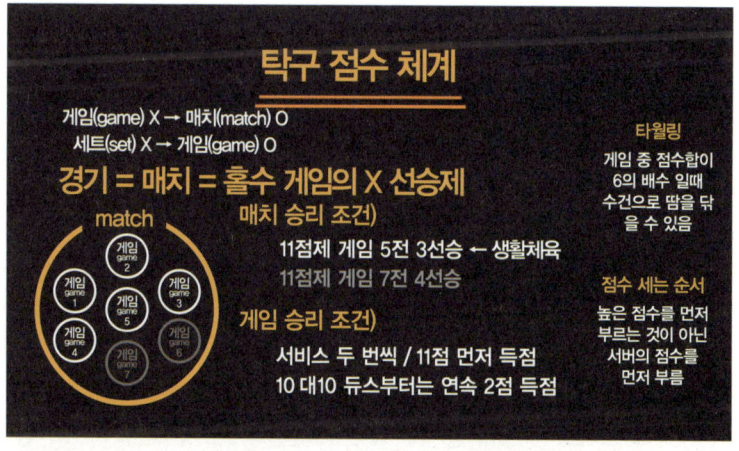

다음은 탁구 점수 체계입니다. 공식적으로 탁구 경기를 '매치(match)'라 부르며 매치는 '게임(game)으로 구성됩니다. 많은 동호인이 흔히 매치를 게임으로, 게임을 '세트(set)'라고 부르나 공식 용어는 아닙니다. 탁구 경기를 뜻하는 매치는 11점제의 5전 3선승, 7전 4선승과 같은 홀수 게임의 X 선승제로 이루어집니다. 일반적으로 생활체육 탁구에서는 5전 3선승제로 매치가 이루어집니다.

단식과 복식 모두 게임마다 서비스 순서를 변경하여 두 번씩 하며, 11점을 먼저 도달한 쪽이 승리하고, 10대10 듀스인 상황과 그 이후 동점에서는 서브를 한 번씩 번갈아 하며 2점을 연속으로 먼저 획득해야 이깁니다. 또한 매치의 마지막 게임에서는 어느 선수나 조가 먼저 5포인트를 획득하면 엔드(End: 한쪽 코트를 의미하며 선수가 경기하는 자리를 말함)를 바꿉니다.

단식과 달리 복식의 경우, 매 게임 시 우선 서브권을 가진 조는 두 사람 중 누가 먼저 서브할 것인가를 선택하고, 리시브 조는 누가 리시브를 먼저 할 것인지 결정합니다. 두 번째 게임부터는 첫 서버를 결정하고 나면 이전 게임에서 그 선수에게 서브한 선수가 첫 리시버가 됩니다. 서비스가 바뀔 때마다 이전의 리시버는 서버가 되며 이전 서버의 파트너는 리시버가 됩니다. 복식 매치의 마지막 게임에서는 어느 조든 5포인트를 먼저 획득하면 리시브 조는 리시빙 순서를 바꿉니다.

게임을 진행하는 동안 점수 합이 6의 배수일 때 땀을 닦는 '타월링

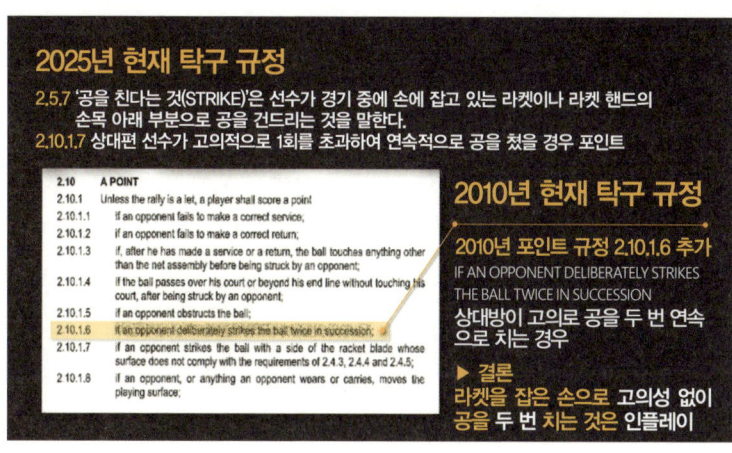

(toweling)' 인터벌을 가질 수 있습니다만, 생활체육에서는 상대의 양해를 구하면 언제든 타월링을 하는 편입니다.

점수를 셀 때는 득점이 많은 사람의 점수를 먼저 부르는 것이 아니라 서비스권을 가진 사람의 점수를 먼저 부릅니다. 규칙 용어에 대해서는 이 정도만 알아도 탁구를 즐기는 데 큰 문제가 없습니다.

인플레이 상황인지 아닌지 혼동되는 몇 가지 경우는 다음과 같습니다. 첫째, 공이 지주나 지주봉, 죔쇠에 맞고 상대 코트로 넘어가는 경우는 인플레이입니다. 탁구대는 탁구대 본체 외에도 네트 어셈블리를 포함하고 있다는 규정이 있기 때문입니다.

둘째, 공이 네트 어셈블리를 넘지 않고 테이블 옆으로 들어가 탁구대 시합 표면에 맞는 경우도 인플레이입니다. 공의 회전 때문에 이 같은 상황이 발생할 수 있습니다.

셋째, 공이 라켓에 맞지 않고 라켓을 잡고 있는 손에 맞은 경우나, 고의성 없이 손목 아래로 두 번 맞춰 공을 넘기는 경우도 인플레이입니다. 일반적으로 손목 아래는 라켓과 동일하게 취급되며, 2010년 규정이 변경되어 고의성 없이 한 번의 스윙에서 손과 라켓에 '따닥' 하는 느낌으로 두 번 맞는 것은 인플레이입니다.

넷째, 후퇴 회전(하회전)이 걸린 공이 상대 코트에 바운드 된 후, 상대가 공을 건드리지 못했는데 내 코트로 넘어와도 득점입니다. 다만 거동이 자유롭지 않은 장애인 탁구 경기에서는 공이 상대 코트에 바운드 된 후 다시 네트 방향으로 돌아가는 서비스는 반칙입니다.

마지막으로 탁구대 옆에서 친 공이 탁구대 측면에 맞았을 때 엣지인지 사이드인지 헷갈리는 경우가 있습니다. 국제탁구연맹 규정에 따르면 탁구대 옆면은 시합 표면이 아닙니다. 따라서 탁구대 시합 표면 옆에 맞는 엣지인 경우 득점이지만 탁구대 옆면은 실점입니다. 일반적으로 공이 위로 튀면 엣지로 판단하여 득점, 아래로 떨어지면 사이드로 판단하여서 실점입니다.

3. 탁구 기술 용어

ITTF 공식 용어	생체 사용 용어	ITTF 공식 용어	생체 사용 용어
포핸드 드라이브 (Forehand Drive)	포핸드 롱/화 포핸드 스트로크	드롭 샷 (Drop Shot)	드롭 샷 / 스톱 (Drop Shot/Stop)
백핸드 드라이브 (Backhand Drive)	쇼트/백핸드 스트로크 (Short/Storke)	플릭 (Flick)	플릭 (Flick)
스매시 (Smash)	스매시/스매싱 (Smash/Smashing)	바나나 플릭 (Banana Flick)	치키타 (Chiquita)
탑스핀 (Top Spin)	드라이브 (Drive)	블록 (Block)	블록 (Block)
푸시 (Push)	푸시/커트 (Push/Cut)	로브 (Lob)	로브/로빙 (Lob/Lobbing)
촙 (Chop)	커트/롱 커트 (Cut/Long Cut)	서비스/서브 (Service/Serve)	서비스/서브 (Service/Serve)

3-1. 서비스(Service, Serve)와 리시브(Receive)

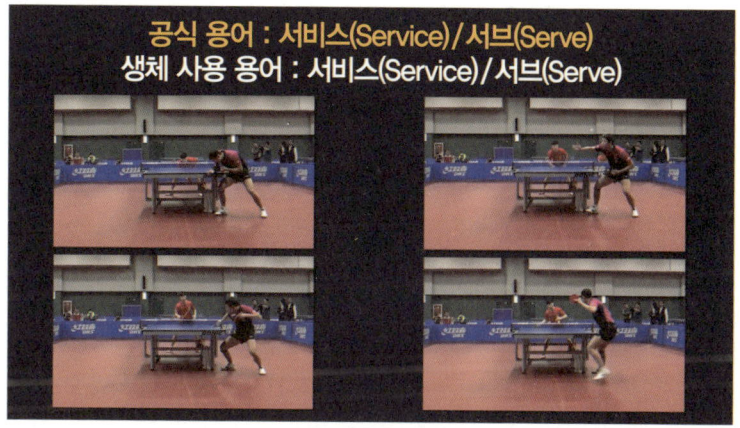

탁구 기술 용어는 경기의 시작인 서비스를 먼저 다루겠습니다. 탁구에서 서비스는 게임의 시작점이며, 가장 중요한 기술 중 하나입니다. '1

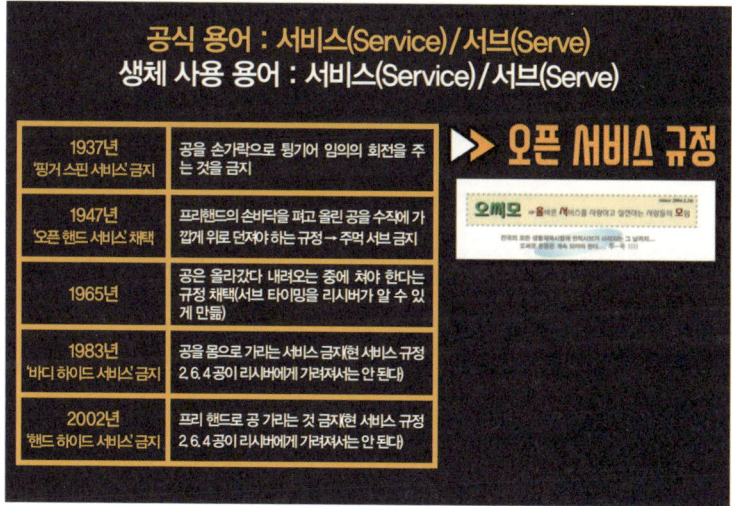

구 공격'이라고 불릴 만큼 서비스만으로도 득점할 수 있어 경기 흐름을 좌우할 수 있습니다. 이러한 중요성 때문에 서비스는 종종 논란의 대상이 되기도 합니다. 경기가 불공정한 서비스에 의해 지배되거나 단조로워지는 것을 방지하기 위해, 국제탁구연맹은 오랜 세월에 걸쳐 다양한 서비스 규정을 도입하고 개선해 왔습니다.

그림에 있는 서비스 규정들을 준수하는 서비스를 포괄하여 '오픈 서비스' 또는 '오픈 서브'라고 합니다. 2000년대 중반까지는 오픈 핸드 서비스 규정이 생긴 지 오래되지 않아 서비스 시 프리 핸드로 공을 가리는 사람들도 꽤 많았습니다. 그로 인해 '오써모(오픈 서비스를 지향하는 사람들의 모임)'라는 모임도 성행할 정도였습니다. 시간이 지난 지금은 동호인들이 과거보다는 오픈 서비스 규정을 잘 지키려고 노력하는 편입니다.

공식용어 : 서비스(Service) / 서브(Serve)	
생체 사용 용어 : 서비스(Service) / 서브(Serve)	
서비스 준비	공은 프리핸드 손바닥에 고정한 상태로 엔드 라인 뒤에 있어야 하며 공은 상대에게 보여야 한다.
공의 가시성	서비스 내내 리시버가 공을 볼 수 있도록 해야 한다. 신체나 착용품에 의해 가려져서는 안 된다.
공의 배치와 토스	손바닥에 공을 놓고 잠시 정지한 뒤 16cm 이상 수직에 가깝게 던지되 회전을 주면 안 된다.
타구 위치1	공은 탁구대 표면보다 높은 위치와 엔드 라인 뒤에서 타구 되어야 한다.
타구 위치2	서버의 프리암은 위쪽 방향으로 움직여야 하고, 공은 내려가는 도중에 맞아야 한다.
공의 접촉	서브는 공을 먼저 자신의 테이블에 닿도록 치고 공이 네트를 넘어 상대 테이블에 닿아야 한다.
단식 서브	서버의 코트에 공이 먼저 닿고 네트 어셈블리를 넘어 리시버 코트의 아무 곳에 닿아도 된다.
복식 서브	서빙 팀 두 선수가 2점씩 번갈아며 서브한다. 대각선으로 서버와 리시버의 하프 코트로 보낸다.
폴트	위의 규정 중 하나라도 따르지 않으며 서비스는 폴트로 간주하며, 보통 1회 경고 후 재발 시 실점.

현재 국제탁구연맹의 공식 서비스 규정을 정리하면 그림과 같습니다. 요약하면, 서비스 시 어떠한 방식으로든 공을 가리면 안 되며, 탁구대 엔드라인 밖에서 손바닥 위에 공을 올리고 잠시 정지 시간을 가진 후, 16cm 이상 수직에 가깝게 토스 후 떨어지는 공을 타구해야 합니다. 서비스 규정은 탁구 경기에서 가장 민감한 부분이기 때문에 잘 숙지해야 합니다.

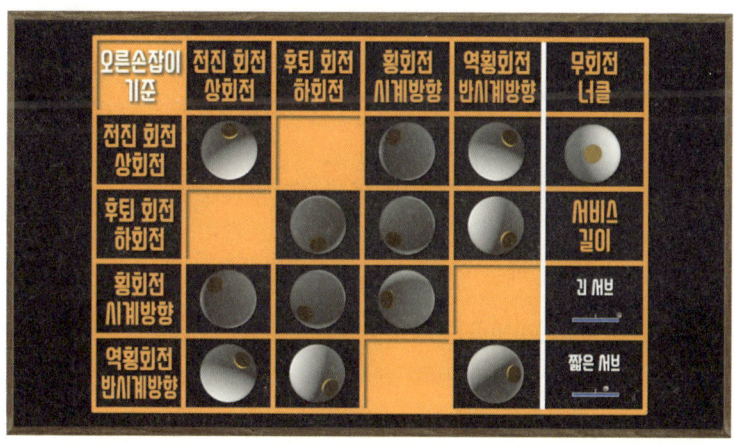

서비스의 종류는 길이와 회전이 다양하게 조합되어 여러 가지가 있습니다. 서비스의 종류를 구분하면 그림과 같습니다. 우선 서비스의 길이는 원 바운드와 투 바운드로 구분됩니다. 원 바운드는 공이 상대방 코트에 한 번만 튀는 서비스를 말하며, 투 바운드 이상은 공이 상대방 코트에 두 번 이상 튀는 서비스를 말합니다.

서비스의 회전 유형으로는 전진 회전(상회전), 후퇴 회전(하회전), 횡회전(시계 방향), 역횡회전(반시계 방향), 무회전(너클)로 구분됩니다. 전진 회전 서비스는 상대방 코트 방향으로 회전을 주는 것을 말하며, 후퇴 회전 서비스는 상대방 코트로 향하는 공의 반대 방향으로 회전을 주는 것을 말합니다. 오른손잡이 기준, 횡회전 서비스는 시계 방향으로 공이 회전하게 만드는 서비스이며, 역횡회전 서비스는 반시계 방향으로 회전을 주는 서비스입니다. 서비스 모션의 종류 중, 훅 서브(Hook Serve), YG 서브(Young Generation Serve), 리버스 펜듈럼 서브(Reverse Pendulum Serve)가 역횡회전 서비스를 하기 편한 자세에 해당합니다.

전진 및 후퇴 회전 서비스에 횡회전 또는 역횡회전을 섞어 복합 회전 서비스도 구사할 수 있습니다. 조합한 회전 종류에 따라 횡상회전, 역횡상회전, 횡하회전, 역횡하회전 서비스라 부르는데, 횡하회전과 역횡하회전 서비스는 반절은 횡회전 반절은 후퇴 회전이라는 의미로 '반회전 반커트'라고 부르기도 합니다.

서비스를 구사할 때는 먼저 기본 자세를 정확히 갖추는 것이 중요합니다. 우선 포핸드 서비스는 오른손잡이라면 탁구대 왼쪽 하프코트의 모서리 근처에 서서 어깨너비로 발을 벌리고 무릎을 굽혀 낮은 자세를 취합니다. 모든 서비스는 탁구대 엔드라인 밖에서 손바닥 위에 공을 올린 뒤, 16cm 이상 수직으로 토스한 후 떨어지는 공을 임팩트 하는 것이 원칙입니다. 이때 하체와 몸통의 회전을 이용해 임팩트 순간 힘을 전달하고, 팔 스윙은 최소화하며 손목을 부드럽게 사용해 회전을 조절해야 합니다. 백핸드 서비스는 포핸드 서비스와 반대 방향으로 몸을 틀어 준비합니다. 백핸드 서비스는 손목과 팔꿈치를 활용해 라켓 면을 조절하며 다양한 회전을 주는 것이 특징이고, 속도보다는 변화와 정확도에 더 중점을 둡니다. 포핸드든 백핸드든 서비스를 넣은 후에는 곧바로 준비 자세로 돌아가 다음 동작, 특히 3구 공격을 준비하는 것이 매우 중요합니다.

다양한 회전 변화를 주기 위해서는 하회전 서비스, 무회전 서비스, 횡회전 서비스뿐만 아니라 상회전 서비스도 효과적으로 구사할 수 있어야 합니다. 하회전 서비스는 라켓 면을 약간 열고 공의 하단을 얇게 긁어주듯 쳐서 강한 하회전을 만들어냅니다. 무회전 서비스는 라켓 면을 수평에 가깝게 유지해 공의 중심을 밀듯이 쳐 회전이 거의 없도록 합니다. 횡회전 서비스는 라켓 면을 약간 닫거나 열면서 공의 측면을 스치듯 쳐 좌우로 휘는 횡회전을 만들어냅니다. 상회전 서비스를 구사할 때는 라켓 면을 약간 닫고 공의 윗부분을 감아올리듯이 쳐서 강한 상회전을 발생시킵니다. 이때 손목의 스냅과 팔의 움직임을 조화롭게 사용하면 더욱 효과적인 상회전 서비스를 만들 수 있습니다.

서비스 전과 후에는 규칙을 잘 지키고 있는지, 자신의 자세와 하체 균형, 라켓과 공의 위치, 그리고 시선 집중 상태 등을 꼼꼼히 점검해야 합니다. 또한 상대의 리시브 위치와 자세를 관찰해 약점을 파악한 뒤, 전략적으로 코스와 회전을 결정하는 것이 중요합니다. 마지막으로, 서비스가 의도대로 나갔는지 확인하고, 그 결과를 다음 서비스에 반영하며, 곧바로 공격 또는 수비 준비에 들어가는 것이 핵심입니다.

서비스를 받는 리시브는 회전 방향과 회전량에 대한 이해가 중요하며, 다양한 구질의 서비스를 많이 받아봐야 판단력을 높일 수 있습니다. 일반적으로 리시브는 탁구대에서 50cm~1m 정도 떨어져 어깨너비로 양발을 벌리고 무릎을 굽혀 무게 중심을 낮추는 자세부터 시작하며, 서비스를 받았을 때 회전으로 공이 튀어 나가는 방향을 막아주는 것이 기본입니다. 예를 들어, 오른손잡이 서버가 시계 방향으로 회전하는 횡회전 서비스를 넣었다고 가정합니다. 이때 리시버가 서비스를 받으면 회전력에 의해 오른쪽으로 공이 튀어 나갑니다. 공이 오른쪽으로 튀지 않게 하기 위해 리시버는 공의 오른쪽을 막아주어 공이 상대 코트에 들어가게 할 수 있습니다. 회전에 대한 이해도가 높아지면 상대가 보낸 회전 방향, 즉 결을 살려 상대의 회전을 되돌려 보내는 리시브도 할 수도 있습니다. 이어지는 내용에서 소개해 드리는 기술들은 모두 리시브 기술로 활용할 수 있습니다.

3-2. 포핸드 기본 타법 (Forehand Drive)

포핸드 기본 타법은 포핸드로 회전을 주지 않고 공을 넘기는 기술입니다. 일반적으로 탁구를 배울 때 처음 익히는 기술입니다. 포핸드 기본 스윙과 무게 중심을 사용하는 방법을 익히고 올바른 타점을 이해하는 데 도움을 줍니다. 고급 기술인 스매시와 탑스핀의 근간이 되는 매우 중요한 기본기입니다. 우리나라에서는 흔히 포핸드 기본 타법을 '포핸드 스트로크', '포핸드 롱' 또는 'fore'의 일본식 발음에서 온 '화'라고 부르는데 국제탁구연맹 공식 용어는 '포핸드 드라이브'입니다.

대한탁구협회에서 올바른 용어를 전파하기 위해 노력을 많이 하고 있지만, 공식 용어인 포핸드 드라이브가 생활체육에 깊이 뿌리내린 포핸드 롱, 화를 대체하는 데는 오래 걸릴 것입니다. 탁구장에서 다른 사람들이 '화 치자'라고 하면 이 기술로 몸을 풀자는 의미로 받아들이면 됩니다.

오른손잡이 기준 포핸드 기본 타법 구사 방법은 먼저 어깨너비보다 넓게 다리를 벌리고 무릎을 충분히 굽혀 상체를 앞으로 살짝 숙이는 기본자세부터 시작합니다. 라켓을 든 쪽 발을 약간 뒤로 두며 무게 중심을 앞으로 둡니다. 스윙 시에는 허리와 골반 회전을 이용해 체중을 오른발에서 왼발로 이동시키며, 공이 바운드된 후 정점에서 임팩트 합니다. 라켓 면은 거의 수직에 가깝게 약간 닫힌 상태로, 타원을 그리듯 자연스럽게 스윙하고 팔로스루(Follow Through)는 이마 높이까지 이어집니다. 포핸드 기본 타법을 할 때는 백스윙을 과도하게 크게 하지 않도록 하고, 손목 사용을 무리하게 하지 않으며, 스윙 후 원래 자세로 빠르게 복귀해야 합니다.

3-3. 백핸드 기본 타법 (Backhand Drive)

백핸드 기본 타법은 백핸드로 회전을 주지 않고 공을 넘기는 기술입니다. 백핸드 기본 타법은 생체 탁구에서는 흔히 '쇼트(Short)' 또는 '백핸드 스트로크'라 불리고 있으나, 포핸드 기본 타법과 마찬가지로 공식 용어는 '백핸드 드라이브'입니다. 일반적으로 포핸드 기본 타법을 배운 뒤 익히는

기술로 백핸드 기본 스윙과 무게 중심을 사용하는 방법 등을 익힐 수 있습니다. 백핸드 기술의 중요성이 더 커진 근래에는 지도자에 따라 백핸드 기본 타법을 포핸드 기본 타법보다 먼저 지도하는 경우도 있습니다.

백핸드 기본 타법의 구사 방법은 먼저 어깨너비로 양발을 벌리고 무릎을 살짝 굽혀 중심을 앞쪽에 두는 기본자세부터 시작합니다. 라켓은 허리 높이에서 백핸드 쪽으로 들어 올리고, 라켓 면은 거의 수직에 가깝게 약간 닫힌 상태로 유지합니다. 스윙은 백스윙을 짧게 하여 팔꿈치와 손목을 이용해 앞으로 밀어주듯이 타구하며, 임팩트 시 라켓 면을 약간 열어줍니다. 팔로스루는 자연스럽게 앞으로 이어가고, 타구 후에는 즉시 준비 자세로 돌아와 다음 동작을 준비합니다. 스윙이 너무 크거나 손목을 과도하게 쓰지 않는 것도 중요합니다.

3-4. 스매시 (Smash)

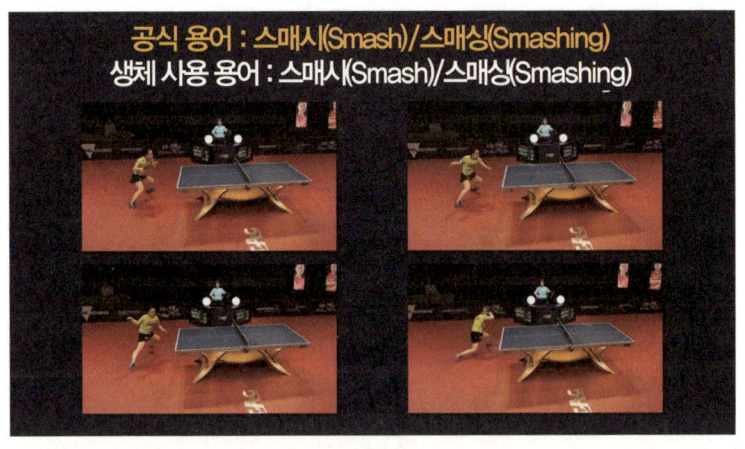

　스매시는 회전보다는 스피드와 박자에 중점을 두어 공을 강하게 때리는 기술을 말합니다. 공이 탁구대에 튄 후 정점이나 정점 이전에 마찰을 주지 않고 라켓 면으로만 때리는 만큼 공의 스피드가 빠르고 강력하지만, 안정성은 떨어지는 기술로 구사하기 매우 어렵습니다. 기본 타법을 배우면서 무게 중심을 사용하는 방법을 확실히 익혀야 기술 수준이 높아집니다.

　스매시 기술의 구사 방법은 먼저 어깨너비로 양발을 벌리고 무릎을 굽혀 무게 중심을 낮추는 기본자세부터 시작합니다. 라켓은 허리 높이에서 자연스럽게 준비하고, 백스윙은 크게 뒤로 빼며 어깨와 팔, 손목의 힘을 빼줍니다. 공이 네트보다 높게 올 때 정점이나 약간 앞쪽에서 팔을 곧게 펴 위에서 아래로 빠르게 휘둘러 강하게 임팩트 합니다. 이때 임팩트 순간 손목 스냅을 더해주고, 라켓 면은 수평 또는 약간 아래로 하여 공을 빠르게 직선으로 나가게 합니다. 타구 후에는 팔로스루를 자연스럽게 이어가고, 곧바로 준비 자세로 돌아와 다음 동작을 준비합니다.

3-5. 탑스핀 (Top Spin)

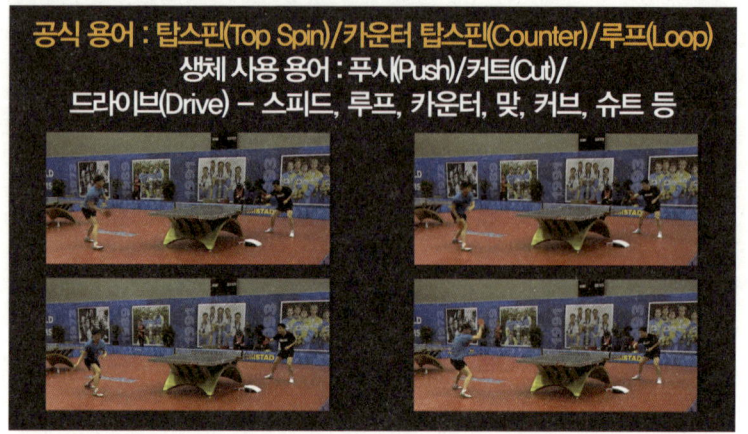

탑스핀은 전진 회전을 만들어 내는 기술로 '탁구의 꽃'이라 불립니다. 위력은 물론 안정성도 높아 현대 탁구에서 가장 많이 사용하는 기술입니다. 우리나라에서는 아직까지 '드라이브', '스피드 드라이브' 또는 '민볼 드라이브'라는 용어가 흔히 사용되나 공식 용어는 '탑스핀'입니다.

탑스핀은 공의 바운드 정점 전후에서 마찰을 주어 타구하여 속도가 빠른 전진 회전 공격 기술입니다. 공을 때리는 느낌과 긁는 느낌의 비율을 조절하거나, 마찰 방향을 달리함으로써 전진 회전과 동시에 횡회전을 가미하여 다양한 구질의 탑스핀을 구사할 수 있습니다. 공식 용어는 아니지만 우리나라에서는 오른손잡이 공격자 기준, 공이 시계 방향으로 회전하여 오른쪽으로 휘는 탑스핀을 '슈트 드라이브', 반시계 방향으로 회전하여 왼쪽으로 휘는 탑스핀을 '커브 드라이브'라고 부르기도 합니다.

탑스핀 외에도 전진 회전 공격 기술로는 카운터 탑스핀(Counter Top

Spin)과 루프(Loop)가 있습니다. 카운터 탑스핀은 상대의 탑스핀을 탑스핀으로 맞받아치는 기술을 말합니다. 카운터 탑스핀은 전진에서 빠른 박자로 상대 탑스핀을 맞받아치는 '카운터 드라이브'의 개념과 중진에서 힘 대 힘의 대결을 펼치는 '맞드라이브'의 개념을 모두 내포합니다.

루프는 '루프 드라이브' 또는 '커트볼 드라이브'로 불려 온 기술입니다. 후퇴 회전의 공을 강한 마찰로 위쪽으로 최대한 끌어 올려 속도보다는 회전력을 극대화한 기술입니다. 일반적으로 상대가 보낸 공의 하회전이 강해 탑스핀을 구사하기 어려운 경우 안정감을 높이기 위해 사용하는 기술입니다.

포핸드 탑스핀의 구사 방법은 우선 테이블에서 약 1m 정도 떨어진 곳에 서서 어깨너비보다 넓게 양발을 벌리고, 무릎을 충분히 굽혀 상체를 앞으로 숙이는 자세를 취하는 것이 기본입니다. 라켓은 허벅지 부근에서 45도 각도로 준비하고, 백스윙 시에는 골반과 어깨를 함께 회전시키며 힘을 모은 뒤, 임팩트 순간에는 팔을 접으며 아래에서 위로 올려 치는 상향 스윙으로 공에 강한 전진 회전을 부여합니다. 이때 라켓 각도를 일정하게 유지하고 손목의 힘을 빼 자연스럽게 스윙하는 것이 중요하며, 스윙이 끝난 후에는 팔로스루가 이마 높이까지 이어지고, 타구 후에는 곧바로 준비 자세로 돌아가 다음 동작을 준비하는 것이 중요합니다.

백핸드 탑스핀을 구사할 때는 테이블에서 1m 정도 떨어져 어깨너비보다 넓게 양발을 벌리고, 무릎을 가볍게 굽혀 균형을 유지하는 자세에서 시작하면 됩니다. 라켓은 아랫배 쪽에서 45도 각도로 준비하고, 백스윙 시에는 팔꿈치를 중심으로 라켓 끝이 대각선 위로 올라가도록 합니다. 임팩트 순간에는 손목을 자연스럽게 사용해 아래에서 위로 올려

치며, 짧고 빠른 스윙으로 공에 전진 회전을 주는 것이 핵심입니다. 스윙 후에는 곧바로 준비 자세로 돌아와 다음 동작을 준비하고, 과도한 손목 사용이나 큰 스윙은 피하며 정확성과 일관성을 유지하는 것이 중요합니다.

루프를 구사할 때는 어깨너비보다 넓게 양발을 벌리고 무릎을 충분히 굽히고, 탑스핀을 구사할 때보다 상체를 더 숙여 자세를 낮추는 것이 우선입니다. 라켓은 허벅지나 무릎 아래까지 내리고, 백스윙 시 체중을 포핸드 루프는 오른발에, 백핸드 루프는 왼발에 두며 시선은 항상 공에 집중하는 것이 좋습니다. 스윙은 허리 회전과 함께 라켓을 아래에서 위로, 거의 수직에 가깝게 크게 올려 치면서 임팩트 순간 공을 긁어 올려 강한 전진 회전을 만들 수 있습니다. 임팩트는 공의 정점보다 약간 떨어진 지점에서 이루어지며, 팔로스루는 얼굴 앞까지 자연스럽게 이어지고 체중은 왼발로 이동하게 됩니다.

포핸드 및 백핸드 탑스핀 모두에서 라켓 각도와 손목의 힘 조절, 스윙의 크기와 속도를 상황에 맞게 조절하는 연습이 필요하며, 루프의 경우에는 공의 회전량과 궤적을 조절하는 연습을 통해 안정적인 공격 기술로 발전시킬 수 있습니다.

3-6. 푸시 (Push)

푸시는 상대가 보낸 공을 앞으로 밀어내는 기술을 의미합니다. 상대가 하회전으로 보낸 공을 푸시하는 기술을 우리나라에서는 '커트(Cut)' 또는 '보스커트(Both Cut)'라 부르고 있으나 공식 용어는 '푸시'가 맞습니다.

푸시는 탁구대 위에서 리시브할 때도 자주 쓰이며, 초보자 수준에서는

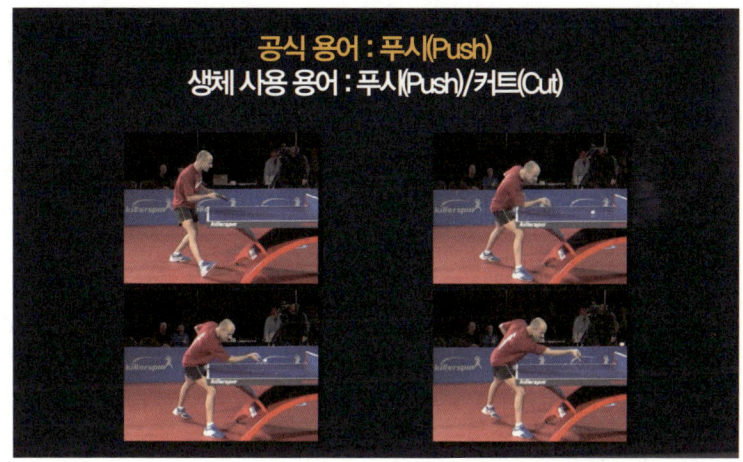

리시브 후에도 서버가 푸시를 하면 계속 푸시 랠리가 이어지곤 해서 매우 중요한 기술입니다. 탁구장에서 연습하면서 상대방이 '커트'하자고 하면 '푸시'로 이해하면 됩니다.

푸시 기술의 구사 방법은 먼저 어깨너비로 양발을 벌리고 무릎을 굽혀 무게 중심을 낮추는 기본자세부터 시작합니다. 라켓은 몸 앞쪽에 두고 라켓 면을 약간 위로 열어 공을 받기 쉽게 하며, 시선은 공에 집중합니다. 스윙은 백스윙을 크게 하지 않고, 손목과 팔꿈치를 이용해 라켓을 앞으로 부드럽게 밀어내듯이 짧게 스윙하면서 공의 하단을 얇게 쓸어 하회전 효과를 줍니다. 힘을 빼고 라켓 면 각도를 유지하며, 타구 후에는 곧바로 준비 자세로 돌아가고 풋워크로 다음 공을 칠 위치로 이동합니다.

3-7. 촙 (Chop)

촙은 상대의 강한 탑스핀이나 스매시를 후퇴 회전으로 보내는 기술로

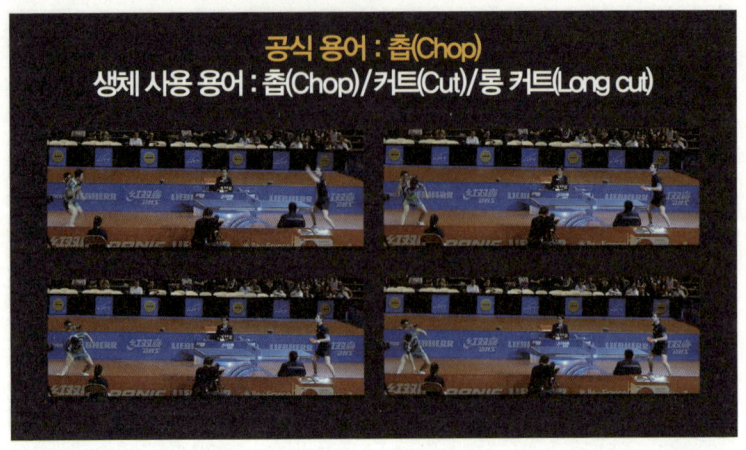

우리나라에서는 '롱 커트(Long Cut)' 또는 '커트'라고도 불립니다. 공격 전형의 선수들은 촙을 주력 기술로 사용하지 않습니다. 수세에 몰려 탁구대에서 멀어지게 되었을 때, 이후에 설명할 로브와 더불어 공격 태세로 전환하기 위해 시간을 버는 데 사용합니다. 공격 전형 선수보다는 주세혁 선수나 서효원 선수와 같은 수비 전형 선수들이 주로 촙을 사용합니다.

촙을 할 때는 공을 깎는다는 표현을 많이 사용하는데, 탑스핀과 마찬가지로 마찰 정도를 조절하여 다양한 구질의 공을 보낼 수 있습니다. 또한 촙을 주력으로 사용하는 선수들은 한쪽은 핌플 인 러버, 다른 한쪽은 핌플 아웃 러버를 주로 사용하고, 라켓의 앞뒤를 바꾸는 트위들링(Twiddling) 기술로 구질을 변화시켜 상대의 실책을 유도합니다.

촙 기술의 구사 방법은 먼저 준비 자세에서 다리를 어깨보다 약간 넓게 벌리고 무릎을 구부려 자세를 낮추며, 라켓은 약간 들어 올린 상태로 준비합니다. 포핸드 촙을 할 때는 오른발을 뒤로 빼고 몸을 3시 방향으로 틀어 공을 몸 안쪽에서 잡도록 하며, 백핸드 촙은 왼발을 뒤로 빼고 몸을

9시 방향으로 틀어 공을 몸 안쪽에서 잡습니다. 스윙 시에는 라켓을 위로 들었다가 아래로 내리면서 원을 그리듯 동그랗게 스윙하여 공을 깎는 느낌으로 임팩트하고, 이때 라켓 각도를 조절하여 회전량을 조절합니다. 공을 깎는 느낌으로 임팩트 하며, 공의 밑 부분을 긁어주는 느낌으로 타구하여 강한 하회전을 만들어냅니다.

   효과적인 촙을 위해서는 공이 바운드된 후 정점에 도달하기 전에 타구하는 것이 좋으며, 공의 궤적이 낮게 깔리면서 엔드라인까지 밀려가도록 하는 것이 상대방의 공격을 어렵게 만드는 요령입니다. 타구 후에는 신속하게 다음 준비 자세로 돌아가는 것이 중요합니다. 라켓 면은 천장을 향하게 하여 약 45도 정도의 각도로 열린 상태를 유지하며, 그립은 일반적인 셰이크핸드 그립으로 잡되 손목을 들어서 약간 고정합니다.

3-8. 드롭 샷 (Drop Shot)

드롭 샷은 흔히 '스톱(Stop)'으로 불리는 기술로 상대가 보낸 공을 네트 가까이에 짧게 놓는 것을 말합니다. 리시브 때 선제공격을 당하지 않기 위해 주로 사용됩니다. 또한 상대가 로브나 촙 기술을 했을 때, 탁구대에서 멀리 떨어져 있는 상대의 자세와 박자를 흩트려 놓기 위해 사용합니다.

드롭 샷 구사 방법은 우선 탁구대 가까이에서 어깨너비로 양발을 벌리고 무릎을 굽혀 무게 중심을 낮추는 자세부터 시작합니다. 라켓은 몸 앞쪽에서 힘을 빼고 부드럽게 잡으며, 라켓 면을 네트와 평행하거나 약간 위로 향하게 준비합니다. 백스윙 없이 또는 아주 짧게 하여 상대의 힘을 이용해 라켓 각도와 손목 힘을 조절하며 공을 네트 바로 앞에 짧게 떨어뜨립니다. 임팩트 순간 손목의 힘을 빼고, 약간의 하회전을 주면, 효과적입니다. 타구 후에는 곧바로 준비 자세로 돌아와 다음 동작에 대비합니다.

3-9. 플릭 (Flick)

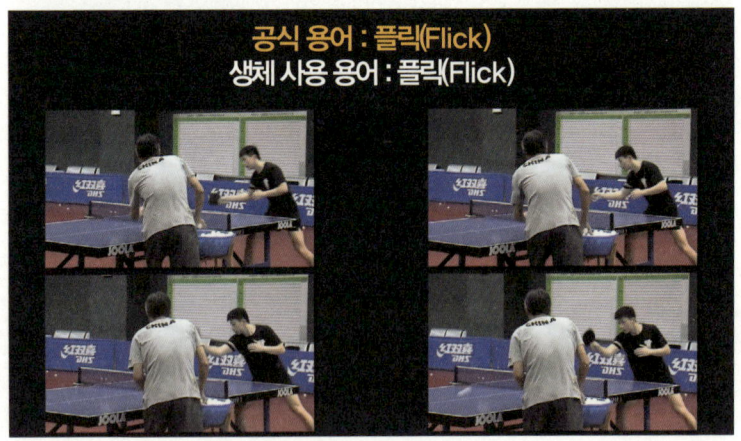

플릭은 주로 상대가 약한 하회전과 무회전으로 네트 근처에 공을 짧게 놓았을 때 아래팔(전완)과 손목을 이용하여 가볍게 치는 기술을 말합니다. 상대가 보낸 짧은 서비스에 대한 공격적인 리시브 기술로 사용되며, 상대의 드롭 샷에 대응하여 사용하기도 합니다.

플릭 기술의 구사 방법은 먼저 탁구대 가까이에서 어깨너비로 양발을 벌리고 무릎을 굽혀 무게 중심을 낮추는 자세부터 시작합니다. 오른발을 테이블 아래로 넣어 공에 최대한 접근하고, 라켓 면은 상대 공의 회전에 따라 약간 열거나 닫아줍니다. 백스윙 없이 손목의 스냅과 팔의 작은 스윙을 이용해 공이 바운드 정점에서 빠르게 밀어 올리듯 타구하며, 다리 반동도 함께 사용해 힘과 안정성을 높입니다. 임팩트 순간에는 손목을 빠르게 써서 속도와 회전을 더하고, 타구 후에는 곧바로 준비 자세로 돌아가 다음 동작에 대비합니다.

3-10. 바나나 플릭 (Banana Flick)

바나나 플릭은 상대가 보낸 짧고 낮은 하회전계 서비스를 공격적으로 리시브하는 데 사용됩니다. 손목과 아래팔을 이용하여 공에 강한 횡상회전을 주어 하회전을 이겨내는 기술입니다. '치키타(Chiquita)'라는 바나나 회사 이름이 기술명이 된 이유도 횡회전 덕분에 공의 궤적이 바나나처럼 휘어지기 때문입니다. 지금은 국제적으로 치키타라는 회사명보다는 바나나 플릭이라는 용어를 사용하는 것을 권장하고 있습니다.

바나나 플릭이 오늘날 매우 인기 있고 중요한 기술이 된 이유는 다음과 같습니다. 과거에는 상대의 짧은 하회전 서비스는 선제공격하기 어렵기 때문에 드롭 샷으로 다시 짧게 놓는 수동적인 리시브가 일반적이었습니다. 그러나 바나나 플릭 덕분에 리시브부터 공격적으로 할 수 있는 방법이 다양해지면서, 바나나 플릭은 현대 탁구의 주류 기술로 자리잡았습니다. 백핸드 기술의 정점에 있는 바나나 플릭은 전문 선수 수준에서 백핸드 선제가 쉽지 않은 일본식 펜홀드 그립이 자취를 감추게 만든 원인 중 하나입니다.

바나나 플릭의 구사 방법은 우선 탁구대에 최대한 가깝게 접근해 어깨너비로 양발을 벌리고 무릎을 굽혀 준비하며, 팔꿈치를 어깨 높이로 들어 올립니다. 어깨를 과도하게 이용하는 백스윙은 없이 라켓 머리를 아래로 내리고, 공의 옆면을 감싸듯이 손목과 팔꿈치를 조화롭게 써서 횡회전과 상회전을 동시에 줍니다. 임팩트는 정점보다 약간 늦게 하고, 스윙은 짧고 빠르게 하며, 타구 후에는 곧바로 준비 자세로 돌아가 다음 동작을 준비합니다.

3-11. 블록 (Block)

 블록은 상대의 강한 스매시나 탑스핀을 전진에서 방어하는 수비 기술입니다. 경기 중 상대가 보내온 모든 공을 공격만 할 수는 없기 때문에 필요합니다. 비록 블록은 수비 기술이지만 상대의 힘을 이용하여 박자와 코스, 길이를 조절하면 다른 공격 기술 못지않게 득점을 끌어낼 수 있습니다. 특히 생활체육에서는 모든 동호인의 공격이 매번 강력한 것은 아니기 때문에 블록 기술에 능하면 체력을 아끼면서 효율적으로 득점할 수 있습니다.

 블록 기술을 구사하는 방법은 먼저 탁구대에 최대한 가깝게 서서 어깨너비로 양발을 벌리고 무릎을 굽혀 무게 중심을 낮추는 자세부터 시작합니다. 라켓은 몸 앞쪽에서 약간 닿아 준비하고, 손목은 고정해 힘을 빼줍니다. 백스윙 없이 작은 동작으로, 공이 바운드된 직후 정점 전에 라켓을 앞으로 내밀어 상대 힘을 이용해 튕겨냅니다. 손목 사용을 최소화하고 팔 전체와 골반 및 코어로 받아내는 감각을 익히며, 상황에 따라 다양한 변형 블록을 구사할 수 있도록 합니다. 타구 후에는 곧바로 라켓을 중립 위치로 되돌리고 준비 자세로 돌아갑니다.

3-12. 로브 (Lob, Lobbing)

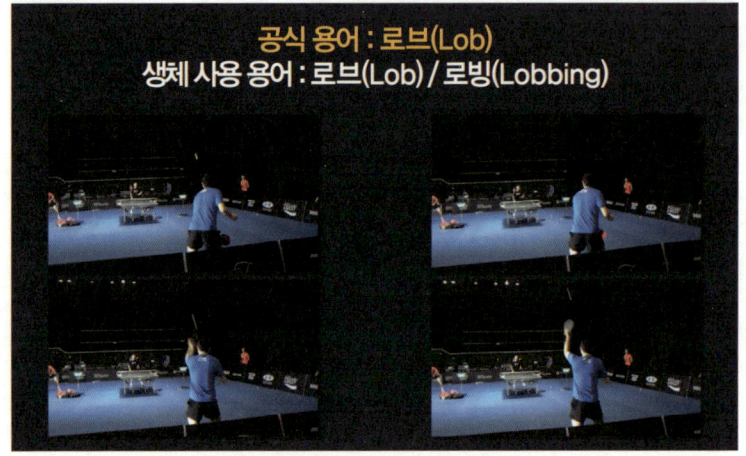

로브도 블록과 마찬가지로 상대의 공격을 방어하는 수비적인 기술이나 블록과 달리 중후진에서 공을 높이 올리는 기술입니다. 상대 공격에 의해 자세가 무너졌을 때 공을 높이 띄움으로써 시간을 벌어 다시 역습할 기회를 가질 수 있습니다. 로브를 할 때 단순히 공을 높이 띄우는 것에 그치지 않고 임팩트 순간에 구질을 바꿀 수 있으면 상대의 실책도 유도할 수 있습니다.

구질 변화가 있기 때문에 로브로 높게 온 공을 정확하고 강하게 스매시하거나 드롭 샷을 구사하는 것은 쉽지 않습니다. 이런 점을 이용하여 생활체육에서는 로브 위주의 플레이로 구질을 다양하게 바꿔가며 상대의 체력을 소모하게 하고 실책을 유발하는 전형의 동호인도 꽤 있습니다. 특히 여성 동호인은 파워가 약하고 높이 뜬 공을 치기 어렵기 때문에 로브 위주의 남성 동호인을 만나면 경기가 힘들고 어려워지는 경우가 많습니다.

로브 기술의 구사 방법은 우선 탁구대에서 멀리 떨어져 어깨너비보다 넓게 양발을 벌리고 무릎을 충분히 굽혀 무게 중심을 낮추는 수비 자세부터 시작합니다. 상대의 스매시를 받을 때는 빠르게 이동해 공의 바운드와 궤적을 끝까지 확인하고, 라켓을 아래에서 위로 크게 휘둘러 공을 높고 깊게 띄워줍니다. 라켓 각도를 조절해 상회전이나 횡회전을 섞어주면 상대가 공격하기 어렵게 만들 수 있습니다. 공의 높이, 깊이, 회전을 다양하게 주고, 상대가 빈 공간을 보이면 역습할 수 있도록 항상 반격 준비하는 것이 중요합니다.

제5장. 탁구 블레이드

QR코드를 카메라로 스캔하면 해당 장의 유튜브 영상을 시청할 수 있습니다.

1. 들어가며

탁구 블레이드(목판)는 그립 방법에 따라 일반적으로 셰이크핸드 그립(Shakehand Grip)과 펜홀드 그립(Penhold Grip)으로 구분합니다. 셰이크핸드 그립(이하 셰이크)은 말 그대로 악수하듯 그립을 쥐는 방식이며, 펜홀드 그립(이하 펜홀더)은 펜을 잡듯 그립을 쥐는 방식입니다.

펜홀더는 손목 가동 범위가 넓어 서비스나 리시브, 탁구대 위에서의 기술인 대상(臺上) 기술 구사가 용이하며, 포핸드 탑스핀을 구사할 때

일본식 펜홀더　　중국식 펜홀더　　셰이크 핸드

더 많은 회전과 변화를 줄 수 있습니다. 일반적으로 대중에게 알려진 펜홀더는 일본식 펜홀더로서 러버를 한쪽 면에만 부착하여 사용하기 때문에 백핸드 탑스핀 구사가 어렵습니다. 빠른 박자의 강력한 백핸드 탑스핀을 요구하는 현대 탁구의 전문 선수 무대에서는 양핸드 전환이 편하고, 백핸드 탑스핀 구사가 쉬운 셰이크에 밀려 일본식 펜홀더는 그 자취를 감췄습니다. 이를 보완하기 위해 뒷면에도 러버를 부착한 중국식 펜홀더도 존재하나 한국 탁구에서는 사용하는 선수가 적어 생활체육에서는 올바른 자세를 배우기 쉽지 않습니다.

정식으로 탁구에 입문할 때는 이전에 일본식 펜홀더로 탁구를 경험해 봤더라도 셰이크로 바꿔 배우는 추세입니다. 라켓의 구성 및 소재에 대한 정보는 그립법과 판형만 다를 뿐 펜홀더든 셰이크든 일맥상통하기 때문에 가장 보편적인 셰이크를 기준으로 설명하겠습니다.

2. 라켓의 구성

탁구 라켓(Racket)은 블레이드(Blade)와 러버(Rubber)로 구성됩니다. 블레이드와 러버를 조합하여 반발력이 높은 라켓, 반발력이 높진 않지만 컨트롤이 좋은 라켓 등 본인이 선호하는 경기 스타일에 맞는 라켓을 조합할 수 있습니다.

간혹 탁구장에 처음 방문하는 입문자 중 일체형 라켓을 구매해서 오는 사람들이 있습니다. 블레이드와 러버를 분리할 수 없는 일체형 완제품 라켓은 제대로 탁구를 배우기 위해서는 구매하지 않기를 권장합니다. 반발력이나 회전력 등 성능에 한계가 있으며, 러버가 수명을 다 했을 때 교체가 불가능한 라켓이 더 많기 때문에 바른 자세를 익히는 데 방해가 될 수 있습니다. 탁구를 계속하게 된다면 언젠가는 고성능 라켓을 구매하게 되기 때문에 이중으로 지출하는 격입니다.

3. 블레이드의 소재

국제탁구연맹의 규정상 블레이드는 크기, 모양, 무게에는 제한이 없지만 구성의 85% 이상이 목재로 이루어져야 합니다. 일반적으로 코토,

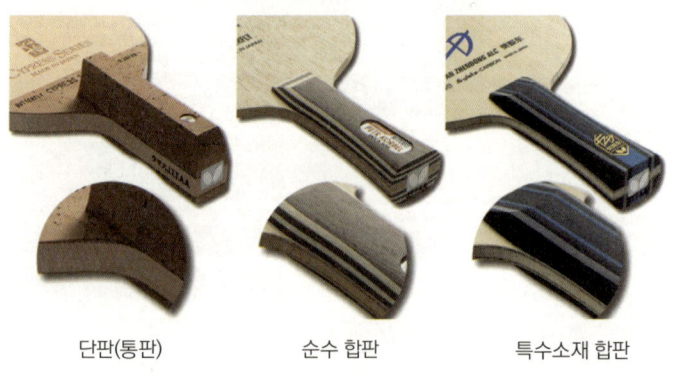

단판(통판)　　　순수 합판　　　특수소재 합판

림바, 키리, 히노키 등의 목재가 사용되는데 목재마다 탄성과 경도가 다릅니다.

　블레이드는 목재 구성에 따라 단판(통판), 순수 합판, 특수소재 합판으로 나뉩니다. 단판의 경우, 우리에게 친숙한 유남규, 김택수, 유승민 선수처럼 한쪽 면에만 러버를 사용하는 일본식 펜홀더 선수들이 주로 사용합니다. 단판은 합판에 비해 충격에 부러질 위험이 높기 때문에 어느 정도 두께가 있어야 합니다. 셰이크나 중국식 펜홀더는 양면에 러버를 붙여야 하므로 단판 블레이드가 너무 두꺼우면 라켓을 다루기 불편합니다. 따라서 셰이크는 순수 합판 또는 특수소재 합판이 주로 쓰이며, 현재 세계적으로 주류인 블레이드는 특수소재 합판의 셰이크 블레이드입니다.

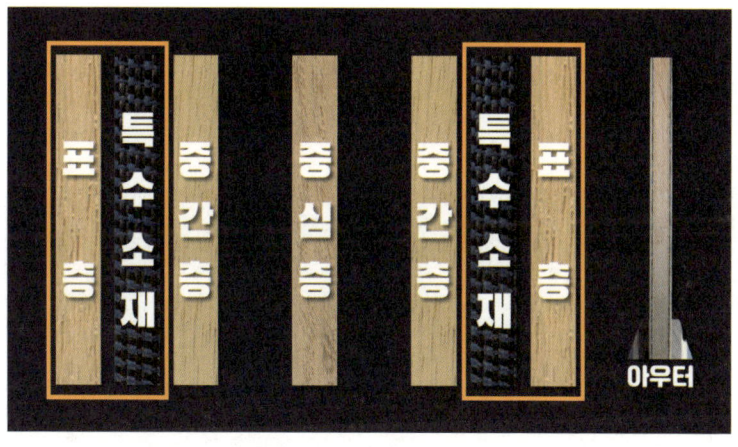

　특수소재 합판의 구조는 크게 '아우터(Outer)'와 '이너(Inner)'로 나뉩니다. 표준 합판 블레이드는 표층, 중간층, 중심층, 중간층, 표층 이렇게 5

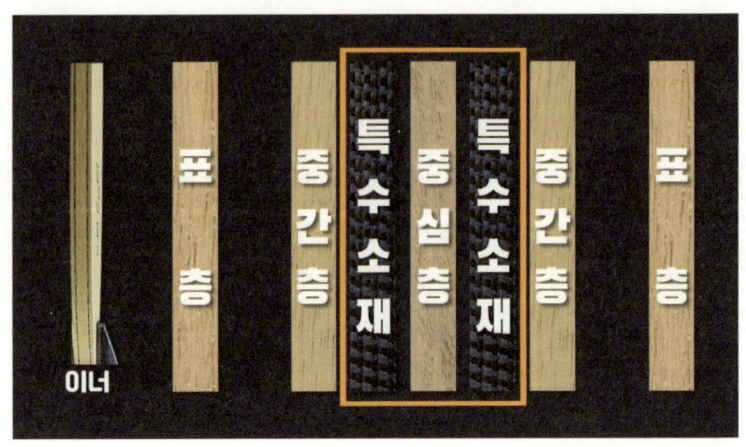

개의 계층으로 구성되는데 아우터의 경우 특수소재가 표층과 중간층 사이에 들어가 바깥쪽이란 의미로 아우터라는 명칭을 갖게 되었습니다. 이너는 중간층과 중심층 사이에 특수소재가 배치되어 안쪽의 의미로 이너라 불립니다.

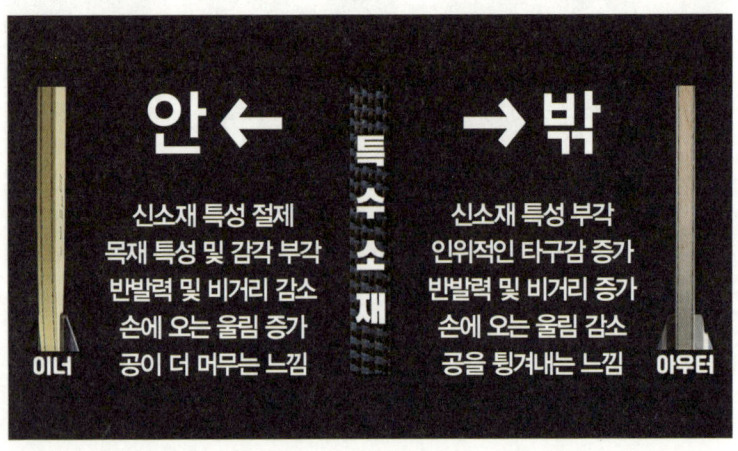

특수소재가 바깥쪽에 배치될수록 특수소재의 특성이 부각되고 안쪽으로 배치될수록 특수소재의 특성이 절제됩니다. 일반적으로 특수소재가 표층에 가까운 바깥쪽으로 배치될수록 목재의 자연스러운 울림이 억제되며 때론 인위적인 타구감이 증대됩니다. 또한 반발력과 비거리가 증가하여 공을 튕겨내는 듯한 감각이 강해집니다.

경량 / 고반발
단단한 타구감

진동 울림 감쇄
부드러운 타구감

진동 울림 감쇄
아릴레이트 보단 단단

탁구 블레이드에 사용되는 대표적인 특수소재로는 카본(Carbon), 아릴레이트(AL: Arylate), 자일론(ZL / PBO: Zylon)이 있습니다. 카본은 가벼우면서도 단단하고 반발력을 높이는 성질을 가지고 있어 블레이드 경량화에 도움을 주며, 아릴레이트는 부드러운 느낌과 공이 좀 더 라켓에 머무는 느낌을 주면서 라켓의 불필요한 진동(떨림)을 억제해 줍니다. 자일론은 아릴레이트와 비슷한 성질을 갖지만 약간 더 경도가 높아 아릴레이트보다 더 단단하고 직접적인 감각을 줍니다.

세 가지 소재를 서로 직조하여 아릴레이트 카본(ALC), 자일론 카본(ZLC)이 만들어집니다. 카본의 탄성은 살리면서 단단한 타구감을 완화하는 등 다양한 소재의 장점을 동시에 블레이드에 도입하려는 제조사

고반발인 동시에 부드러운 타구감 | ALC보다 약간 더 단단하고 직접적인 감각

들의 노력이 계속되고 있습니다.

  이런 특수소재들은 목재로 인해 발생하는 합판 블레이드의 개체 편차를 줄여주고, 스위트 스폿(Sweet Spot), 즉 반발력이 최대로 나오고 타구감이 가장 좋은 지점을 넓혀 타구 시 에너지 손실을 줄여주는 역할을 합니다.

4. 블레이드의 구조

블레이드의 구조는 크게 헤드(Head), 윙(Wing), 그립(Grip)으로 나뉩니다. 헤드는 실제 공이 맞는 부분이며 대부분 원형이지만 색다른 모양의 헤드를 가진 블레이드도 있습니다.

헤드의 크기는 원형의 세로 157mm, 가로 150mm의 크기가 공격형 블레이드의 표준이며, 헤드의 중심에서 약간 윗부분에 스위트 스폿이 형성됩니다. 블레이드의 구조와 소재에 따라 스위트 스폿의 영역이 달라지며, 같은 형태라면 스위트 스폿이 넓을수록 이론적으로는 더 좋은 블레이드라고 할 수 있습니다.

수비형 블레이드로 갈수록 헤드의 크기가 커지며, 공격 전형이더라도 라켓 끝에 무게 중심이 더 실리는 것을 선호하거나, 전진에서 블록을 주력으로 삼는 선수들은 헤드가 큰 블레이드를 선호하기도 합니다.

윙은 헤드와 그립이 연결되는 매끈한 부분입니다. 윙의 형태가 깊거나 넓을 수 있는데 이는 그립감과 타구감에 영향을 미칩니다. 또한 그립을 잡는 방법에도 영향을 미치기 때문에 형태에 대해 사람마다 선호

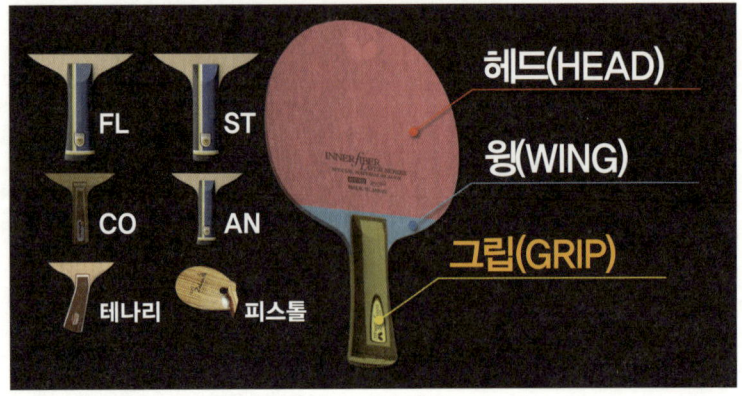

도가 갈립니다.

  그립은 블레이드를 선택할 때 가장 중요하게 생각해야 할 부분입니다. 블레이드 그립은 FL과 ST 그립이 대중적이며, CO, AN, 테나리 등 특수한 그립도 있으나 입문 때는 추천하지 않습니다. FL은 Flared의 약자로 나팔 모양을 의미하며, ST는 Straight의 약자로 곧은 모양을 뜻합니다.

  그립 형태를 처음 선택할 때 흔히 듣게 되는 고정관념이 있습니다. 예를 들어, FL은 손이 작은 여성에게 ST는 손이 큰 남성에게 적합하다거나, FL은 손이 깊이 들어가고 손바닥 끝에서 그립을 잡아 안정감이 좋고 ST는 일직선이라 순간적인 각도 변화에 유리하다는 말 등입니다. 실제로는 FL이든 ST든 모양이 다양해서 개인에 따라 차이가 있습니다. 결국 본인이 잡아봤을 때 편하다고 느끼면 FL이든 ST든 상관없습니다.

  좋고 편한 그립이란 손에 힘을 빼고 그립을 쥐었을 때 손안에 공간이 너무 남지도 꽉 차지도 않은 상태이며, 포핸드, 백핸드 전환 시 그립을 너무 많이 고쳐 잡지 않아도 되는 그립입니다.

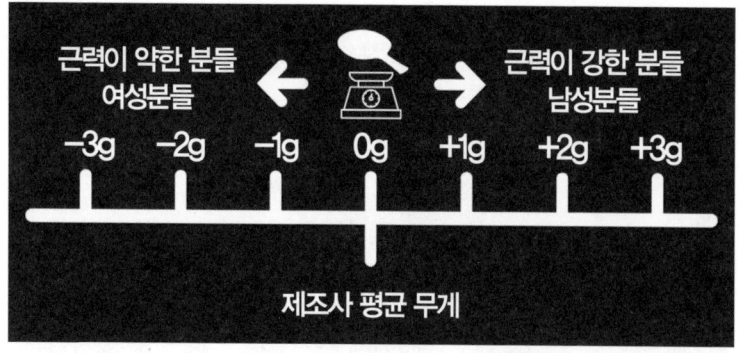

블레이드의 무게는 제조사마다 출시할 때 의도한 성능이 구현되는 평균 중량이 있기 때문에 평균에서 크게 벗어나지 않는 걸 선택하는 것이 좋습니다. 가벼운 라켓을 선호하거나 근력이 부족한 사람은 평균 중량에서 2~3g까지 줄여도 되고, 반대의 경우는 2~3g 정도 무거운 블레이드를 구매해도 됩니다. 다만 계절에 따라 습도가 다르기 때문에 목재로 이뤄진 블레이드 특성상 구매 시기에 따라 무게 편차가 생기기도 합니다.

블레이드의 수명은 물리적 파손이 발생하지 않는다면 반영구적입니다. 다만 목재로 구성된 만큼 습기에 민감하기 때문에 손에 땀이 많은 사람이 사용하거나 관리 방법에 따라 짧게는 반년, 보통 2년 정도면 블레이드의 감각과 탄성이 달라지곤 합니다.

5. 추천 블레이드

여러 가지를 고려하기 어렵다면 버터플라이 비스카리아(코토-ALC-림바-키리-림바-ALC-코토 구조의 아우터 블레이드)를 추천합니다. 현

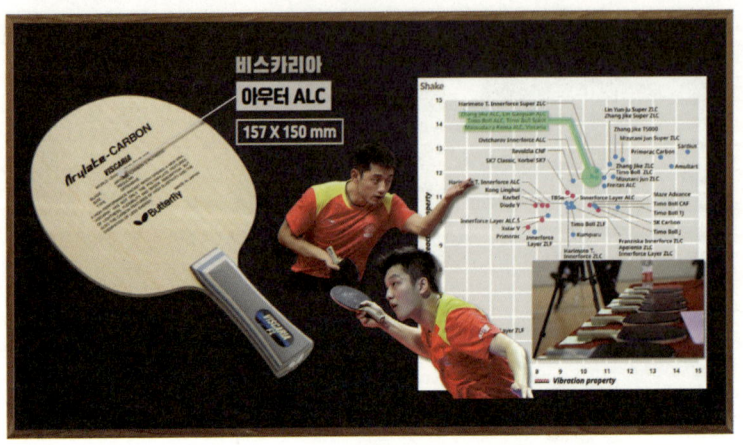

재 국제 탁구 무대에서 대세가 된 특수소재는 아릴레이트 카본이나 이와 유사한 아라미드 카본(Aramid Carbon), 즉 ALC입니다. ALC는 이너 구조와 아우터 구조 둘 다 제작되지만, 선수들은 물론 동호인들이 가장 많이 사용하는 것은 아우터 ALC입니다. 비스카리아는 수많은 아우터 ALC 블레이드 중에서도 원조라는 명성을 갖고 있습니다.

비스카리아를 추천하는 이유는 다음과 같습니다. 첫째, 탁구에서 입문이자 종결이 될 수 있는 블레이드입니다. 적당한 반발력, 적당히 절제된 울림이 있고, 그랜드 슬래머를 비롯하여 세계 랭킹 상위권을 달성한 수많은 선수가 사용합니다. 또한 1993년 출시된 이래로 전 세계 탁구 동호인들이 오랜 기간 사용해 오면서 30년간 검증이 끝난 제품입니다.

둘째, 탁구를 계속하다 보면 언젠가는 다양한 블레이드를 사용해 보게 될 것입니다. 탁구는 그 자체로도 재미있지만, '용품병'이라는 말이 있듯이 용품을 조합하며 느끼는 재미도 무시할 수 없습니다. 이 과정에서 대중성을 지닌 비스카리아를 사용하지 않고 지나가기는 어렵습니다.

셋째, 비스카리아는 단종될 위험이 적습니다. 탁구 블레이드 시장에서는 유명 선수의 이름을 활용한 네이밍 마케팅 제품들이 주류를 이루고 있습니다. 이러한 제품들은 선수와 회사의 계약이 만료될 경우 단종될 위험이 있습니다. 그러나 비스카리아는 선수 이름을 사용하지 않고 이미 대중적 인기를 얻고 있어 그런 위험이 상대적으로 적습니다.

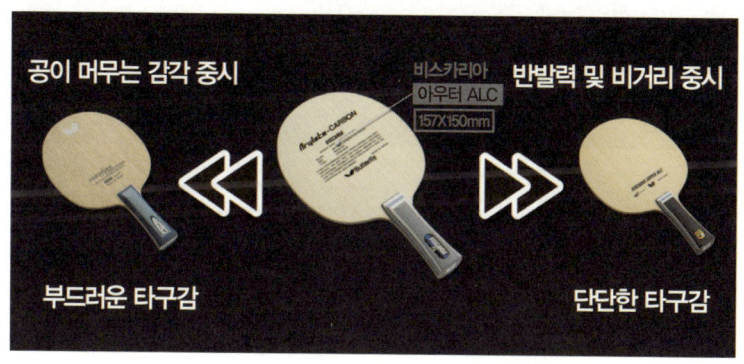

이러한 이유로 비스카리아로 입문하고, 비스카리아를 다른 블레이드를 판단하는 기준으로 삼는 것도 좋은 방법입니다. 어느 정도 자세와 실력을 갖춘 뒤 비스카리아 대비 반발력이 강한지, 울림이 더 있는지 등의 판단이 설 수 있을 때 다른 블레이드를 경험해 보는 것이 좋습니다.

6. 비스카리아의 대안은?

무조건 비스카리아를 구매하라는 것은 아닙니다. 앞서 블레이드의 구조에서 설명했듯이 블레이드를 선택할 때는 그립이 가장 중요합니다. 비스카리아의 그립이 손에 맞지 않을 경우, 비스카리아를 구매해서는

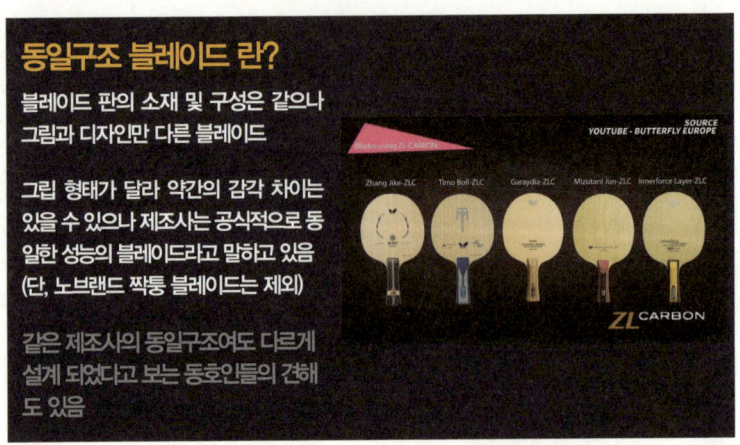

안 됩니다.

    탁구 블레이드에는 '동일구조 블레이드'라는 말이 있습니다. 합판의 소재와 구조가 그립과 윙을 제외하고 같다는 것을 말합니다. 즉 성능은 동일하나 손잡이만 다른 것을 의미합니다.

    선수 네이밍 마케팅을 하는 버터플라이 브랜드에 유독 동일구조 블레이드가 많습니다. 선수가 계약이 만료되면 단종될 수 있다는 단점은 있

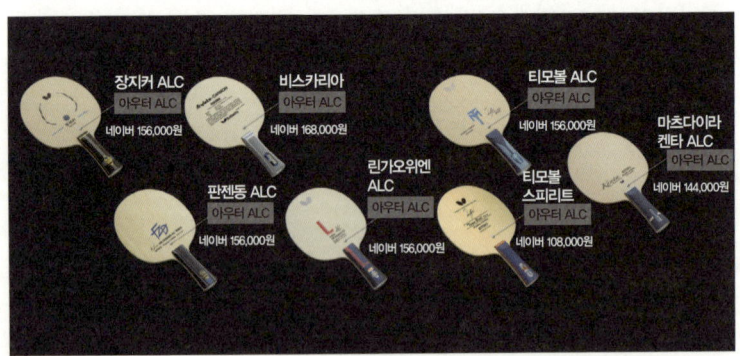

지만 소비자는 손에 맞는 그립을 선택할 폭이 넓어지는 장점이 있습니다.

특히 원조 아우터 ALC인 비스카리아의 동일구조가 많습니다. 티모볼 스피리트, 티모볼 ALC, 장지커 ALC, 판젠동 ALC, 린가오위엔 ALC, 마츠다이라 켄타 ALC 등 선수 네이밍에 따라 그립과 가격이 모두 다릅니다. 이상적인 선택은 언급한 블레이드 중, 그립이 손에 맞으면서 가장 저렴한 것을 선택하는 것입니다. 2025년 1월 기준 티모볼 스피리트가 비스카리아와 동일구조이면서 10만 원 초반대로 가장 저렴하기 때문에 그립만 손에 맞다면 가장 합리적인 블레이드입니다.

지도 검색을 통해 가까운 오프라인 탁구 매장에서 그립을 잡아보고 구매하는 방법을 가장 추천합니다. 주변에 오프라인 매장이 없다면, FL 그립 기준 그립이 두꺼운 순서는 장지커, 판젠동, 비스카리아, 린가오위엔, 티모볼, 켄타 순이니 온라인 최저가로 원하는 블레이드의 무게를 지정하여 주문하면 됩니다. 구체적인 용품 구매 방법은 '제8장. 탁구 용품 구매 방법'에서 따로 다루겠습니다. 참고로 처음 라켓을 구매할 때는 다음 장에서 다룰 러버도 같이 구매해서 용품점의 부착 서비스를 받길 권합니다. 블레이드와 러버를 따로 구매했을 때 부착하는 방법은 '제9장. 탁구 러버 부착 방법'에서 다루겠습니다.

36.5 ALX 스트라디바리우스 V-14 Pro

버터플라이 제품 외에는 우선 엑시옴(XIOM)의 '36.5 ALX'를 추천합니다. 엑시옴은 한국 브랜드인 참피온(CHAMPION)으로 시작하여 오랜 기간 동안 탁구 용품을 제조해 온 브랜드입니다. 엑시옴 36.5 ALX는 비스카리아를 벤치마킹하고 개선하고자 출시된 제품입니다. 그립도 비스카리아와 크게 다르지 않고 성능도 비슷하면서 가격도 10만 원대로 저렴합니다. 엑시옴의 또 다른 동일구조인 7만 원대 '스트라디바리우스'도 좋은 선택입니다.

보다 더 저렴한 블레이드를 찾는다면 은하(Yinhe) 브랜드의 'V-14 Pro'를 추천합니다. 은하는 중국의 대표적인 탁구 브랜드 중 하나로, 1986년에 설립되어 지금까지 품질 좋은 제품을 합리적인 가격에 판매하고 있습니다. 판매하는 블레이드 중 V-14 Pro는 비스카리아의 구조를 차용하여 높은 성능을 보여주는 제품으로 국내 판매가는 7만 원대를 형성하고 있습니다. 알리 익스프레스와 같은 중국 해외 직구 플랫폼을 이용하면 시기에 따라 3만 원대에 아주 저렴하게 구매할 수 있습니다.

제6장. 탁구 러버

QR코드를 카메라로 스캔하면 해당 장의 유튜브 영상을 시청할 수 있습니다.

1. 들어가며

러버 색상으로는 블랙, 레드, 블루, 그린, 퍼플, 핑크가 있습니다. 국제 탁구연맹 규정상 블레이드의 앞면과 뒷면에 같은 색상의 러버를 붙일 수 없습니다. 한쪽 면에는 반드시 검은색 러버를 붙여야 합니다. 반대 쪽에는 검은색을 제외한 색상의 러버를 붙이면 됩니다.

일본식 펜홀더처럼 앞면만 러버를 붙일 경우, 뒷면에는 앞면 러버의

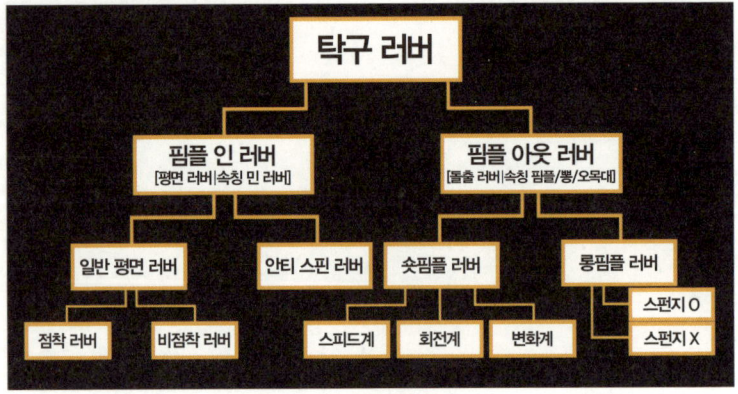

색상과 겹치지 않는 색상의 시트지를 부착해야 합니다. 예를 들어 앞면에 검은색 러버를 사용한다면 뒷면에는 레드, 블루, 그린, 퍼플, 핑크 중의 한 색상으로 시트지를 부착해야 합니다. 다만 검정이 아닌 색상의 러버를 사용한다면, 반드시 뒷면에는 검정 시트지를 부착해야 합니다.

'제2장. 세계 탁구의 역사'에서 언급했듯이 탁구가 발전하면서 다양한 형태의 러버가 등장했지만, 오늘날 사용되는 러버의 종류는 '핌플 인 러버'와 '핌플 아웃 러버'로 나뉩니다. 핌플 인 러버는 다시 '일반 평면 러버'와 '안티스핀 러버'로 나뉘며, 핌플 아웃 러버는 다시 '숏 핌플'과 '롱 핌플'로 나뉩니다. 핌플 인 러버부터 하나씩 살펴보겠습니다.

2. 핌플 인 러버

2-1. 핌플 인 러버의 종류와 구조

핌플 인 러버(Pimple in Rubber, Inverted Rubber)는 우리나라에서 '평면 러버', 속칭 '민 러버'라고 불립니다. 오늘날 러버라고 말하면 핌플 인 러버

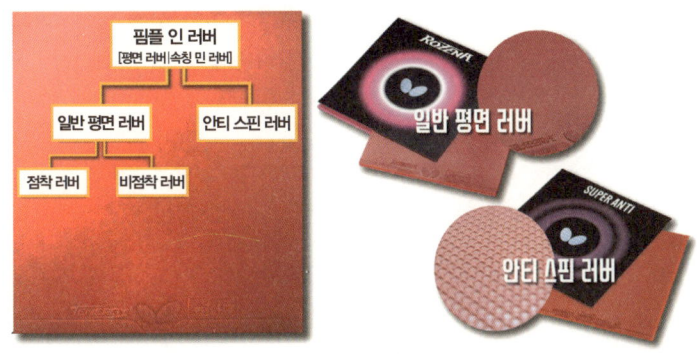

를 뜻할 정도로 선수들은 물론 동호인들까지 현대 탁구에서 가장 많이 사용하는 러버입니다.

　핌플 인 러버에는 일반 평면 러버와 안티스핀 러버(Anti-spin Rubber)가 있으나, 표면의 마찰력이 낮아 회전을 무시하는 성질을 가진 안티스핀 러버는 거의 사용되지 않고, 특수한 전형의 일부 선수들만 사용하고 있습니다. 따라서 설명의 편의상 핌플 인 러버를 평면 러버라고 부르겠습니다.

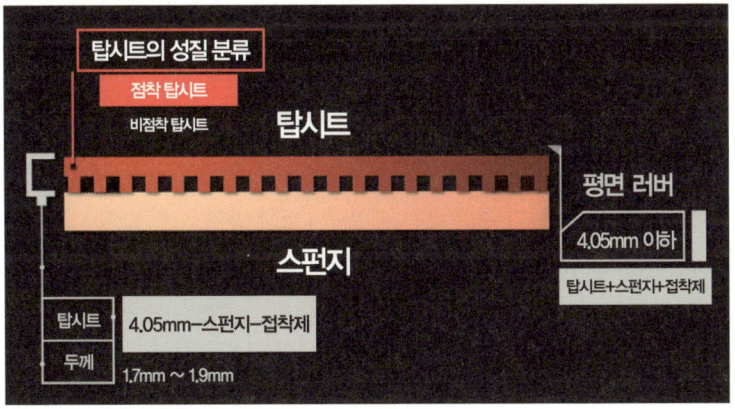

평면 러버는 국제탁구연맹 규정에 따라 4.05mm 두께 안에서 '스펀지'와 '탑시트'가 '접착제'로 붙여진 샌드위치 형태로 구성됩니다. 우선 스펀지의 구조와 특성에 대해 알아보겠습니다.

2-2. 스펀지의 구조와 특성

러버를 선택할 때 스펀지에서 중요하게 보는 수치는 두께와 경도입니다. 제조사는 러버를 출시할 때, 스펀지 두께를 소비자가 선택할 수 있도록 출시합니다. 규정상 러버의 최대 두께인 4.05mm에서 설계한 탑시트와 접착제의 두께를 제외한 값을 스펀지 두께의 최댓값(Max)으로 정합니다. 이후 최댓값에서 0.2mm씩 얇게 세 단계로 출시합니다. 예를 들면, '1.7mm, 1.9mm, 2.1mm(Max)', '1.8mm, 2.0mm, 2.2mm(Max)', '1.9mm, 2.1mm, 2.3mm(Max)'와 같은 방식으로 출시합니다. 스펀지의 두께가 두꺼워질수록 반발력과 비거리 및 공의 위력이 증가하나 다루기는 어려워집니다. 무게 또한 증가하고, 손에 오는 타구감도 무거집니다. 입문자일 경우, 가볍고 컨트롤이 편한 1.8~2.0mm를 추천하고 싶으나, 한국 시장에서는 2.1mm 이상의 최대 두께 위주로만 출시되기 때문에 재고가 많은 최대 두께로 구매할 것을 권합니다.

블레이드는 제조국이 다양한 반면, 러버는 중국, 일본, 독일 세 국가에서 주로 생산됩니다. 중국제는 다양한 회사들이 러버를 생산하며, 일본제는 주로 '다이키(Daiki)'와 버터플라이의 '다마스(Tamas)' 두 곳에서 러버를 생산합니다. 독일제는 대부분 OEM 방식으로 'ESN(Elastische Schläger Netzwerke)'이라는 회사에서 생산되며, ESN이 새로운 러버 기술을 제시하면 탁구 브랜드들이 원하는 러버 레시피(탑시트와 스펀지 비율, 구조, 무게 등)를 요청하는 방식으로 생산됩니다.

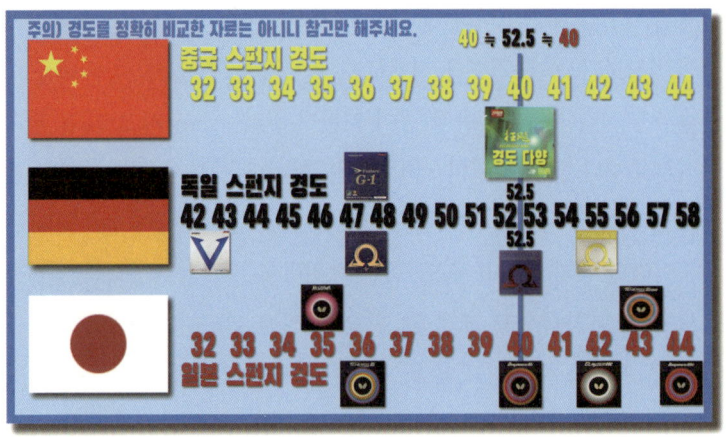

스펀지의 경도는 중국제, 일본제, 독일제마다 기준이 다릅니다. 세 국가의 러버 경도를 비교해 보면 그림과 같습니다. 출시되는 제품에 표기된 경도는 정확한 경도는 아니고 근사치를 의미합니다. 예를 들면 독일제 47.5도 러버의 경우, 대략 47~48도 사이에 있는 러버를 의미합니다.

동호인이 러버의 경도를 선택할 때는 포핸드, 백핸드 양쪽 모두에 독

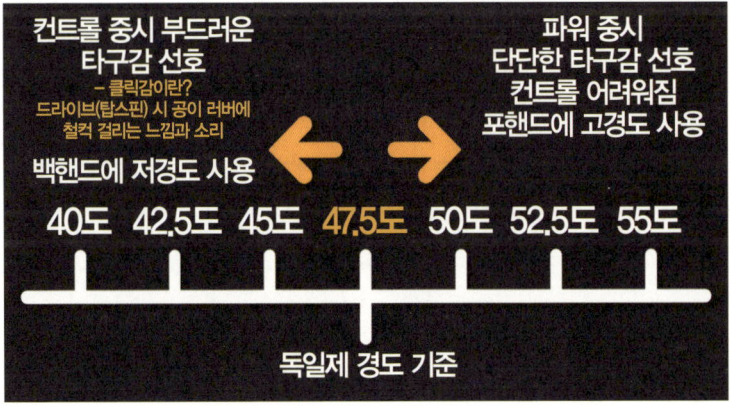

일제 47.5도가 무난합니다. 파워를 중시하고 단단한 타구감을 선호하면 47.5도보다 높은 경도를 선택하고, 컨트롤을 중시하고 부드러운 타구감과 클릭감(타구 시 찰칵 공이 러버에 걸리는 느낌과 소리)을 원하면 47.5도보다 낮은 경도의 러버를 선택합니다. 경도가 높아질수록 단단하기 때문에 사용하기 어렵습니다. 임팩트 능력이 경도를 이겨내는 수준이라면 공의 비거리, 속도, 회전량, 위력은 모두 높아집니다. 일반적으로 스윙을 자유롭고 크게 할 수 있어 임팩트를 내기 쉬운 포핸드에 더 높은 경도를 사용하고, 스윙 공간이 좁아 임팩트를 내기 어려운 백핸드에 47.5도 이하의 러버를 선택합니다. 경도를 감당할 수 있느냐는 하나의 고려사항일 뿐, 선호하는 타구감에 따라 선택이 달라질 수 있기 때문에 실력과 관계없이 러버 선택에는 개인 취향이 반영될 수 있습니다.

입문 과정이 지난 동호인들은 독일제 기준 45~53도(일본제 기준 34~40도) 사이의 러버를 사용하지만, 입문자는 컨트롤과 기술을 익히기 쉬운 42.5~47.5도(일본제 기준 32~36도) 사이의 러버를 추천합니다.

2-3. 탑시트의 구조와 특성

탑시트는 표면과 표면을 받치고 있는 기둥(돌기)으로 구성됩니다. 스펀지와 접착제, 탑시트 두께의 합을 4.05mm 이하로 하는 국제탁구연맹 규정 때문에 스펀지 최대 두께와 접착제 두께를 4.05mm에서 뺀 수치가 탑시트의 두께가 됩니다. 일반적으로 출시되는 평면 러버의 스펀지 최대 두께가 2.1mm 또는 2.3mm이기 때문에 탑시트는 1.7~1.9mm 정도가 됩니다.

대부분의 제조사는 스펀지의 경도와 두께는 정량적인 수치로 제공하지만, 탑시트의 성질은 추상적으로 알려주는 경향이 있습니다. 게다가 탑시트의 경도나 두께는 물론 기둥 구조까지 같은 제조사 제품 내에서도 모두 다릅니다. 따라서 스펀지의 경도나 두께에 비해 실제 체감하는 타구감의 단단한 정도는 다를 수 있습니다. 탑시트의 설계에 따른 감각 변화도 크기 때문에 스펀지의 경도와 두께만으로 러버의 전반적인 성질을 단언하기 어렵습니다. 결국 러버의 성질은 직접 사용해 보거나 사용 후기를 봐야 알 수 있습니다.

현재 탑시트는 공이 달라붙는 점착 탑시트와 달라붙지 않는 비점착 탑시트로 대세가 양분되고 있습니다. 본래 중국을 제외한 다른 나라에서는 대부분 비점착 탑시트를 사용했으나, 지금은 전 세계적으로 점착 탑시트의 인기가 높아지고 있습니다.

점착 평면 러버를 사용하는 중국 선수들의 압도적인 성적도 인기 원인 중 하나지만, 탁구공의 소재 변화로 인해 회전량이 적어지면서 남녀 모두 극전진 지향 플레이로 경기 운영 방식이 바뀐 것도 큰 이유입니다. 이에 따라 점착력 덕분에 상대 회전의 영향을 적게 받고, 카운터 공격과

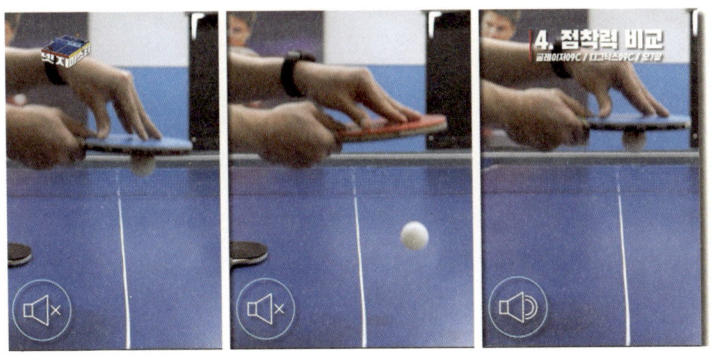

| 디그닉스09C | 글레이저09C | 오7 차이나 광 |

대상 기술이 유리한 중국제 점착 러버가 이전보다 더 주목받게 되었습니다. 일본과 독일 제조사들도 각종 점착 러버를 잇달아 출시하면서, 선수들은 물론 동호인들 사이에서도 점착 러버가 대중화되고 있습니다.

점착 탑시트를 가진 러버는 공을 오래 가지고 있는 듯한 느낌을 주어 탑스핀의 안정감을 높이고, 상대의 회전량을 감쇠시켜 카운터 공격이 용이하다는 이점을 가지고 있습니다. 그러나 비점착 평면 러버와 사용 방법과 감각이 다릅니다. 회전을 주지 않고 면으로만 타구 시 원하는 것보다 비거리가 짧기 때문에 공이 네트에 걸릴 수 있습니다. 또한 대부분 고경도 스펀지를 동반하기 때문에 입문자가 사용하기에는 어려움이 많습니다. 따라서 입문자에게는 점착 평면 러버보다는 비점착 평면 러버를 추천합니다. 비점착 탑시트는 끈적임은 없이 마찰력만 있는 고무이며, 시중에 판매되는 대부분의 평면 러버는 비점착 탑시트를 가지고 있습니다. 지금까지 말씀드린 스펀지와 탑시트의 다양한 사양들이 어우러져 평면 러버의 최종 성질이 결정됩니다.

3. 핌플 아웃 러버

3-1. 핌플 아웃 러버의 종류와 구조

핌플 아웃 러버(Pimple out Rubber)는 '돌출 러버'나 속칭 '핌플', '뽕', '오목대(表;오모떼: 겉으로 드러났다는 일본어 발음의 변형)'라고 불립니다. 핌플 아웃 러버는 '숏 핌플 러버(Short Pimple Rubber)'와 '롱 핌플 러버(Long Pimple Rubber)'로 나뉩니다. 이후부터는 설명의 편의상 돌출 러버, 숏 핌플, 롱 핌플이라는 명칭만 사용하겠습니다.

정보 전달을 위해 서술할 뿐 입문자가 처음부터 돌출 러버를 사용하는 것은 추천하지 않습니다. 평면 러버와 사용 방법이 다르고, 회전 개념이 다르기 때문에 기본자세를 익히는데 어려움이 있을 수 있습니다. 또한 기본자세를 익히기 위해서는 레슨 외에도 다른 동호인들과 연습해야 하는데 본인뿐만 아니라 파트너도 돌출 러버에 대한 이해가 없으면 기본 랠리를 하기 어렵습니다.

  평면 러버에서 돌출 러버로 바꾸고 싶다면 6개월 이상 평면 러버로 레슨을 통해 모든 기술을 배워 본 후 결정하는 것이 좋습니다. 기술을 배우고 경기를 해보면 본인의 장단점을 알게 되기 때문입니다. 돌출 러버는 종류에 따라 정도는 다르지만, 평면 러버보다 상대 회전의 영향을 덜 받기 때문에 손 감각이 부족해서 실수가 잦은 경우 바꾸기도 합니다. 포핸드 감각이 부족하면 포핸드를, 백핸드 감각이 부족하면 백핸드를 돌출 러버로 교체합니다. 이 외에도 구질 변화가 큰 돌출 러버의 성질을 활용해야만 하는 전형을 선택할 때 교체하기도 합니다. 탁구대에서 물러나 중진에서 탑스핀을 구사하는 전형은 평면 러버의 비거리와

회전력이 돌출 러버보다 높기 때문에 돌출 러버 사용을 추천하지 않습니다.

돌출 러버는 평면 러버와 마찬가지로 4.05mm 이하로 탑시트와 스펀지가 접착제로 합쳐진 형태이나, 돌기의 길이를 포함한 탑시트의 두께는 2mm 이하가 되도록 국제탁구연맹이 규정하고 있습니다.

돌출 러버의 종류는 돌기의 길이에 따라 숏 핌플과 롱 핌플로 나뉩니다. 구체적으로는 돌기의 종횡비(돌기의 높이를 돌기의 폭으로 나눈 값)가 0.9 이상이면 롱 핌플, 0.9 미만이면 숏 핌플로 구분됩니다. 종회비가 1.1 이상이거나 돌기가 미끄럽도록 코팅할 경우 규정 위반으로 금지 러버가 됩니다.

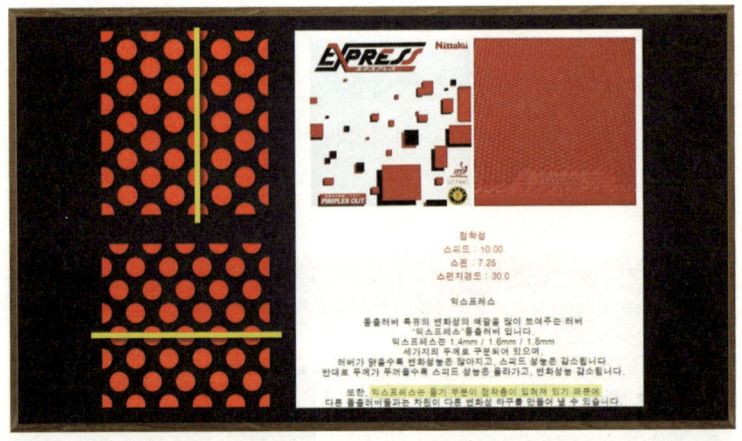

경기를 시작하기 전에는 상대와 라켓을 교환해 확인하는 과정을 거칩니다. 이때 알고 있는 돌출 러버가 아니라면 돌기의 종횡비를 계산하기란 불가능하기 때문에 결국 육안과 촉감으로 판단해야 합니다. 다행히 육안으로 숏 핌플과 롱 핌플을 구분하는 것은 어렵지 않습니다. 문제는 돌기의 배치가 세로 중심인지 가로 중심인지, 돌기에 점착성은 없는지도 확인해야 돌출 러버의 완전한 성질을 파악할 수 있다는 점입니다.

공인된 돌출 러버의 종류도 백 가지가 넘기 때문에 결국 돌출 러버는 숏 핌플인지 롱 핌플인지 정도만 확인 후 직접 경기하면서 상대의 구질을 파악하는 방법밖에 없습니다. 경기 때 돌출 러버의 구질을 빠르게 파악하는 것은 경험과 구력이 어느 정도 쌓인 숙련자도 어려운 문제이기 때문에 입문자 대회에서는 돌출 러버 사용을 금지하는 경우도 많습니다.

3-2. 숏 핌플의 종류와 특성

숏 핌플은 공통적으로 평면 러버보다 상대 회전의 영향을 덜 받는 성질이 있습니다. 숏 핌플의 종류는 스피드계, 회전계, 변화계로 나뉩니다.

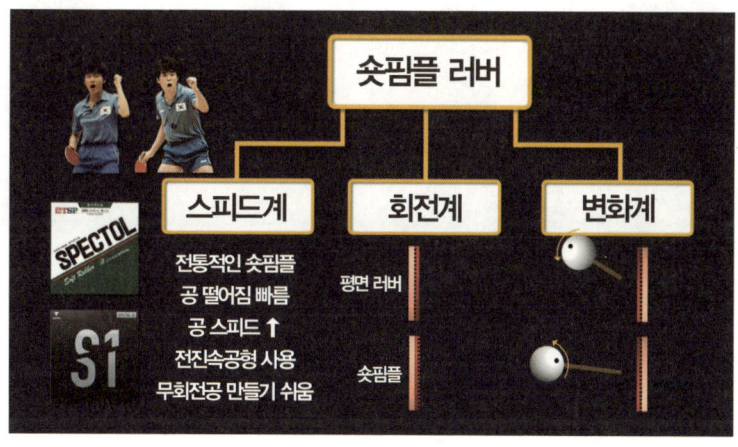

스피드계 숏 핌플은 러버에서 공이 빠르게 떨어지고 스피드가 높기 때문에 탁구대 가까이에서 빠른 박자로 코스를 노리는 김기택, 현정화

선수와 같은 전통적인 전진속공형이 주로 사용합니다. 빠르게 잡아채면 공이 쉽게 미끄러져 무회전을 만들기 쉽다는 장점이 있으나 공이 빨리 떨어지는 만큼 사용하기는 쉽지 않습니다. 무회전 공을 만드는 것이 장점인 이유는 평면 러버와는 다른 박자를 만들어내고, 상대가 받으면 네트 쪽으로 가라앉는 구질을 만들어 낼 수 있어 상대의 실책을 유도할 수 있기 때문입니다. 대표적인 스피드계 숏 핌플로는 TSP 브랜드의 스펙톨(현 빅타스 브랜드의 스펙톨) 러버가 있습니다.

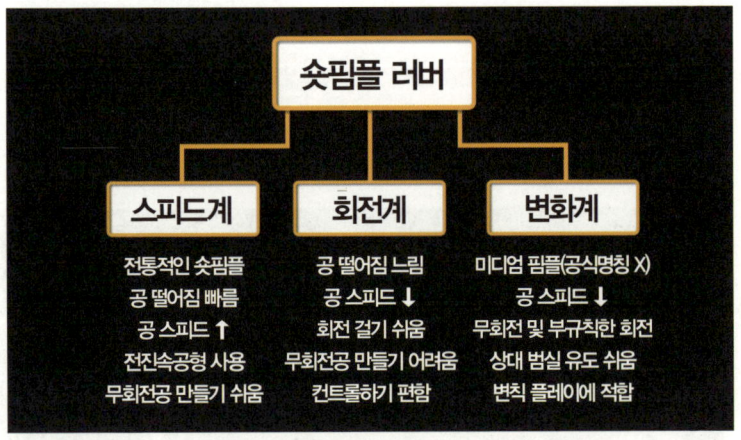

다음으로 회전계 숏 핌플은 스피드계보다 공이 늦게 떨어져서 스피드가 비교적 느립니다. 숏 핌플 중 평면 러버와 가장 가까운 성질을 가지고 있기 때문에 다루기 편하다는 장점을 가지고 있습니다. 빠르게 잡아채도 공이 잘 미끄러지지 않기 때문에 스피드계보다 회전을 걸기는 쉬우나 무회전 공을 만들기는 어렵습니다. 대표적인 회전계 숏 핌플로는 동호인들 사이에서 자주 볼 수 있는 닛타쿠(Nittaku) 브랜드의 모리

스토SP 러버가 있습니다.

　마지막으로 변화계 숏 핌플은 돌기가 스피드계나 회전계보다 더 가늘고 길어 숏 핌플과 롱 핌플의 중간의 성질을 가지고 있습니다. 따라서 미디엄 핌플이라고 부르기도 하는데 공식 용어는 아닙니다. 스피드가 높지 않기 때문에 속공 플레이로는 적합하지 않으나 무회전 공과 불규칙한 회전을 만들기 용이합니다. 박자 변화를 통해 상대의 범실을 유도하고 마무리 찬스를 만드는 변칙 플레이에 사용하기 좋습니다. 대표적인 변화계 숏 핌플로는 닛타쿠 브랜드의 스페셜리스트 러버가 있으며, 최근에는 닥터 노이바우어(Dr. Neubauer) 브랜드의 킬러 시리즈 러버가 동호인 사이에서 인기를 얻고 있습니다.

3-3. 롱 핌플의 종류와 특성

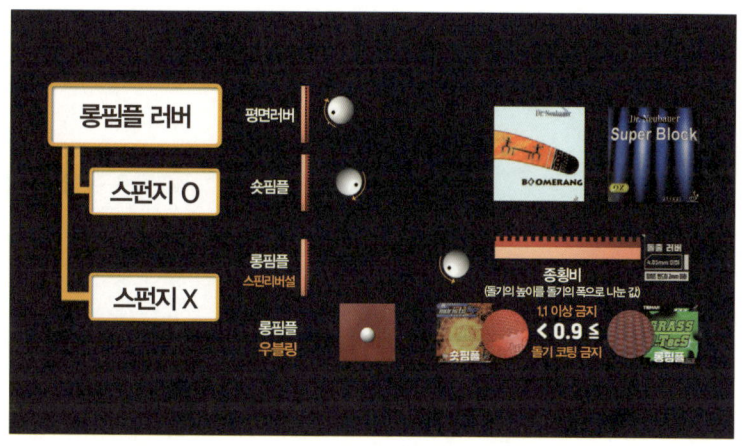

　롱 핌플은 우블링(Wobbling)과 스핀 리버스(Spin Reverse) 성질을 가지

고 있습니다. 스핀 리버스는 말 그대로 상대가 보낸 공을 면으로 막을 경우 반대 회전으로 돌려보내는 것을 의미합니다. 상대가 전진 회전(상회전)을 보냈을 때 평면 러버로 그림처럼 받을 경우 회전 방향이 바뀌어 전진 회전으로 돌아갑니다. 반면 롱 핌플은 긴 돌기가 미끄러지면서 상대가 보낸 회전 방향을 그대로 돌려보내 후퇴 회전(하회전)으로 공이 돌아가게 됩니다. 우블링이란 축구의 무회전 슛처럼 공이 무회전 상태로 상하좌우로 흔들려가는 것을 말합니다.

스핀 리버스와 우블링 효과는 롱 핌플 돌기가 코팅되거나 얇고 길수록 더 강해집니다. 2008년 9월 국제탁구연맹이 코팅 러버를 금지하고 종횡비에 제한을 둠으로써 지금은 금지된 부메랑 러버처럼 대처할 수 없을 정도의 무규칙한 공을 만드는 롱 핌플을 금지했습니다. 현재 국제탁구연맹은 충분히 대처할 수 있는 정도의 변화가 있는 롱 핌플만 공인하고 있습니다.

롱 핌플은 사용 목적에 따라 크게 '스펀지가 있는 롱 핌플'과 '스펀지가 없는 롱 핌플(OX: Orthodox Rubber, 최초로 등장한 러버 형태)'로 구분합니다. 스펀지가 있는 롱 핌플은 주세혁 선수나 서효원 선수처럼 탁구대에서 떨어지는 수비수, 즉 수비주전형(커트주전형)이 능동적으로 후퇴회전 공을 보내기 위해 사용합니다. 스펀지가 없는 롱 핌플은 탁구대 가까이에서 블록 위주로 스핀 리버스 및 우블링 효과를 극대화하여 상대의 실책을 유도하고 결정구 찬스를 만드는 전형이 사용합니다.

4. 러버의 수명과 관리 방법

반영구적으로 사용할 수 있는 탁구 블레이드와 달리 러버는 소모품입니다. 탑시트의 표면이 마모되어 마찰력이 떨어져서 교체해야 하는 경우도 있고, 탑시트는 양호해도 스펀지의 탄성이 떨어져 교체해야 하는 등 러버는 교체 주기가 있습니다.

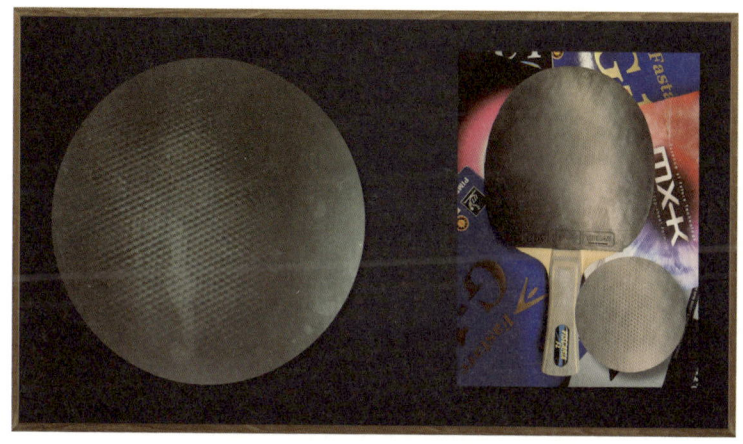

러버를 교체해야 하는 시기는 탑시트의 표면이 하얗게 변하거나 탑시트 표면이 마모되어 표면을 받치고 있는 기둥들이 보이기 시작하는 때입니다. 그 외에 외관상 문제가 없더라도 본인의 감각을 기준으로 잘 하던 기술이 안되는 경우입니다. 스펀지의 탄성이 줄어들어 원하는 만큼 비거리가 나오지 않거나, 회전이 필요한 기술을 할 때 탑시트가 마모되어 공이 미끄러져 네트로 향하는 경우입니다.

러버의 교체 주기를 짧게 만드는 첫 번째 요인은 실력입니다. 대부분 실력이 좋을수록 임팩트 강도가 높아지며 회전을 다루는 기술을 많이 하므로 탑시트의 마모 속도가 빠르고 스펀지의 탄성이 약해집니다. 전문 선수들은 동호인을 초월하는 임팩트 수준과 훈련량이 맞물려 훈련

기간에는 일주일마다, 대회 기간에는 매일 바꾸기도 합니다.

　두 번째 요인은 운동량입니다. 실력과 마찬가지로 탁구를 즐기는 횟수와 시간이 많을수록 러버가 빨리 수명을 다합니다.

　세 번째 요인은 보관 방법입니다. 운동을 마친 후 러버를 보호하기 위한 용품으로는 클리너와 보호 필름이 있습니다. 러버 사용 기간이 짧은 선수들이나 상급자는 클리너를 사용할 필요 없이 입김으로 표면의 먼지를 제거하는 정도로도 괜찮습니다. 하지만 러버 사용 기간이 긴 입문자들은 자주 운동할 경우 클리너를 사용하면 러버의 마찰력을 유지하는 데 도움이 됩니다. 라켓을 오래 방치한다면 보호 필름으로 러버 표면을 보호해 주는 것이 좋습니다. 러버는 햇빛이 많이 들고 고온인 곳에 오래 방치하면 금방 수명이 짧아지기 때문에 라켓을 차량에 오래 보관하는 것은 반드시 피해야 합니다.

　세 가지 요인이 함께 작용하여 중상급자들은 일반적으로 러버를 1~3개월마다 교체하나, 입문자들은 임팩트 능력이 부족하고 회전 기술을 많이 사용하지 않기 때문에 넉넉히 6개월까지 사용해도 무방합니다.

5. 추천 평면 러버

요즘 출시하는 러버들은 대부분 성능이 준수하기 때문에 입문자는 점착류가 많은 중국제를 제외한 일본제, 독일제 러버 중에서 3만 원대 비점착 평면 러버를 선택하면 됩니다. 다음 내용에서 추천할 러버 외에도 3만 원대 혹은 3만 원 이하의 가격을 지닌 러버도 있지만 너무 오래된 기술이 적용된 러버들은 추천 대상에서 제외했습니다.

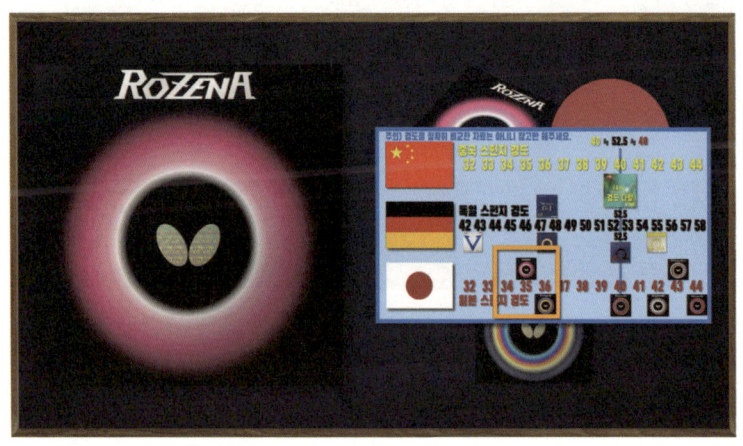

일본제 중에서는 버터플라이의 로제나 러버를 추천합니다. 로제나는 버터플라이의 최상급 라인업 중 하나인 7만 원대 테너지 러버의 보급형으로 출시됐습니다. 스펀지의 경도가 독일제 기준 45~46도로 부드러워 사용하기 편합니다. 로제나는 상급자에게는 테너지 대비 성능의 한계가 느껴져서 선호도가 갈릴 수 있으나 입문은 물론 그 이후에도 기술을 배우는데 충분한 성능을 보여줍니다. 무엇보다도 가격이 3만 원 초반으로 저렴합니다. 이를 반영하듯 로제나는 일본 평면 러버 판매량 순위 1위를 자주 차지합니다.

독일제 러버는 OEM 방식으로 ESN의 공장에서 생산됩니다. 브랜드별로 추구하는 가치에 의해 러버의 특성이 미세하게 달라질 수 있으나, 출시 시기와 가격대가 비슷하면 성능 차이도 크지 않습니다. 따라서 독일제는 브랜드별로 3만 원대에 있는 러버 몇 가지를 소개하겠습니다.

한국 브랜드인 엑시옴의 제품 중에서는 베가 시리즈를 추천합니다. 베가 시리즈는 가격이 3만 원대로 합리적인 가격이며, 다양한 경도로 출시되어 선택의 폭이 넓습니다. 베가 코리아는 시리즈 중에서 가장 최근에 출시되었고, 경도 45도로 누구나 사용하기에 좋은 밸런스를 가진 러버입니다. 42.5도로 베가 코리아보다 좀 더 사용하기 편한 베가 유럽도 입문자라면 선택할 만합니다. 베가 유럽 러버는 일본 평면 러버 판매 순위의 상위권에 자주 오를 정도로 입문자들이 많이 사용하는 러버이지만, 단단하고 파워가 좋은 러버를 선호하는 한국 동호인들의 성향 때문인지 국내 사용자는 드뭅니다. 하지만 반발력이나 파워가 떨어지더라도 컨트롤이 좋아 기술을 배우기 편합니다.

　　독일 브랜드인 줄라(JOOLA)의 제품 중에서는 라이젠 CMD를 추천합니다. 국민러버라는 타이틀로 홍보하듯, 경도 45도로 누구든 사용하기 편하고 가격이 3만 원 중반대로 저렴합니다. 무게도 가볍고, 좋은 컨트롤 성능과 적당한 반발력을 지니고 있어 입문자들이 사용하기에 좋습니다. 조금 더 가격을 높여 3만 원 후반대를 본다면 포핸드에 47도의 라이젠 아이스, 백핸드에 45도의 라이젠 파이어를 사용하는 것도 괜찮습니다.

　　일본 브랜드인 빅타스(VICTAS)에서 출시하는 독일제 러버 중에서는 V>01 시리즈를 추천합니다. V>01 시리즈는 3만 원 중반대의 가격을 형성하고 있으며, 경도에 따라 47.5도의 V>01, 45도의 V>01 스티프, 40도의 V>01 림버로 구분됩니다. 빅타스에서 안정감과 사용 편의성에 중점을 두고 출시한 러버이기 때문에 입문자와 초급자가 사용하기 좋습니다. 포핸드에는 V>01이나 V>01 스티프를, 백핸드에는 V>01 스티프나 림버를 사용하면 됩니다.

제7장. 탁구 기타 용품

QR코드를 카메라로 스캔하면 해당 장의 유튜브 영상을 시청할 수 있습니다.

1. 들어가며

본 장에서는 앞서 다룬 라켓 외에 탁구를 즐기는 데 필요한 다양한 용품들을 소개하고자 합니다. 탁구대와 탁구공과 같은 기본적인 용품부터 라켓 관리 용품, 가방 및 케이스, 그리고 각종 어패럴에 이르기까지 탁구와 관련된 폭넓은 용품들의 기능과 용도를 소개하겠습니다.

2. 탁구대

국제탁구연맹은 공정하고 일관된 경기 환경을 보장하기 위해 탁구대의 규격과 기준을 정하고 있습니다. 시합 표면이 되는 탁구대 상판 표면은 폭 1.525m, 길이 2.74m의 직사각형으로 바닥에서 76cm의 높이에 수평 상태로 설치되어야 합니다. 시합 표면은 공의 가시성 높이기 위해 어두운 색상의 무광택 표면이어야 하며, 2cm 너비의 흰색 선으로

구성된 사이드라인(Side Line)과 엔드라인(End Line), 그리고 사이드라인과 평행인 3mm 폭의 흰색 센터라인(Center Line)이 복식 경기를 위해 있어야 합니다. 다만 최근에는 탁구 중계의 상업적 흥행을 위해 시합 표면과 라인들의 색상을 다양하게 바꾸기도 합니다. 탁구대 다리도 선수들의 움직임을 방해하지 않는 한에서 대회의 개성을 반영한 형태로 바꾸기도 합니다.

탁구대의 구성품에는 탁구대 상판과 다리 외에도 네트 어셈블리가 포함됩니다. 네트 어셈블리는 네트, 네트를 지지하는 지주대와 지주봉, 이것들을 탁구대에 부착하는 죔쇠로 구성됩니다. 네트의 높이는 시합 표면으로부터 15.25cm이며, 지주대와 지주봉의 탁구대 옆으로 빠져나오는 외부 한계는 사이드 라인으로부터 15.25cm입니다.

각종 탁구 브랜드에서 국제탁구연맹의 승인 기준에 맞는 다양한 가격대의 탁구대를 출시하고 있습니다. 선수들이나 생활체육 동호인들이 사용하는 탁구대는 상판 두께가 25mm이고 가격은 100만 원 이상입니다. 40만 원 전후의 18mm의 상판을 가진 가성비 탁구대도 있으나, 공이 맞는 위치에 따라 튀는 높이가 불균등한 경우도 있어 대회에서 잘 사용되지 않습니다. 대부분의 탁구장도 상판 두께가 25mm인 탁구대를 비치해 둡니다만, 탁구대 제조사에 따라 공이 튀는 정도와 마찰 정도가 조금씩 달라 동호인마다 선호하는 탁구대 브랜드가 있습니다.

3. 탁구공

탁구공은 국제탁구연맹 규정상 플라스틱을 사용한 구의 형태로 40mm의 지름에 무게는 2.7g이어야 하며, 색상은 무광의 흰색 또는 오렌지색이어야 합니다. 과거에는 녹색 탁구대에 오렌지색 공도 많이 사용되었지만, 중계방송 시 오렌지색은 잔상이 남는다든가, 파란색 탁구대에는 흰색 공의 가시성이 좋다는 등의 이유로 지금은 흰색 공이 주로 사용되고 있습니다.

탁구공은 제조 과정에서 국제탁구연맹 기준에 부합하면 공인 시합구인 3성구로 판매되며, 그렇지 못하면 2성구, 1성구로 분류되어 연습구로 판매됩니다.

탁구공은 소수의 제조사가 상표를 달리하여 여러 브랜드에 납품하고 있습니다. 브랜드만으로 탁구공의 품질이나 타구감을 판단할 수 없으며, 제조사에 따라 공의 타구감이 다릅니다. 타구 시 공을 가볍거나 무겁게 느끼기도 해서 개인 취향과 전형에 따라 선호하는 탁구공이 달라집니다. 보통은 품질이나 선호도보다는 본인이 속한 지역의 대회나 리그전에서 많이 사용하는 공을 사용하게 됩니다. 입문자는 탁구장에서 다른 회원들이 주로 사용하는 공을 구매하면 됩니다.

탁구공 세대	1세대 (표기 : 38)	2세대 (표기 : 40)	3세대 (폴리볼 1세대) (표기 : 40+)		4세대 (폴리볼 2세대) (표기 : 40+)
변경 연도	1900년 전후	2000년	2014년		2017년 (3세대도 사용 가능)
소재	셀룰로이드	셀룰로이드	플라스틱 (cellulose Acetate)		플라스틱 (ABS) (Acrylonitrile/ Butadiene/ Styrene)
공정 방식	심볼 (이음매 O)	심볼 (이음매 O)	심볼 (이음매 O)	심리스 (이음매 X)	심볼 (이음매 O)
크기 및 무게	38mm 2.5g	40mm 2.7g	40mm 2.7g		40mm 2.7g

탁구공은 지금의 모습에 이르기까지 다음과 같은 변천 과정을 거쳤습니다. 1900년경 셀룰로이드 탁구공이 등장한 이래로, 약 100년 동안 지름 38mm, 무게 2.5g인 공이 표준으로 사용되었습니다. 2000년 시드니 올림픽 이후, 국제탁구연맹은 경기 중 랠리를 늘려 관중의 흥미를

높이고자 공의 지름을 40mm로 확대했습니다. 2014년에는 셀룰로이드의 인화성으로 인한 항공 운송 문제를 해결하기 위해 플라스틱 소재로 전환되었고, 이를 '폴리공'이라 불렀습니다.

폴리공은 제조 방식에 따라 이음매 없는 심리스볼(Seamless Ball) 방식과 두 개의 반구를 붙이는 심볼(Seam Ball) 방식으로 나뉘었으나, 특허 문제로 심볼 방식이 주류가 되었습니다.

폴리공의 원료도 처음에는 셀룰로스 아세테이트(Cellulose Acetate)가 사용되었으나, 비용과 내구성 문제로 2017년부터 ABS(Acrylonitrile, Butadiene, Styrene)가 도입되었습니다. 현재는 두 소재 모두 사용 가능하지만, 심볼형 ABS 플라스틱 탁구공이 주류가 되었습니다.

공의 소재가 플라스틱으로 바뀌면서 탁구공의 회전력과 변화가 줄어들었습니다. 랠리를 늘리고자 한 국제탁구연맹 의도대로 선수들의 공격력이 약해졌고, 회전력과 파워에 중점을 두는 것보다는 전진에서 속도나 박자에 중점을 두는 것이 유리하게 되었습니다. 자연스럽게 포핸드 한 방 공격을 주력으로 삼는 일본식 펜홀더나 탁구대에서 떨어지는 중후진 위주의 탑스핀 전형은 사장되었으며, 공의 변화도 줄어들어 롱 핌플을 사용하는 수비수 또한 불리하게 되었습니다. 결국 남녀 구분 없이 속도와 박자를 우선시하는 전진 지향적인 경기 운영이 주가 되어 전형의 다양성이 줄어들면서 셀룰로이드 시절보다 탁구의 보는 재미가 떨어졌다고 생각하는 사람도 많습니다.

4. 탁구화

탁구 전용이 아닌 운동화를 신어도 무방하나 레슨을 받고 제대로 스텝을 하기 위해서는 탁구화가 필요합니다. 외부에서 신던 신발을 신지 못하도록 하는 탁구장도 많기 때문에 입문부터 탁구화를 구매하는 것을 권합니다.

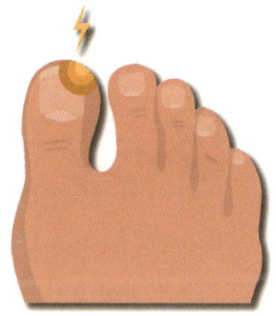 

탁구화는 점프가 많이 필요한 배구, 배드민턴의 인도어화와 달리 작은 스텝 위주의 사이드 스텝이 많아 굽이 낮고 쿠션이 얇은 것이 특징입니다. 탁구화 앞뒤 사이즈는 발 건강을 위해 엄지손톱의 절반 길이 정도 앞 공간이 남게 선택하는 것이 좋습니다. 스텝을 하면서 발을 강하게 구르면 충돌로 인해 엄지발톱이 멍들거나 빠지는 경우가 있기 때문입니다. 탁구화의 발볼 크기는 같은 브랜드 내에서도 제품마다 다르기 때문에 탁구화만큼은 오프라인 매장에서 신어보고 구매하는 것을 적극 권장합니다.

선수를 비롯한 동호인에게 인기 있는 탁구화 브랜드로는 미즈노(Mizuno), 아식스(ASICS), 버터플라이, 엑시옴, 리닝(Li Ning) 등이 있습니다. 그중 미즈노나 아식스는 브랜드 종합 매장에 탁구화도 한두 모델 있는 경우가 많으니 직접 신어보고 구매하길 바랍니다. 유명 브랜드의 탁구화는 중저가 제품도 기능이 충분하기 때문에 꼭 비싼 제품을 구매할 필요는 없습니다.

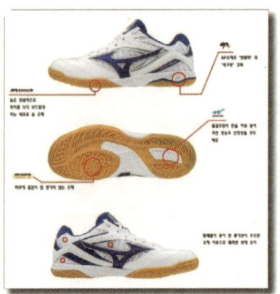

　탁구화 하나를 추천하면, 9~12만 원 사이의 미즈노 웨이브 드라이브 제품군이 동호인은 물론 선수들 사이에서도 오랫동안 가장 애용되는 탁구화입니다.

5. 탁구 양말

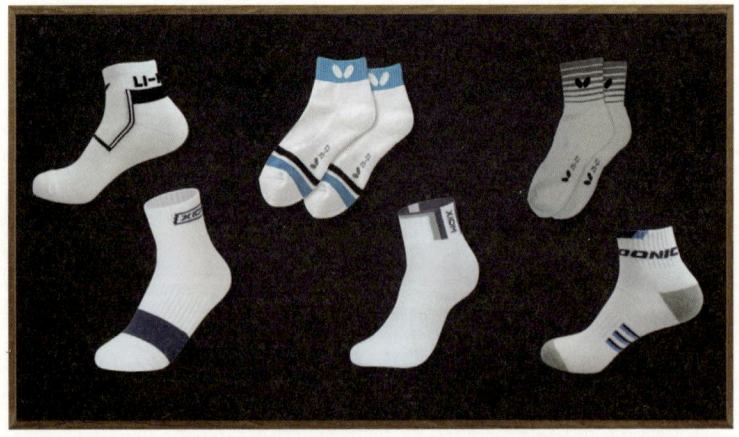

탁구화를 구매할 때 탁구 양말을 신고 착화해 보는 것이 좋습니다. 탁구 양말은 대부분 3~4천 원대로 출시되며, 탁구화의 부족한 쿠션을 보완하기 위해 두툼하게 출시됩니다. 탁구 양말을 신어야 탁구화의 착화감을 항상 일정하게 유지하기 쉽습니다. 저렴하고 일정 금액 이상 용품을 구매하면 서비스로 주는 용품점도 많으니 다른 양말보다는 탁구 양말을 신는 것을 추천합니다.

6. 탁구복

탁구복은 탁구 브랜드에서 출시하는 의류를 고집할 필요는 없습니다. 다만 규정상 경기 시 반팔, 반바지나 스커트를 입어야 하며, 유니폼의 색상이 소매나 옷깃을 제외하고는 탁구공의 색상과 뚜렷이 구별되어야 합니다. 규정을 보수적으로 해석하면 흰색 공을 주로 사용하는 현재는 흰색이 들어간 유니폼을 입으면 안 됩니다. '경기 임원을 위한 핸드북'의 조항에 따라 흰색이 큰 범위로 두드러지지만 않으면 괜찮다는 견해도 있지만, 경기중 상대 선수와 마찰을 일으키지 않기 위해 흰색이

들어간 유니폼은 피하는 게 좋습니다.

그 외에 규정에는 경기 시 심판의 허가 없이 긴 팔 긴 바지를 입을 수 없다고 되어있으나, 탁구장에서 운동할 때는 입어도 문제가 없습니다. 다만 대회에서는 긴 팔이나 긴 바지를 입었다는 이유로 결격사유라며 상대방이 문제 삼는 경우가 있는 만큼 심판의 허가를 먼저 구하길 바랍니다.

7. 탁구 가방류

7-1. 라켓 케이스

라켓 케이스는 라켓이 하나만 들어가는 것부터 여러 개가 들어가는 것까지 크기가 다양하며, 소재도 천으로 된 것부터 캐리어 소재로 된 것까지 다양합니다. 취향에 따라 어느 것을 구매해도 라켓을 보호하는 데 큰 지장은 없습니다. 다만 탁구를 하다 보면 보유 라켓이 늘어날 수도 있고, 두 개 이상의 라켓을 넣을 수 있는 케이스면 탁구공과 클리너도 같이 넣을 수 있는 것들이 많기 때문에 이러한 사항을 고려해 케이스를 구매하는 것을 추천합니다.

7-2. 탁구공 케이스

 탁구공 포장 상자가 탁구공을 보관할 수 있게 되어있어서 탁구공 케이스를 따로 구매할 필요는 없습니다. 필수품은 아니지만 운동 가방에 장식용으로 매다는 용도로 많이 쓰이곤 합니다. 원통형의 탁구공 케이스는 롤러로도 사용할 수 있어, 러버는 물론 보호 필름을 부착하는 도구로 활용 가능합니다.

7-3. 탁구 가방

 탁구복과 마찬가지로 탁구 가방도 탁구 브랜드 것을 구매할 필요는

없습니다. 다만 탁구 브랜드에서 출시한 만큼 다양한 탁구 용품을 담을 수 있는 수납공간이 많습니다. 특히 탁구화 보관 공간이 다른 공간과 구분되어 있는 가방은 보다 더 위생적입니다.

8. 러버 보호 용품

8-1. 러버 클리너와 스펀지

 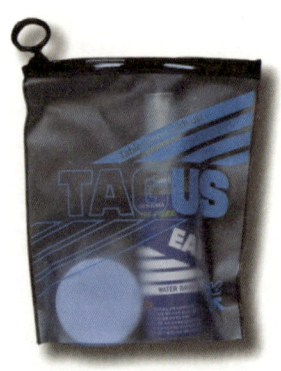 

러버 보호 용품으로는 러버 클리너와 보호필름 등이 있습니다. 클리너는 러버에 묻은 이물질을 제거하는 용도입니다. 액체 스프레이 형태와 폼 클린저 형태가 있는데 둘 중 어떤 것을 사용해도 기능은 같습니다. 대부분 성분이 같기 때문에 비싼 제품을 구매할 필요는 없습니다. 러버 클리너를 구매할 때 스펀지를 세트로 동봉해 주는 것을 구매해도 되고, 캡슐형으로 된 스펀지를 별도 구매해도 됩니다.

러버 클리너는 운동을 마친 후 러버에 클리너를 1~2회 뿌려주고, 스펀지를 아래에서 위로, 한방향으로 살살 훑어내듯 사용하면 됩니다. 설거지하듯 러버를 너무 강하게 문지르면 러버 표면이 손상될 수 있습니다. 지난번에 운동을 마치고 클리너로 닦아주었다면 다시 운동을 시작할 때 클리너로 닦아줄 필요가 없습니다. 자주 닦아줘도 스펀지와의 마찰 때문에 러버가 손상될 수 있으니 오랜 시간 운동할 때나 중간에 한 번 해주고, 대부분은 운동을 마친 뒤 한 번만 해주는 것이 좋습니다.

8-2. 러버 보호 필름

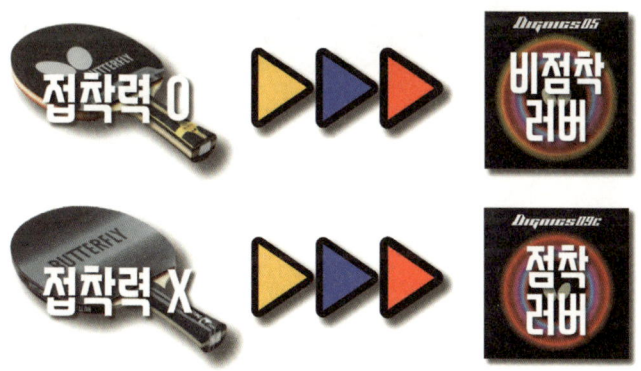

러버 보호 필름은 접착력이 있는 제품과 접착력이 없는 제품으로 나뉩니다. 접착력이 있는 필름은 비점착 평면 러버에 사용되고, 접착력이 없는 필름은 점착 평면 러버에 사용됩니다.

　'제6장. 탁구 러버'에서 언급했듯 비점착 평면 러버는 자주 운동한다면 보호 필름까지는 필요 없으나, 운동을 자주 못 해 장기간 라켓을 보관해야 한다면 보호 필름을 붙여 주는 것이 좋습니다. 반면 점착 평면 러버는 표면이 노출된 상태로 보관하면 먼지와 같은 이물질이 붙기 때문에 비점착과 달리 항상 접착력이 없는 보호 필름을 사용하는 것을 권합니다.

8-3. 러버 보호 커버

　러버 보호 커버는 보호 필름의 연장선으로 소모품인 보호 필름과 달리 반영구적으로 사용할 수 있습니다. 엑시옴(참피온)의 제품처럼 라켓의 무게를 늘려 스윙 연습용으로 사용할 수 있는 제품도 있습니다.

9. 블레이드 보호 용품

9-1. 사이드 테이프

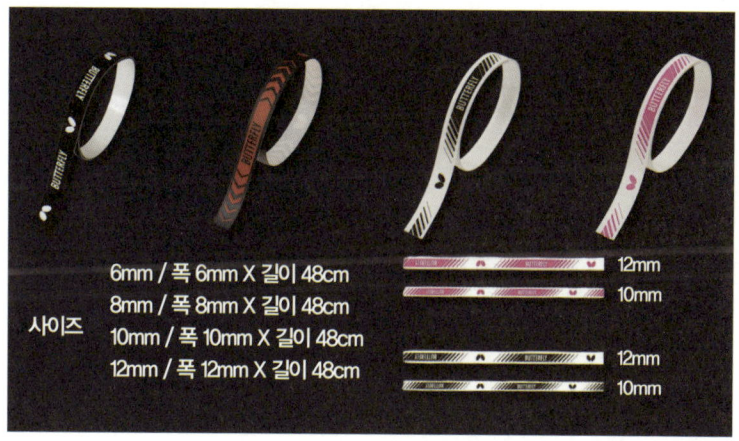

사이드 테이프는 블레이드만 보호할 수 있는 6mm부터 러버까지 보호할 수 있는 12mm까지 크기가 다양합니다. 사이드 테이프를 부착하면 라켓을 탁구대에 부딪쳤을 때 블레이드 측면이 망가지는 것을 조금은 방지할 수 있습니다. 또한 두께가 두꺼운 10mm 이상의 사이드 테이프를 사용하여 러버까지 덮어준다면, 러버를 부착한 접착제의 접착력이 약해졌을 때 러버의 테두리가 들뜨는 것을 어느 정도 방지할 수 있습니다. 선수들은 전체 면을 두르기보다 탁구대에 자주 부딪치는 한쪽 면만 사이드 테이프를 붙이는 경우가 많습니다.

9-2. 그립 테이프

　그립 테이프는 블레이드의 그립이 본인에게 얇거나, 손에 땀이 많아 그립이 미끄러지는 경우 사용합니다. 그립 테이프는 손에 전달되는 타구감을 무디게 만들기 때문에 그립이 불편하지 않다면 사용하지 않는 게 좋습니다. 그러나 타구감보다는 그립이 손에 잘 맞는 것이 더 중요한 상황에 사용합니다. 그립 테이프의 소재도 두툼한 것, 얇은 것, 표면이 매끈한 것, 매끈하지 않은 드라이핏 소재 등으로 다양하니 필요하다면 브랜드와 관계없이 본인에게 맞는 제품을 선택하면 됩니다.

9-3. 표면 보호 코팅제

　표면 보호 코팅제는 러버 제거 시 블레이드의 표면이 같이 뜯기지 않도록 러버와 블레이드 사이에 막을 형성해 보호해 주는 제품입니다. 블레이드에 러버를 붙이기 전에 코팅하여 추후 러버를 제거했을 때 표면이 일어나는 것을 방지할 수 있습니다. 하지만 얇고 균일하게 바르지 않으면 러버가 쉽게 들뜨고 블레이드의 감각을 다르게 만든다는 견해

도 있습니다. 감각에 대한 견해와 상관없이 표면이 잘 손상되는 특정 제품에는 표면 코팅이 필수로 여겨지고 있으며, 버터플라이나 엑시옴 제품은 러버를 조심히 제거하면 표면 보호 코팅제를 사용할 필요 없다는 것이 중론입니다.

9-4. 무게 증량 테이프

무게 증량 테이프는 사이드 테이프와 마찬가지로 블레이드의 측면에 붙이나 보호의 목적보다는 라켓의 중량을 늘리거나 무게중심을 조정하는 데 목적이 있습니다. 보통은 라켓의 헤드 끝에 붙임으로써 원심력을 살려 공의 위력을 높이기 위해 사용합니다.

10. 러버 부착 용품

10-1. 수성 글루와 스펀지

러버와 블레이드를 접착제인 글루(Glue)로 붙이는 행위를 '글루잉(Gluing)'이라고 합니다. 과거에는 유성(油性) 글루도 있었으나 유해성 문제로 금지되고 현재는 수성(水性) 글루만 허용됩니다.

	대표글루	장점	단점
묽은글루	리두 글루	빠른 건조 분리 시 표층 손상 X 글루 피막 쉽게 제거	잘 말라 빠르게 발라야 함 상대적으로 접착력 약함 암모니아 냄새 강함
진한글루	DHS 15호	강한 접착력	느린 건조 수분 부족 시 뭉칠 수 있음 부주의 시 라켓 손상 글루 피막 제거 어려움

수성 글루는 라텍스와 물의 배합으로 이루어져 있으며 제품에 따라

점성이 다릅니다. 일반적으로 묽을수록 빠르게 마르고 러버를 분리할 때 블레이드 표층에 손상을 주지 않습니다.

묽은 글루는 러버에 붙은 글루 피막을 제거하기 쉽다는 큰 장점을 가지고 있습니다. 하지만 블레이드에 글루를 바를 때 목재나 스펀지가 수분을 흡수하여 제대로 바르기 전에 마르기도 합니다. 이럴 때는 글루 피막을 제거하고 다시 글루잉해야 하기 때문에 번거롭습니다. 마르기 전에 빠르게 바르는 것이 중요합니다. 묽은 글루는 암모니아 냄새가 강한 경우가 많은데 이것은 문제가 있는 것은 아닙니다. 대표적인 묽은 글루로는 리두(LIDU) 글루가 있습니다.

반대로 진한 글루는 수분 함량이 적어 점성이 높아 느리게 마르지만 강한 접착력을 가지고 있습니다. 대신 점성이 높아 스펀지가 머금은 물기가 너무 적으면 글루가 뭉치는 현상이 발생할 수 있습니다. 또한 러버를 블레이드에서 떼어낼 때 조심스레 뜯지 않으면 블레이드 표층이나 러버 스펀지가 손상될 수 있으며, 러버에서 글루 피막을 제거하기 매우 어렵습니다. 대표적인 진한 글루로는 DHS 15호 글루가 있습니다.

중간 점성을 가진 글루로는 버터플라이 프리첵2 글루가 있습니다. 글루잉 시 빠르게 마르거나 뭉치는 경우가 없어 바르기는 쉽습니다. 그러나 묽은 글루처럼 러버에서 글루 피막을 제거하기는 쉽지 않으며 다른 글루 대비 가격이 좀 더 비쌉니다. 동호인들은 글루 피막을 제거하기 쉬워 러버를 다른 블레이드로 옮기기 용이한 묽은 글루를 더 많이 사용합니다. 러버 부착 서비스를 해주는 대부분의 용품 판매점도 묽은 글루를 사용합니다.

10-2. 접착 시트

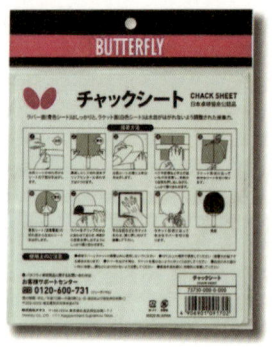 

러버 접착 시트는 수성 글루와 달리 건조 시간이 필요 없어 편리합니다. 하지만 접착력이 강해 조심스럽게 제거하지 않으면 블레이드 표면이 손상될 수 있으며, 수성 글루를 사용하여 붙인 라켓과 타구감이 다릅니다. 일반적으로 스펀지가 없는 롱 핌플 러버를 붙일 때 주로 사용합니다.

10-3. 커팅 칼과 가위

러버 커팅 칼은 탁구 제조사에서 따로 출시하는 것은 없고 날이 무디지 않은 커터 칼을 사용하면 됩니다. 칼을 이용한 커팅 시 커팅 매트가 필요하고, 익숙하지 않은 경우 위험할 수 있습니다. 하지만 일명 레이저 커팅, 즉 러버 측면을 매끄럽고 예쁘게 자르는 것이 가능해 커터 칼을 사용합니다. 입문자는 모양은 예쁘게 나오지 않더라도 가위로 자르는 게 편할 수 있으며, 실제 선수들도 가위를 이용하여 자르는 경우가 많습니다. 러버 가위는 탁구 브랜드인 엑시옴에서 판매하나 반드시 탁구용 가위를 사용할 필요는 없습니다.

10-4. 부착 롤러

러버 부착 롤러는 러버 부착 시 꼭 필요한 용품은 아닙니다. 롤러 대신 아래팔을 이용하여 부착하거나 집에 가지고 있는 스프레이 통 같은 원통의 사물을 이용해도 됩니다. 롤러를 이용해 러버를 붙일 때는 가볍게 굴려서 러버를 붙여야 합니다. 강하게 밀면 러버가 늘어나서 본연의 성능이나 감각이 달라질 수 있습니다.

10-5. 무게 측정 저울

라켓 무게 측정용 전자저울은 하나씩 가지고 있으면 유용합니다. 라켓을 사용하다 보면 본인에게 맞는 라켓 무게가 어느 정도인지 감을 잡게 됩니다. 전자저울이 있으면 새로운 라켓을 조합했을 때마다 무게를 균일하게 유지할 수 있습니다. 휴대성이 높고 저렴한 전자저울을 구매하면 됩니다.

10-6. 후처리 용품

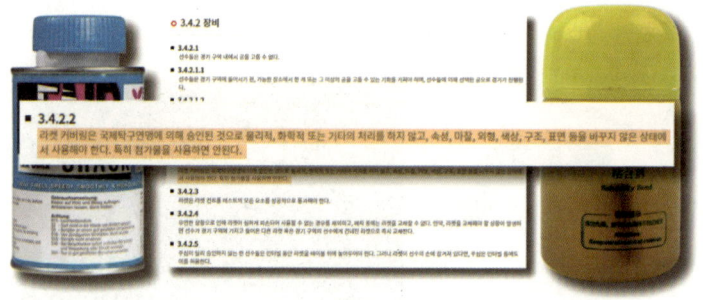

러버 후처리 용품은 러버 성능을 사용자의 기호에 맞게 조정하는 데 사용됩니다. 시중에 판매되고 있으나, 러버는 공장에서 출시된 상태로만 사용하도록 정한 국제탁구연맹 규정을 위반하는 용품입니다.

후처리 용품은 고경도 러버의 스펀지를 팽창시켜 부드럽고 긴장감 있게 만듭니다. 러버의 컨트롤이 좋아지고 회전력과 반발력이 높아지는데, 과거에는 스피드 글루잉, 현재는 부스팅(Boosting)이라는 방식으로 후처리가 이루어지고 있습니다. '제2장. 세계 탁구의 역사'에서 언급했듯이 휘발성 유기 화합물의 유해성 때문에 스피드 글루는 금지되어 과거의 유물이 되었지만, 유해성 물질이 검출되지 않는 부스터(Booster)는 세계 탑클래스 선수들은 물론 동호인들 사이에서도 공공연하게 사용되고 있습니다.

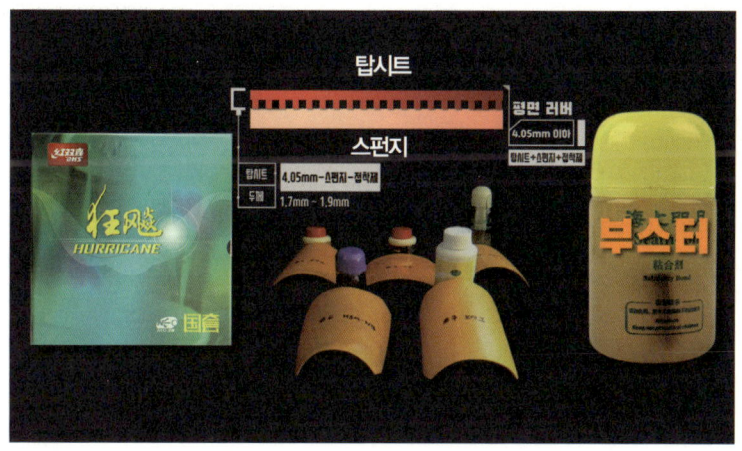

국제탁구연맹이 후처리를 금지하고 있음에도 부스팅을 할 수 있는 이유는 부스팅을 했다는 증거를 잡아내기 어렵기 때문입니다. 러버의 두께가 4.05mm를 넘으면 안 된다는 규정으로 부스팅으로 부풀어오른 러버를 적발하거나, 블레이드의 두께를 균일하게 해야 한다는 규정으로 부풀어 오른 러버의 두께를 감추기 위해 블레이드 표면을 긁어낸 것을 적발한 몇몇의 사례가 전부입니다.

부스팅은 러버를 팽창시키기 때문에 수명을 단축시키고, 시간과 비용이 많이 듭니다. 또한 본인이 선호하는 감각과 성능을 얻기 위한 시행착

오도 필요하기 때문에 부스팅을 통해 얻는 러버 성능 조정이 입문 단계에서는 이점이 없습니다.

제8장. 탁구 용품 구매 방법

QR코드를 카메라로 스캔하면 해당 장의 유튜브 영상을 시청할 수 있습니다.

1. 들어가며

본 장에서는 지금까지 소개한 탁구 용품의 구매 방법에 대해 다루고자 합니다. 탁구 용품 오프라인 매장이 많지 않은 점을 감안하여 온라

인 매장을 통한 구매 방법과 오프라인 매장 이용 시 고려해야 할 사항을 소개하겠습니다.

온라인에서 탁구 용품을 구매할 수 있는 주요 채널은 다음 세 가지입니다. 첫째는 탁구 브랜드나 총판의 직영 웹사이트, 둘째는 네이버 쇼핑, 셋째는 네이버 쇼핑 외 기타 소셜 커머스 플랫폼입니다.

이 중에서 대한민국 국민이라면 대부분 가입한 네이버 쇼핑을 추천합니다. 그 이유로 첫째, 네이버 쇼핑은 최저가 상품을 다른 스토어에서 개별 구매해도 적립금을 통합 관리할 수 있습니다. 네이버 멤버십, 판매자 페이지 내의 할인 쿠폰, 결제 방법에 따라 적립과 할인 혜택을 받을 수 있습니다.

둘째, 판매자 페이지와 상품 카테고리가 체계적으로 구성되어 있습니다. 덕분에 블레이드와 러버를 동시에 구매할 때 제공되는 러버 부착과 같은 부가 서비스를 신청하는 과정이 더 쉽습니다.

다만 다른 소셜 커머스 플랫폼 사용이 더 익숙하거나 해당 플랫폼의 유료 회원인 경우, 반드시 네이버 쇼핑을 고집할 필요는 없습니다. 그러나 앞서 언급한 이점들을 고려하여 온라인 구매 방법을 설명할 때는 네이버 쇼핑을 주요 예시로 활용하겠습니다. 구매하는 시기에 따라 네이버 쇼핑과 스토어의 디자인 및 인터페이스가 그림과 다를 수 있습니다. 또한 탁구 용품의 가격도 달라질 수 있으니 참고하길 바랍니다.

2. 온라인 구매 방법

지금부터 네이버 쇼핑에서 탁구 용품을 구매하는 과정을 상세히 설명하겠습니다. 먼저 검색창에 '제5장. 탁구 블레이드'에서 추천한 '비스

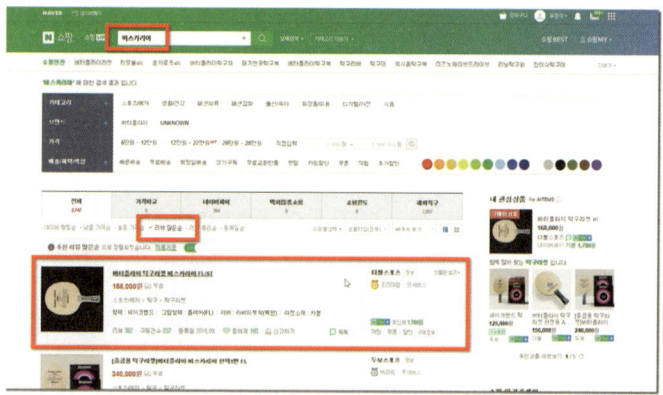

카리아'를 입력하면 다양한 스토어들이 표시됩니다. 이 중에서 '빅파워', '프리미엄' 등급을 가진 스토어들은 검증된 용품점이기 때문에 어디서든 구매해도 문제없습니다.

검색결과 정렬 순서를 '리뷰 많은순'이나 '추천순'으로 바꾸면 가장 높은 등급인 프리미엄 등급의 '더블스포츠' 용품점이 가장 위에 표시

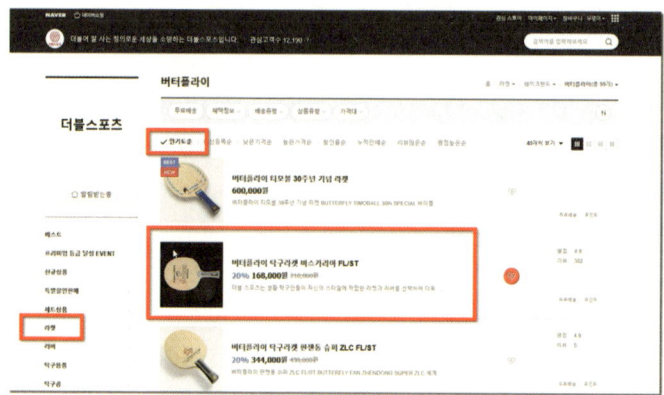

됩니다. 모든 상품이 최저가인 것은 아니지만 용품의 종류가 많고 체계적으로 정리되어 있으며 각종 편의 서비스가 다양해 많은 탁구인이 이용하고 있습니다. 더블스포츠의 목차 순서대로 용품을 보면서 입문자로서 필요한 용품들만 장바구니에 담아보겠습니다.

블레이드부터 장바구니에 담아보겠습니다. 비스카리아를 찾기 위해 화면 좌측에 있는 카테고리에서 '라켓 - 쉐이크핸드 - 버터플라이'를 선택하면 블레이드가 최근 출시된 순서대로 되어있습니다. 여기서 '인기도순'으로 정렬하면 나오는 비스카리아를 선택해 줍니다.

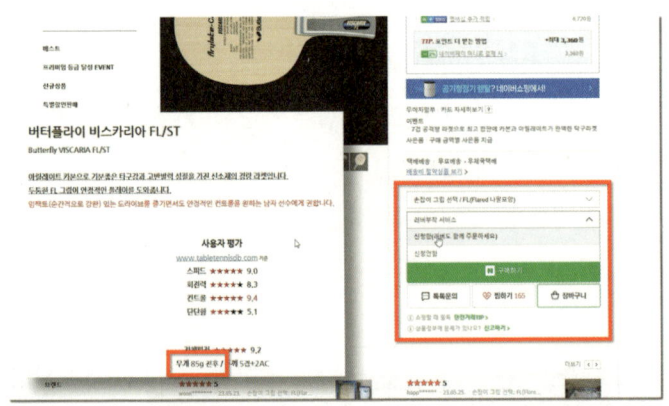

다음으로 선택 옵션에서 원하는 그립 형태를 선택한 후, 러버도 같이 구매한다면 옵션에 있는 러버 부착 서비스를 추가해 장바구니에 넣습니다. '제6장. 탁구 러버'에서 설명한 대로 러버를 블레이드에 부착하는 것은 입문자에게 쉽지 않고, 글루도 따로 구매해야 하므로 처음에는 부착 서비스를 신청하는 것을 추천합니다.

블레이드를 구매할 때 그립과 러버 부착 여부 외에 고려해야 할 것은 무게입니다. '상세정보 펼쳐보기'를 클릭하여 제품 정보를 보면 비스카리아의 평균 중량이 85g인 것을 알 수 있습니다.

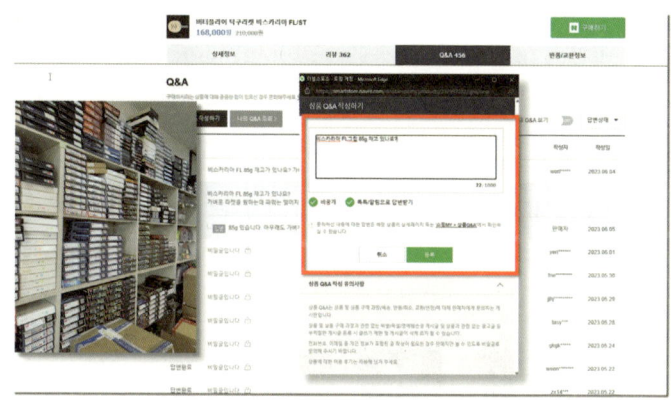

85g을 기본 무게로 염두에 두고 'Q&A'를 눌러보면 고객들의 질문에 판매자가 답변한 내역을 볼 수 있습니다. 직접 질문을 남기려면 '상품 Q&A 작성하기'를 클릭하여 '비스카리아 FL 그립 85g 재고 있나요?' 이런 식으로 원하는 무게의 재고가 있는지 질문을 남기면 됩니다. 글로 질문하는 게 불편하다면 네이버 스토어에 등록된 판매자 연락처로 재고를 문의해도 됩니다. 대부분 즉각 전화를 받으며 친절하게 재고 현황을 알려줍니다.

구매하려는 중량의 블레이드가 없다면, 다른 네이버 스토어를 돌아다니면서 원하는 무게를 찾아야 합니다. 이런 경우 러버 부착 서비스를 받기 위해서 원하는 무게의 재고가 있는 곳에서 러버도 함께 구매하는 것이 좋습니다. 다른 용품들은 배송비가 무료라면 최저가를 찾아 각각 다른 곳에서 구매해도 되는데 러버와 블레이드만큼은 같은 곳에서 구매하는 것이 편리합니다. 이렇게 블레이드 선택을 마치고 다음으로 러버를 선택하겠습니다.

'제6장. 탁구 러버'에서 언급했듯이 입문자는 돌출 러버나 점착 러버가 아닌 비점착 평면 러버를 선택해야 합니다. 화면 좌측에 있는 카테고리에서 '러버 - 평면 러버'를 선택한 후 '낮은가격순'으로 정렬합니다. 대분류가 평면 러버로 되어 있어 범주가 넓기 때문에 주로 저렴한 점착 러버들이나 출시된 지 오래된 러버들이 최저가 목록에 있습니다. 웹페이지를 아래로 내려 3만 원대 가격에서 러버를 선택하면 됩니다.

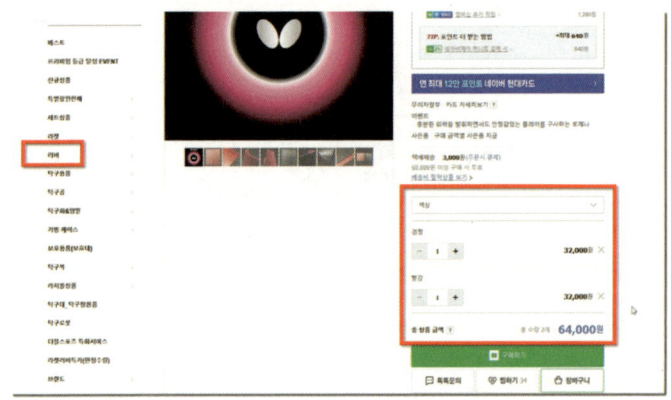

3만 원대 러버 중에 '제6장. 탁구 러버'에서 추천한 '로제나'를 선택합니다. 탁구학개론에서는 셰이크를 기준으로 설명하고 있기 때문에 검정, 빨강 한 장씩 총 두 장을 장바구니에 담아주면 됩니다. 빨강 대신 마음에 드는 다른 색상도 선택지에 있다면 그 색상을 선택해도 됩니다.

이로써 라켓 선택은 마친 것입니다.

 다음으로 러버를 관리를 위한 러버 클리너와 클리너용 스펀지를 구매합니다. 화면 좌측에 있는 카테고리에서 '탁구 용품 - 러버(보호)용품_클리너'를 선택해 줍니다. 다양한 가격대의 클리너를 판매하지만 기능 차이는 크지 않습니다. 만약 클리너만 있는 단품을 구매하면 추가로 클리너용 스펀지를 구매해 줘야 합니다. 뚜껑이 있는 스펀지를 구매하면 젖어 있는 스펀지를 보관하긴 편리하지만, 비용을 생각해서 클리너와 스펀지가 함께 동봉된 저렴한 제품을 구매하면 됩니다. 가격이 가장 저렴하고 인기도순에서 가장 상단에 있는 'ATD 클리너 세트'를 장바구니에 넣어둡니다.

 클리너와 같은 카테고리에 있는 보호 필름은 매일 탁구를 한다면 필요 없으나 자주 운동을 못하는 상황이라면 구매하는 게 좋습니다. 판매되는 보호 필름 중에서 비점착성 또는 비접착성이라고 적혀 있으면 보호 필름 자체에 끈적임이 없다는 뜻입니다. 이런 제품은 끈적임을 가

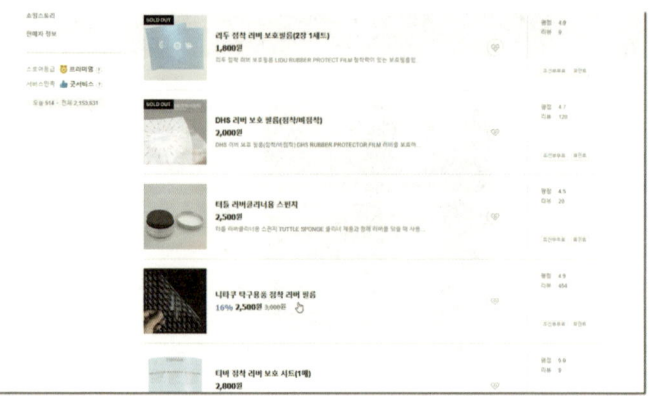

지고 있는 점착 평면 러버에 사용하는 것입니다. 비점착 평면 러버를 구매할 때는 접착력이 있는 보호 필름을 구매하면 됩니다. 더 저렴한 보호 필름이 있으나 품절이기 때문에 닛타쿠의 제품을 구매하겠습니다. 앞면 러버와 뒷면 러버에 모두 붙여야 하니 두 장을 구매합니다.

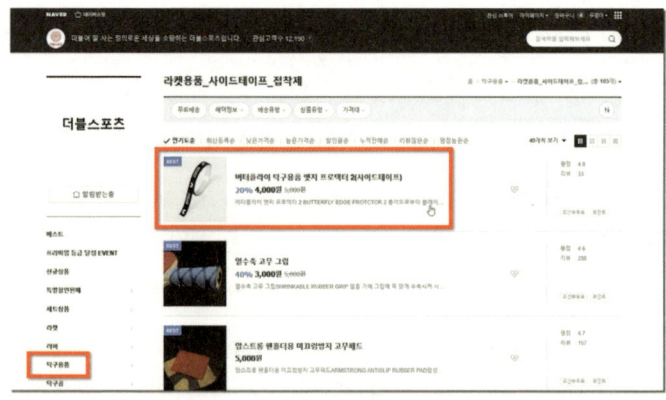

다음으로 '탁구 용품 - 라켓용품_사이드테이프_접착제' 카테고리에 있는 사이드테이프는 본인이 러버를 직접 부착한다면 구매합니다. 하지만 러버 부착 서비스를 신청한 경우 결제 시 사이드 테이프 부착을 판매자에게 요청할 수 있습니다. 판매자가 부착해 줄 경우, 일반적으로 러버까지 보호하는 12mm 크기를 부착해서 보내줍니다. 같은 카테고리에 있는 그립 테이프는 블레이드 그립이 손에 맞다면 사용하지 않는 것이 더 좋기 때문에 아직 구매할 필요는 없습니다.

'탁구공' 카테고리에서는 '연습구'가 아닌 '시합구' 카테고리를 선택하면 됩니다. 탁구장의 다른 동호인들이 주로 사용하는 탁구공을 파악한 뒤 구매해도 되기 때문에 처음부터 비싼 시합구를 구매할 필요는 없습니다. 정렬을 '낮은가격순'으로 하여 가장 저렴한 흰색 3성구를 구매하면 됩니다.

　탁구화는 오프라인 매장에서 신어보는 걸 권하나 주변에 착화해볼 만한 매장이 없을 때 온라인에서 구매하길 바랍니다. 기본적으로 탁구화는 정사이즈를 구매해야 합니다. 탁구화는 같은 브랜드 내에서도 제품마다 발볼 넓이나 앞뒤 길이가 다릅니다. 예를 들어 미즈노의 경우 드라이브 9, 드라이브 EL, 메달 BOA, BOA SP4, 메달6 다섯 개의 제품의 착화감이 조금씩 다릅니다. 정사이즈 기준 드라이브 9는 길이와 발볼 넓이 모두 크게 출시되었고, 드라이브 EL은 발볼 넓이가 비교적 좁고 길이는 정사이즈로 출시되었습니다. 보아 메달은 그 중간 정도 되니 참고하길 바랍니다. 사람마다 착화 시 편하다고 느끼는 기준이 다르겠지만 엄지손가락을 가로로 했을 때 손가락의 반절만큼 앞 공간이 남으면 사이즈는 적당합니다.

　탁구화도 밑창이 고무이기 때문에 러버와 마찬가지로 소모품입니다. 스텝을 많이 하면 밑창이 닳아 미끄러운 것도 있지만, 인솔이 구멍 나는 경우도 있어 인솔 교체 한번 포함 1년 정도 사용 후 탁구화를 교체

합니다.

  탁구화를 구매할 때 중요한 것은 크기, 착화감과 밑창의 접지력입니다. 가격이 높아질수록 더 가볍거나 통풍성이 좋다든지, 보아와 같은 다이얼 기능 등 기능성이 추가되는데 입문 시 크게 고려할 사항은 아닙니다. 따라서 '낮은가격순'으로 정렬해서 5~6만 원대 제품 중 사이즈가 맞고 디자인이 마음에 드는 걸로 구매해도 됩니다.

  탁구 양말은 브랜드와 관계없이 두툼한 정도가 비슷합니다. '탁구화&양말 – 양말' 카테고리를 선택한 뒤, '낮은가격순'에서 저렴한 걸로 세 켤레 정도 구매하면 됩니다.

  '가방 케이스 – 가방' 카테고리에 있는 탁구 가방은 구매할 필요 없이 가지고 있는 운동 가방을 사용해도 됩니다. 다만 탁구 용품 수납이 용이한 가방의 필요성을 느낀다면 상품 내용을 보고 원하는 기능성과 디자인의 가방을 구매하면 됩니다.

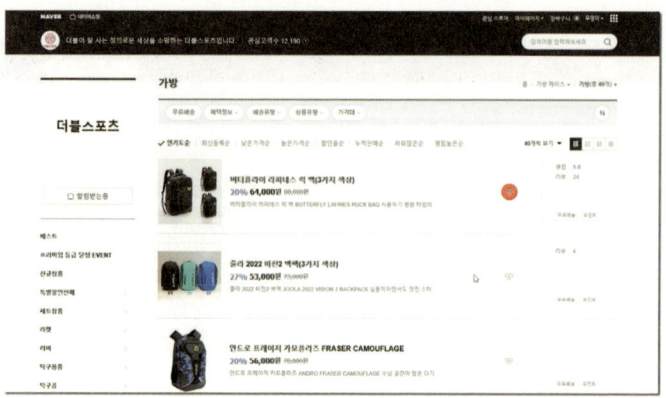

'가방 케이스 - 라켓케이스' 카테고리에는 다양한 디자인의 라켓 케이스가 있습니다. 탁구를 즐기다 보면 라켓을 두 개 이상 가지게 되기 때문에 동호인들은 라켓이 두 개 이상 들어가는 케이스를 선호합니다. 탁구를 시작할 때 초기 비용이 부담스러운 경우 저렴한 케이스를 구매해도 무방합니다. 저렴한 케이스들도 라켓을 보호하는 데는 문제가 없습니다.

'가방 케이스' 카테고리에 있는 탁구공 케이스는 가방에 매다는 장식

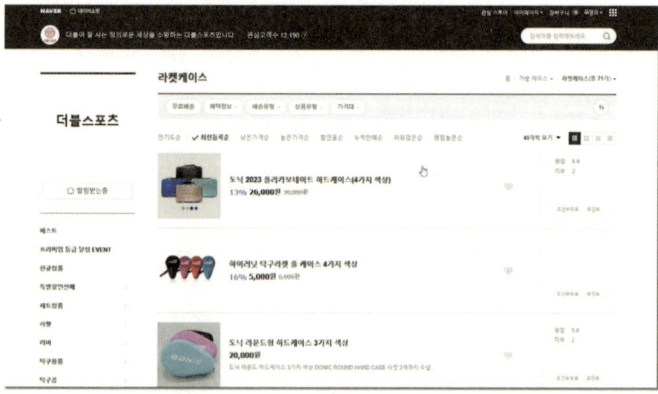

겸 탁구공 보호 용도로 사용됩니다. 근래에는 탁구공 포장 상자가 공을 하나씩 꺼내 쓸 수 있도록 수납 기능도 가지고 있어 탁구공 케이스를 구매할 필요는 없습니다.

'탁구복' 카테고리에 있는 탁구복은 '제7장. 탁구 기타 용품'에서 기

술했듯이 흰색만 아니면 됩니다. 배드민턴 공용 브랜드의 제품도 판매 목록에 올라올 때가 있어 흰색 유니폼이 있을 수 있으나 다른 색상을 구매해야 합니다. 간혹 모니터에서는 흰색으로 보이나 실물 색상은 탁구복으로 사용할 수 있는 회색인 경우도 있습니다. 물론 이미 가지고 있는 운동복을 입어도 전혀 문제가 되지 않습니다.

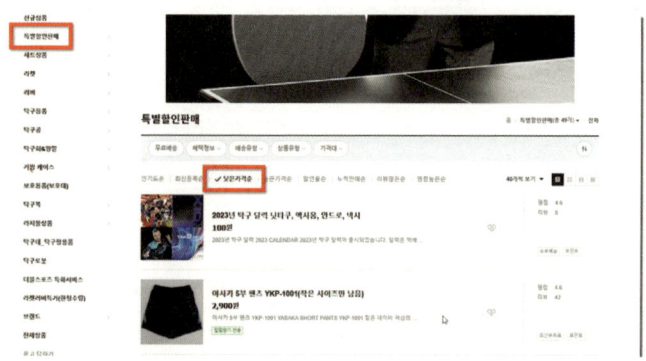

이 책에서 예시로 들고 있는 더블스포츠 스토어 외에도 다양한 탁구 네이버 스토어를 방문해 보는 것이 좋습니다. 스토어별로 특별 할인 이벤트를 할 때는 정말 저렴하게 용품을 구매할 수 있는 경우도 있습니다. 그 예로 더블스포츠의 '특별할인판매' 카테고리를 '낮은가격순'으로 보면 매우 저렴하게 할인 판매하는 탁구 용품도 있으며, 신데렐라 사이즈라고 해서 사이즈만 맞으면 저렴하게 탁구복과 탁구화를 구매할 수 있습니다. 다양한 스토어를 방문해서 이벤트 카테고리를 확인하는 것도 탁구를 즐기며 느낄 수 있는 쏠쏠한 재미입니다.

이미 블레이드와 러버를 따로 장바구니에 담았지만 '라켓 러버 세트' 카테고리도 살펴보면 라켓과 러버를 동시에 판매하는 것을 확인할 수 있습니다. 이 책에서 추천하는 조합이라면 다른 동호인들도 입문자에게 많이 추천하는 조합이기 때문에 용품점에서도 세트 상품으로 판매하는 경우가 많습니다.

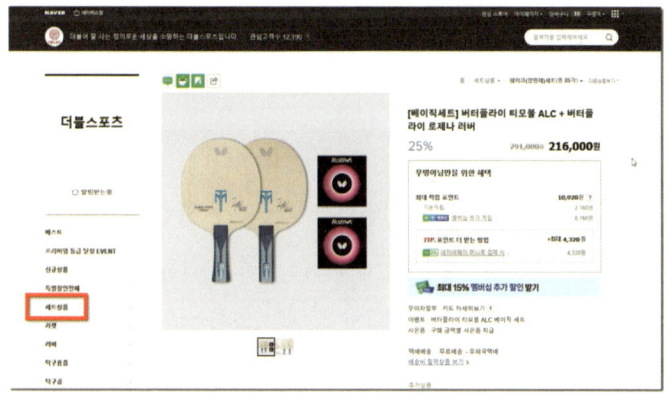

세트 상품 중에 로제나 러버 세트를 찾아보면 '제5장. 탁구 블레이드'에서 말씀드린 '비스카리아'의 동일구조인 티모볼 ALC를 찾을 수 있습니다. 티모볼 ALC는 더블스포츠에서 블레이드만 156,000원에 판매 중입니다. 로제나 두 장 64,000원을 더하면 총 220,000원입니다. 세트 상품으로 구매하면 216,000원으로 별도로 구매할 때보다 4,000원이 더 저렴합니다. 원하는 중량의 재고도 있는 것이 확인되면 이전에 추가해둔 비스카리아와 로제나를 장바구니에서 삭제한 후, 세트 상품을 구매하면 됩니다. 여기까지 입문자가 반드시 구매해야 하는 용품들입니다.

만약 러버와 블레이드를 직접 붙여보고 싶다면 글루도 함께 구매해야 합니다. 입문자가 러버를 빈번하게 교체하는 경우는 드물기 때문에 200ml 이상의 대용량 글루를 구매하는 것은 추천하지 않습니다. 글루가 라텍스, 물과 더불어 여러 화학 물질이 첨가되어 있지만 오래 방치하면 상하기 때문입니다. 용품점의 러버 부착 서비스를 받는 걸 권하나 직접 붙여보고 싶다면 저렴하고 적은 용량의 글루를 구매하는 것을 추천합니다. '탁구 용품 – 라켓용품_사이드테이프_접착제' 카테고리를 선택한 후, 인기도순 정렬에서 스펀지까지 동봉된 가장 저렴한 글루를 장바구니에 담아주면 됩니다. 마지막으로 각 스토어마다 있는 특별 서비스를 소개하겠습니다.

'더블스포츠 특화서비스' 카테고리를 선택하면 다양한 서비스를 확인할 수 있습니다. 더블스포츠의 경우, 탁구화 자수 서비스, 동호회 경품용으로 구매할 만한 상품들, 탁구복 마킹 서비스 등이 있습니다.

마킹 서비스의 경우, 일정 금액 상당의 탁구복을 구매하면 흰색 마킹 한 줄을 무료로 제공합니다. 간혹 블레이드를 구매할 때 러버 부착 신청 선택란이 누락되어 있는 경우가 있는데 그때 러버 부착 서비스를 장바구니에 포함해 주면 됩니다.

사이드 테이프 부착 서비스는 언급한 대로 블레이드와 러버를 함께 주문하면 러버 부착 서비스와 같이 해주는 경우가 많습니다. 제품을 받았을 때 블레이드에 결함이 있는지 확인하기 위해 부착 서비스를 받지 않는 사람도 있습니다. 그러나 경험적으로 결함 있는 블레이드를 보내는 경우는 없거나 드물기 때문에 편리함을 위해 사이드 테이프 부착 서비스를 이용해도 됩니다.

블레이드 각인 서비스는 블레이드 표면에 원하는 문구를 레이저로 새겨주는 서비스를 말합니다. 탁구장에 같은 라켓을 이용하는 사람을 종종 만날 수 있기 때문에 각인 서비스를 이용하는 것도 좋습니다. 최종 결제할 때 각인 문구를 원하는 위치로 주문할 수 있습니다. 민감한 사람의 경우 라켓을 손으로 쥐었을 때 각인된 부분에서 이질감을 느낄 수 있기 때문에 이 점을 고려하여 위치를 결정합니다. 각인의 글꼴을 지정하고 싶을 때는 더블스포츠에서 예시로 올려둔 글꼴 중 마음에 드는 것을 제품 구매 즉시 전화나 네이버 톡톡 문의를 통해 요청하면 됩니다.

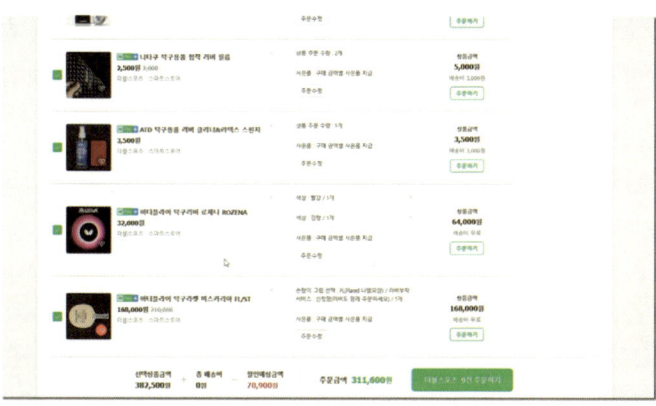

결제하기 위해 화면 우측 상단에 있는 장바구니를 클릭하면 용품 선택 과정에서 장바구니에 담아둔 상품들을 모두 확인할 수 있습니다. 최종적으로 구매할 용품은 블레이드, 러버 두 장, 러버 보호필름 두 장, 러버 클리너, 라켓 케이스, 탁구화, 탁구 양말 세 켤레, 탁구공입니다. 입문자에게 꼭 필요하다고 생각하는 용품들로 구성했으며 비용은 약 31만 원입니다.

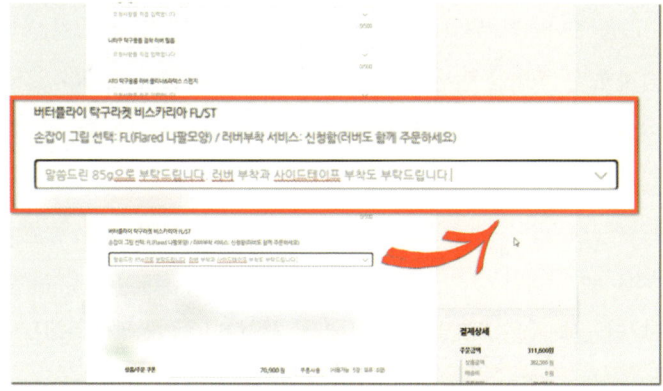

'주문하기'를 클릭하면 '주문 및 결제' 화면이 나옵니다. 상품별로 '개별입력'을 눌러준 뒤, 블레이드 중량과 러버 및 사이드 테이프 부착 여부를 글로 적어주어 판매자에게 주문 내역을 환기해 주는 것이 좋습니다. '말씀드린 85g으로 부탁드립니다.', '러버 부착과 사이드 테이프 부착도 부탁드립니다.' 등 요청사항을 개별적으로 적어주면 됩니다.

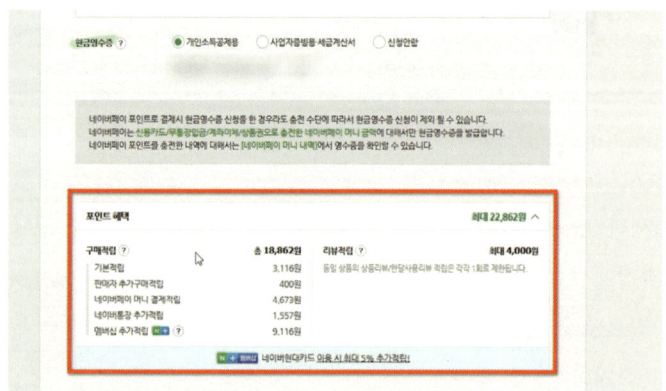

네이버 멤버십 플러스에 가입되어 있다면 최대 22,000원 정도 적립금을 받습니다. 적립금은 현금처럼 사용할 수 있기 때문에 할인 폭이 크다고 볼 수 있습니다. 네이버 멤버십 플러스에 가입되어 있지 않더라도 적지 않은 적립금을 받을 수 있습니다. 또한 판매점에 따라 일정 금액 이상을 주문하면 배송비가 무료입니다. 더블스포츠의 경우 주문 금액이 5만 원 이상이면 무료 배송입니다.

블레이드 그립이 손에 맞는지, 탁구화가 발에 맞는지 직접 확인이 불가능하다는 단점이 있지만 오프라인 구매 대비 시간과 비용을 아낄 수 있습니다. 근래에는 오프라인 매장에서 구매한다 해도 과거 동대문에서 현금 구매하던 시절처럼 온라인 최저가보다 더 저렴하게 구매하기는 쉽지 않습니다. 이상 온라인 구매 방법에 대한 설명을 마치고 다음은 오프라인 매장 방문 시 꼭 확인할 것들에 대해 간단히 안내하겠습니다.

3. 오프라인 구매 방법

기본적으로 구매해야 할 용품과 그에 대한 정보는 온라인 구매 방법에서 다룬 것과 동일합니다. 하지만 오프라인 매장에 방문했을 때만 경

험할 수 있는 것들이 있습니다.

첫째, 최대한 다양한 종류의 블레이드 그립을 잡아보는 것을 권합니다. 대부분 오프라인 매장들은 상자째로 블레이드를 진열해 두고 있기 때문에 같은 블레이드의 FL과 ST 그립을 모두 잡아볼 수 있습니다. 궁금한 블레이드를 한 번씩 잡아보고 그 느낌을 기록해 두길 바랍니다. 그립의 느낌을 기록해 두면 다음에 온라인에서 구매하더라도 그립을 선택하는 데 도움이 됩니다.

둘째, 탁구화를 반드시 신어보길 바랍니다. 관심 있는 탁구화의 사이즈를 평소 신던 운동화 대비 한 치수 작은 것, 정사이즈, 한 치수 큰 것 이렇게 세 가지를 착용해 보길 바랍니다. 탁구화 사이즈에 따른 착용감이 사람마다 다르게 느껴질 수 있기 때문입니다.

마지막으로 브랜드별로 다양한 탁구복을 입어보길 권합니다. 브랜드마다 상세 사이즈가 다르므로 버터플라이, 빅타스, 엑시옴, 줄라, 안드로 등 다양한 브랜드의 탁구복을 한 번씩 입어보면 나중에 온라인에서

구매할 때 몸에 맞는 사이즈를 선택하기 편합니다. 상의만 입어보지 말고, 반드시 하의도 입어보길 바랍니다.

제9장. 탁구 러버 부착 방법

QR코드를 카메라로 스캔하면 해당 장의 유튜브 영상을 시청할 수 있습니다.

1. 들어가며

본 장에서는 러버 부착에 필요한 준비물을 소개하고, 부착 및 커팅 방법을 안내하겠습니다. 러버 부착 방법을 숙지하면 러버의 수명이 다했을 때 직접 교체할 수 있어, 러버와 블레이드를 최저가로 별도 구매하여 비용을 절감할 수 있습니다. 또한, 앞서 다룬 블레이드 무게에 대한 내용을 확장하여 러버 부착 후 라켓 전체의 무게에 대한 관점과 관리 방법을 제시하겠습니다.

2. 준비물

러버 부착에 필요한 준비물로는 러버, 블레이드, 글루, 스펀지, 커터칼 또는 가위, 커팅 매트, 롤러, 저울이 있습니다. 블레이드는 수명이 다한 러버를 제거한 후 표면에 남게 되는 글루 찌꺼기를 깔끔하게 제거

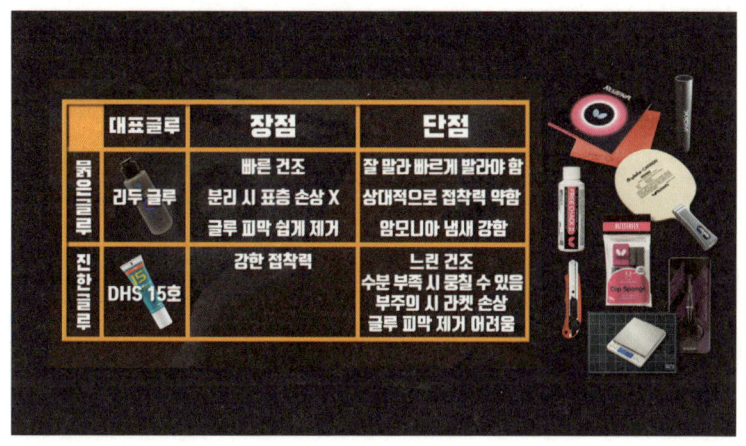

한 상태로 준비합니다. 글루 찌꺼기가 없어야 러버를 평평하게 부착할 수 있습니다. 러버를 제거할 때는 블레이드 표면이 손상되는 것을 방지하기 위해 표면 목재의 결 방향과 반대 방향으로 러버를 떼어내야 합니다. 일반적으로 표면 목재의 결은 세로 방향이기 때문에 가로 방향으로 러버를 제거합니다.

글루는 중간 점성을 가진 버터플라이 프리첵 2를 사용했습니다. 점성 정도에 따라 글루마다 주의할 점은 다르나 기본적으로 글루잉 하는 방법은 같습니다. 글루의 점성 정도에 따른 주의점은 그림이나 '제7장. 탁구 기타 용품'을 참고 바랍니다.

커팅 도구로는 커터 칼과 가위 둘 다 준비했으나, 가위를 이용한 커팅은 특별한 주의 사항이 없기 때문에 커터 칼로 자르는 방법을 안내하겠습니다.

3. 1차 글루잉 및 건조

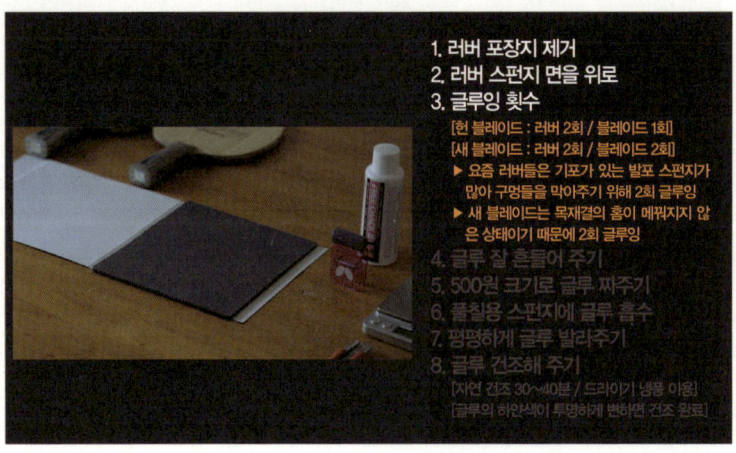

러버의 포장지를 제거한 뒤, 러버를 평평한 곳에 스펀지가 위를 향하도록 둡니다. 글루잉은 일반적으로 러버에 두 번, 블레이드에 한 번 해줍니다. 러버에 두 번 해주는 이유는 최신 러버들은 발포 스펀지가 사용되기 때문입니다. 스펀지 표면에 작은 기포 구멍들이 있어 한 번만 글루잉 하면, 구멍들을 완전히 막지 못해 접착력이 떨어지기 때문입니다.

다만 블레이드도 새 제품이라면 블레이드의 표층이 글루를 충분히 흡수하도록 글루잉을 두 번 해줍니다.

1차 글루잉을 위해 글루를 잘 흔들고 스펀지 위에 500원짜리 동전 크기보단 약간 크게 글루를 뿌려줍니다. 목재로 된 블레이드의 건조 속도는 러버의 건조 속도보다 빠릅니다. 그렇기 때문에 블레이드 글루잉은 러버에 글루를 한 번 더 도포하는 2차 글루잉 때 하면 됩니다.

스펀지로 글루를 꾹 눌러 스펀지에 글루가 잘 스며들게 한 뒤, 러버 표면에 골고루 발라줍니다. 글루를 최대한 균일하게 발라야만 부착했을 때 러버가 군데군데 오돌토돌 올라오는 것을 방지할 수 있습니다. 스펀지 테두리는 원형으로 잘라내기 때문에 테두리까지 완전히 바를 필요는 없습니다.

글루를 스펀지에 골고루 바른 뒤에는 건조해야 합니다. 정석인 방법은 직사광선을 피해 자연 건조로 30~40분간 하얀색 글루가 투명해질 때까지 말리는 것입니다. 자연 건조가 정석인 이유는 스펀지의 모든 부

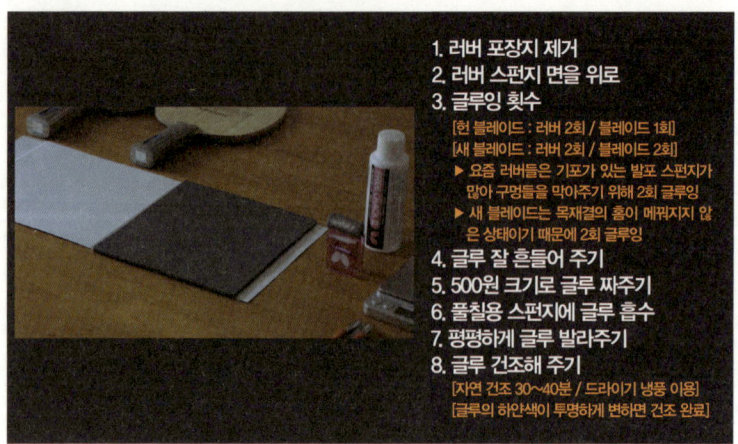

위에 발라진 글루가 균일한 속도로 마르기 때문입니다.

  용품점은 빠른 시간 안에 러버를 부착하기 위해 헤어드라이기를 사용하는 경우가 많습니다. 헤어드라이기를 이용할 경우 냉풍으로 골고루 건조하길 바랍니다. 온풍을 사용하면 러버가 열을 받아 성질이 변할 수 있고, 냉풍으로 건조해도 5분 안에 마르기 때문입니다. 글루의 하얀색이 모두 투명하게 변하면 1차 글루잉이 끝납니다.

4. 2차 글루잉 및 건조

  1차 글루잉을 마쳤으면 곧바로 2차 글루잉을 해줍니다. 1차 글루잉을 했을 때와 같은 방법으로 하되, 러버뿐만 아니라 블레이드도 글루잉을 하면 됩니다. 러버 글루잉과 달리 블레이드는 목재가 수분을 흡수합니다. 묽은 글루는 너무 적은 양을 사용하면 지나치게 빨리 마를 수 있으니, 러버에 사용한 글루의 양보단 조금 더 많은 양을 바르는 게 편합니

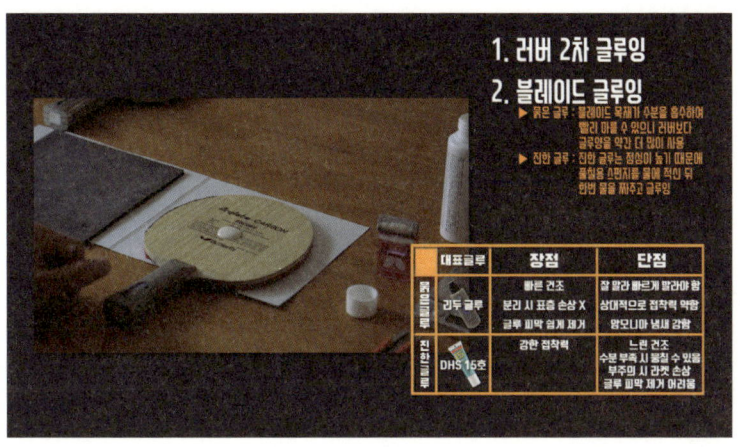

다. 진한 글루는 되직하여 글루잉 중에 뭉칠 수 있습니다. 이런 경우 건조 후 생성된 글루 피막을 제거한 뒤 다시 글루잉 해도 문제없습니다. 진한 글루는 스펀지에 물에 적신 후 짜낸 다음 글루를 바르면 한결 바르기 편합니다.

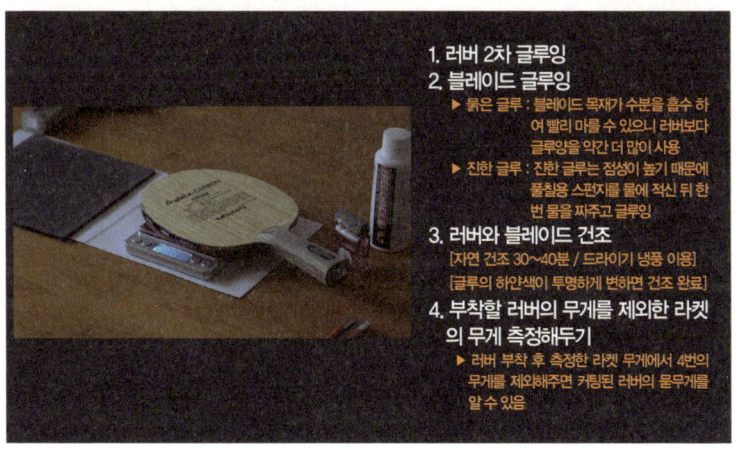

러버와 블레이드 모두 글루를 균일하게 바른 후, 다시 30~40분간 자연건조를 해줍니다. 2차 글루잉도 헤어드라이기의 냉풍을 사용해도 무방합니다.

완전히 건조한 다음에는 글루잉 된 블레이드의 무게를 미리 측정해 둡니다. 그 이유는 러버를 붙인 상태의 무게와 비교하여 커팅된 러버 한 장의 무게를 기록해 두면 앞으로 탁구를 하면서 라켓의 무게를 조정해 나갈 때 도움되는 데이터를 수집할 수 있기 때문입니다.

5. 러버 부착

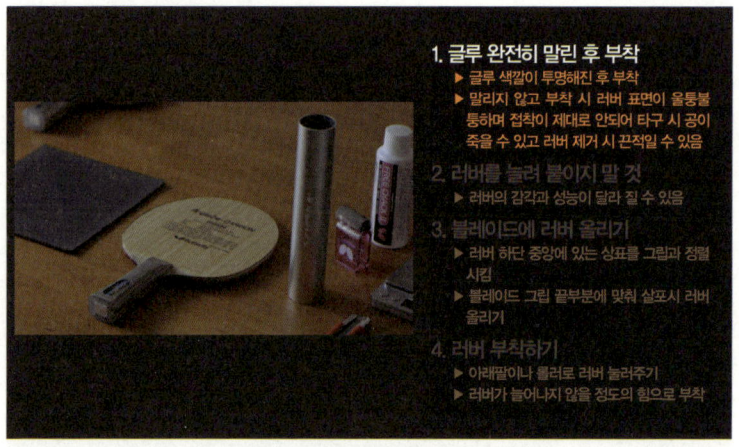

러버 부착 시 주의할 점은 두 가지입니다. 첫째, 글루가 투명해질 때까지 완전히 말리고 붙여야 합니다. 수분이 있는 상태로 블레이드와 접착되면 접착이 제대로 안 되어 들뜨는 부분이 생기고, 나중에 러버를 제거할 때 끈적일 수 있습니다. 접착이 제대로 안 되면 라켓에 공이 맞았을 때 감각과 힘이 전달되지 않을 수 있습니다.

둘째, 러버를 늘려서 붙이면 안 됩니다. 러버를 과하게 늘려 붙이면 감각이나 기능에 변화를 줄 수 있기 때문입니다. 두 가지 주의 사항을 기억하고 러버를 붙이면 됩니다.

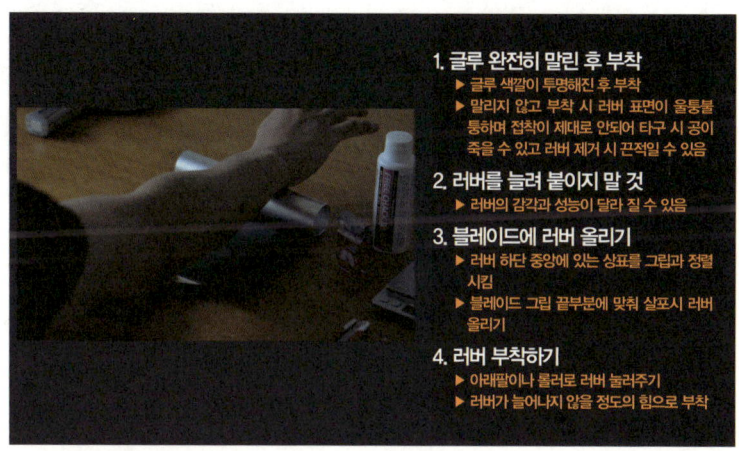

우선 러버의 상표를 블레이드 그립 중앙에 빈틈없이 가깝고 수평이 되도록 위치합니다. 러버의 모든 면을 내려 놓지는 않고 그립에 가까운 곳만 살포시 내려놓습니다. 상표 쪽부터 러버가 늘어나지 않을 정도의 적당한 힘으로, 아래팔로 누르거나 롤러를 굴려 아래부터 위로 러버를 부착한 뒤 잠시 기다리면 됩니다. 이후 필요 없는 러버의 테두리를 잘라내면 라켓이 완성됩니다.

6. 러버 자르기

1. 칼날에 오일을 발라주거나 새 칼날로 교체
   ▶ 러버가 한결 부드럽게 잘림
   ▶ 러버 테두리가 톱니 모양으로 뜯기는 것을 방지
2. 칼날을 블레이드 측면에 수직 방향으로 밀착
3. 검지로 커터칼 상단 지지
4. 러버 커팅 시작
   ▶ 힘을 아래 방향으로 준 상태로 한 바퀴 돌려주기
   ▶ 중간에 쉬었다 이어서 잘리줘도 무방
5. 러버 부착 완료

    흔히 러버를 블레이드 테두리 선에 맞도록 깔끔하게 자른 것을 '레이저 커팅'이라고 합니다. 러버를 자를 때 가위가 안전하고 간편하지만, 레이저 커팅이 쉽진 않습니다. 레이저 커팅은 칼을 이용해야 하는데 위험할 수도 있고 받침대가 있어야 해서 번거롭습니다. 또한 잘못 자르면 러버 테두리가 거칠게 잘리거나 톱니 모양이 생겨서 가위로 자른 것보다 모양이 더 예쁘지 않게 됩니다. 칼이든 가위든 장단점이 있기 때문에 접착만 잘 되면 어떤 것으로 잘라도 탁구하는 데는 문제가 없습니다. 본인에게 편한 도구를 사용하면 됩니다.

    레이저 커팅을 위한 팁은 몇 가지 있습니다. 커터 칼에 기름을 바르면 더 잘 잘립니다. 새로 커터 칼 심을 구매하면 기름칠이 되어 있기 때문에 새날로 교체해 주는 것도 방법입니다. 그리고 커터 칼 상단을 검지로 지지하여 블레이드 옆면에 밀착시켜 자르면 블레이드 측면에 손상을 주는 것을 막을 수 있으며, 탑시트가 안쪽으로 더 깎이는 것을 방지할 수 있습니다. 꼭 한 번에 잘라낼 필요는 없고, 중간에 멈췄다가 이어

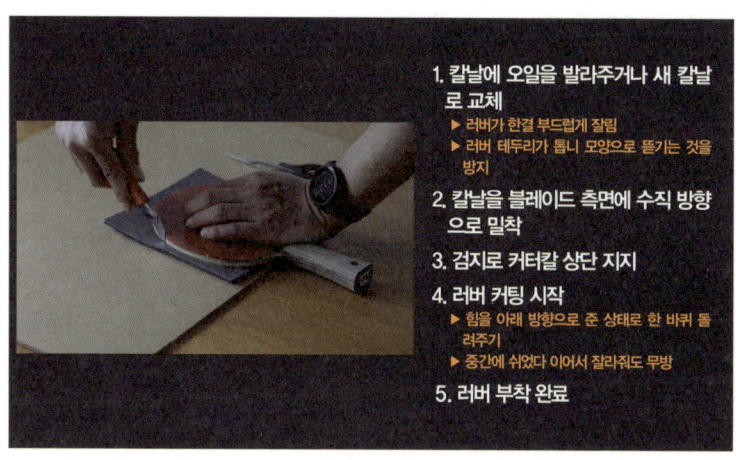

서 잘라도 됩니다. 반대쪽도 러버를 붙여야 한다면 같은 방법으로 러버를 부착해 라켓을 완성합니다.

7. 라켓 무게 측정

라켓을 완성했다면 무게를 측정합니다. 블레이드의 무게는 구매할 때 정해지지만 러버는 편차도 있고, 부착 시 글루 양을 얼마나 사용했는가에 따라 라켓 무게가 달라지곤 합니다.

표준 헤드 크기(세로 157mm, 가로 150mm의 원형)의 85g 블레이드를 기준으로 하면, 양면 러버 무게의 합은 글루 무게 포함 90~100g 정도 되기 때문에 라켓의 전체 무게는 175~185g 정도 됩니다. 러버가 저경도일수록 가볍고, 고경도일수록 무겁습니다. 또한 블레이드의 그립이 얇거나 헤드가 클 경우, 러버 무게의 영향을 많이 받고 무게 중심이 헤드 끝으로 실려 실사용 시 더 무겁게 느껴질 수 있습니다.

본인에게 맞는 라켓 중량은 스윙할 때 부담이 없는 선에서 최대 무게를 선택하는 것입니다. 자신에게 맞는 라켓 중량을 찾아가게 될 때쯤이면 러버의 무게도 러버 선택 시 중요 고려 사항이 됩니다.

제10장. 탁구장 및 레슨 선택 방법

QR코드를 카메라로 스캔하면 해당 장의 유튜브 영상을 시청할 수 있습니다.

1. 들어가며

본 장에서는 탁구장과 레슨 코치를 선택하는 방법을 다루겠습니다. 탁구장의 다양한 유형과 그 장단점에 대해 살펴본 후, 입문자 입장에서 탁구장과 레슨 선택 시 고려해야 할 기준을 우선순위에 따라 제시하겠습니다. 마지막으로 입문자들의 탁구장 적응을 돕는 탁구장 예절을 안내하겠습니다.

2. 탁구장 유형과 장단점

탁구장은 공설 탁구장과 사설 탁구장으로 나뉩니다. 공설 탁구장은 다시 주민센터에서 운영하는 탁구장과 공공 체육 시설에서 운영하는 탁구장으로 구분되며, 사설 탁구장은 개인사업자가 운영하는 탁구장을 말합니다.

▶사설 탁구장 요금◀

1. **비동호인 → 시간당 요금**
   - 30분 또는 1시간 단위로 비싸며 보통 1~1.5만원
2. **동호인 → 정액제 요금**
   - 일정 금액 지불 후 정해진 기간 내 무제한 이용
3. **정액제 요금 종류**
   a. 월회원(한달) : 9~11만원
   b. 일일 회원(하루) : 1만 원 전후
   (레슨을 받지 않으며 월회원을 이용할 여건이 안되거나 다른 구장 방문 시 이용)
4. **레슨비**
   - 레슨 종류 : 월 레슨/원포인트 레슨
   - 코치님/시간/횟수에 따라 다름
   - 레슨을 받기 위해서는 월회원 의무

탁구장

공설 탁구장
- 주민센터
- 공공체육시설

월이용료 저렴/시설의 절반 수준/고령자 우대
대회장과 같은 넓은 공간 기타 편의 시설 완비

레슨이 없거나 레슨 시간이 5~10분으로 짧음
등록 시간대 고정/이용시간 한정/등록 경쟁 치열
관리자 부재로 인한 질서 및 텃세 문제
사설 대비 연령대가 높으며 그 범위가 좁음

사설 탁구장
- 원하는 시간대에 원하는 만큼 운동 가능
- 공설보다 레슨 코치들의 실력이 더 높음
- 공설보다 동호인들의 실력이 더 높음
- 공설보다 탁구장 관리 및 질서 유지가 잘됨

월이용료(월회원) 및 레슨비가 비쌈
공공체육시설 대비 공간이 협소하고 지하가 많음

 공설 탁구장의 장점은 첫째, 월이용료(월 회원)가 사설 탁구장의 절반 정도 가격이며, 고령자 우대 요금도 따로 있어 무척 저렴하게 탁구장 이용이 가능합니다.

 둘째, 공공 체육 시설인 체육관이나 스포츠 센터는 실제 대회장과 같은 환경에서 운동할 수 있다는 큰 장점이 있습니다. 또한 주차장 및 샤워실, 스낵바, 카페 등 편의 시설이 완비된 경우가 많습니다.

 하지만 공설 탁구장에도 단점이 있습니다. 첫째, 레슨 코치가 없거나 있다고 하더라도 5분에서 10분 정도로 레슨 시간이 짧은 경우가 많습니다. 레슨 시간이 지나치게 짧으면 심도 있는 레슨을 받기 어려울 수 있습니다.

 둘째, 사설 탁구장과 다르게 파트 타임 방식이 많기 때문에 이용 시간이 2시간 이내로 한정될 수 있습니다. 본인이 원하는 시간에 등록하지 못할 수 있으며, 퇴근 후 저녁 시간대의 등록 경쟁이 치열하기 때문에 직장인은 등록이 더 어렵습니다.

셋째, 상주하는 관장 또는 코치가 없기 때문에 회원끼리 질서나 텃세 문제로 민원이 발생하는 경우가 종종 있습니다. 물론 다 그런 것은 아니며 규모가 큰 공공 체육 시설에서는 동호회를 결성하고 코치를 초빙함으로써 짧은 레슨 시간이나 질서 문제를 해결하는 경우도 있습니다.

넷째, 비용이 저렴하고 고령자 우대 요금이 있어 사설 탁구장 대비 이용자들의 연령대가 더 높고 그 범위가 좁습니다. 단점으로 언급하지만 사람에 따라 단점이 아닐 수 있습니다. 비슷한 연령대의 동호인들이 많으면 탁구장에 적응하기 좀 더 수월하기 때문입니다.

사설 탁구장의 장점은 첫째, 월 회원을 등록하면 원하는 시간에 얼마든지 운동할 수 있습니다. 관장 또는 회원들과 서로 얼굴을 익히면, 이른 시간에 직접 탁구장을 개방하여 운동할 수 있는 곳도 있습니다. 그리고 '일일 회원'이라고 하는 개념이 있어 동호인은 하루에 일정 이용료를 지불하고 시간 제한 없이 운동할 수 있습니다. 일일 회원은 해당 구장의 회원들과 탁구대를 함께 공유해야 하므로 동행한 사람과 하나의 탁구대를 독점하는 개념은 아닙니다.

둘째, 대체로 코치의 수준이 공설보다 사설이 높습니다. 사설에서 레슨 하는 것이 코치 입장에서는 행정 절차를 밟을 필요가 없고 수익성이 더 좋기 때문입니다.

셋째, 탁구장에 방문하는 동호인들의 실력도 공설보다 높을 가능성이 큽니다. 좋은 코치의 레슨을 받기 위해 중수 이상의 동호인들이 등록하는 경우가 자주 있고, 관장이나 코치의 피드백을 받기 쉬운 환경이기 때문입니다. 또한 회원들의 연령 범위가 넓고, 이용 시간이 자유롭기 때문에 일일 회원으로 여러 탁구장을 돌아다니는 고수들의 방문이 빈번하게 있습니다. 실력 향상에 유리한 환경이라는 의미도 합니다.

넷째, 탁구장 관리 및 질서 유지가 잘 되는 곳이 많습니다. 사설은 관장 또는 코치가 상주하기 때문에 회원 간 마찰이 발생해도 중재가 됩니다. 또한 소수 인원이 탁구대를 독점하는 것을 방지할 수 있어, 초보자가 연습할 수 있도록 배려해 주는 분위기가 형성될 수 있습니다.

하지만 사설 탁구장도 단점은 있습니다. 첫째, 탁구장 요금이 비쌉니다. 사설 탁구장의 월 회원 요금은 지역에 따라 차이가 있긴 하나 수도권 기준 9만 원에서 11만 원의 가격대로 형성되어 있으며, 여름철에는 에어컨 비용으로 5,000~10,000원을 추가로 받기도 합니다. 레슨 요금도 코치의 이력에 따라 다르지만 1회 15~20분씩, 주 2회 기준 10~14만 원 정도로 공설보다 비쌉니다. 또한 레슨을 받으려면 월 회원 등록도 의무인 탁구장이 대부분입니다.

둘째, 공공 체육 시설 대비 공간이 협소하고 지하에 위치한 사설 탁구장이 많습니다. 특히 서울의 탁구장이 대부분 그러하며 주차장도 없거나 협소한 경우가 많습니다. 공간이 작고 지하에 위치하면 사람들의 호흡과 땀으로 생긴 습기에 의해 공이 미끄러지는 경우가 자주 발생하고, 우천 시에는 더 심해질 수 있습니다.

공설과 사설의 장점을 요약하면 공설은 비용 측면에서, 사설은 이용 자유도와 실력 증진 측면에서 좋습니다. 비용이 저렴한 공설에서 시작하여 흥미를 갖고, 실력 증진을 위해 사설로 옮기는 경우가 많습니다. 생활권에 있는 공설 및 사설 탁구장을 확인한 뒤 장단점에 따라 본인의 상황에 맞는 탁구장을 선택하면 됩니다.

3. 탁구장 선택 시 고려사항

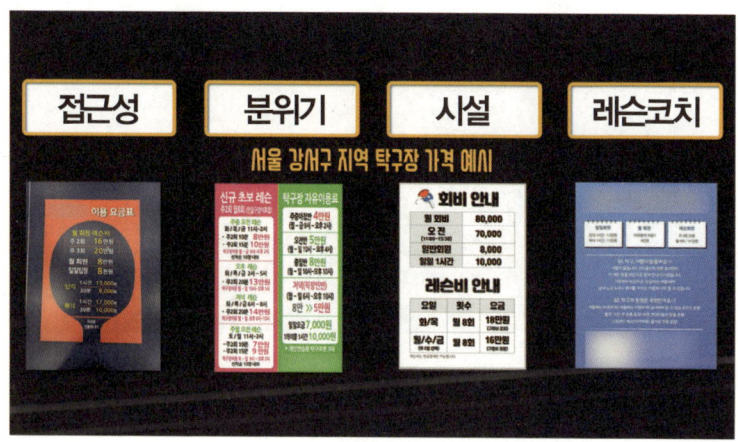

탁구장 선택 시 고려해야 할 사항들은 사설 탁구장을 기준으로 안내하겠습니다. 입문자가 고려해야 할 사항들의 우선순위를 따져보면 접근성, 분위기, 시설, 레슨 코치 순서입니다. 비용을 고려 사항에 넣지 않은 이유는 사설 탁구장의 월 회원 가격이 지방과 수도권은 1~3만 원 정도 차이가 날 수는 있으나 같은 지역권에서는 거의 같기 때문입니다. 또한 레슨 비용은 탁구장에 따라 차이 나는 것이 아니라 코치 경력에 따라 형성되는 것이기 때문에 비용이 사설 탁구장 선택에 미치는 영향은 크지 않습니다.

우선 접근성이 가장 중요합니다. 다른 운동과 마찬가지로 거리가 가깝거나 차량으로 이동 시 주차장이 있어야 자주 운동하기 때문입니다. 탁구는 감각 스포츠이기 때문에 오랜 시간이 아니더라도 자주 할수록 실력이 빨리 향상됩니다.

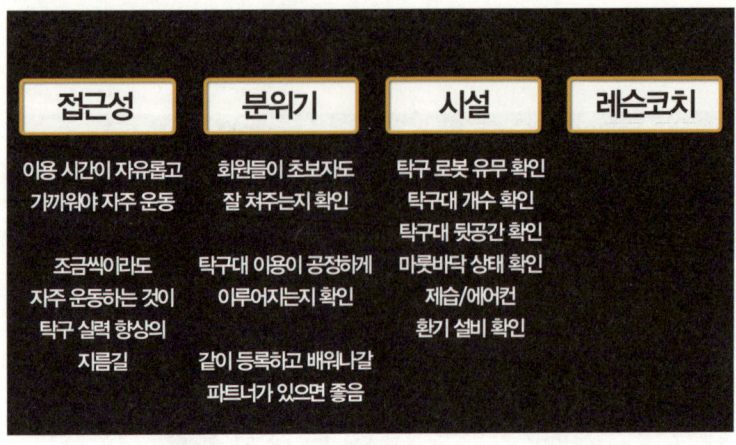

둘째로 중요한 것은 탁구장 분위기입니다. 관장이 초보자를 잘 챙겨주는 지, 다른 회원들이 초보자와 같이 잘 어울리는지가 중요합니다. 입문자가 탁구장에 가자마자 그 분위기를 바로 파악하기는 어렵습니다. 탁구장 분위기를 파악하는 방법은 탁구장에 등록하기 전, 양해를 구해 한 시간 정도 둘러보며 탁구대를 이용하는 순서를 지켜보는 것입니다. 특정 인원만 탁구대를 차지하고 있어 오래 대기하고 있는 사람들은 없는지, 혹은 초보자와 랠리를 해주는 관장이나 회원들이 있는지 살펴보면 됩니다. 탁구장 문화가 좋다면 심판을 포함한 3인이 번갈아가며 단식을 마친 뒤에 다른 사람에게 자리를 양보하거나 복식을 같이 할 것입니다. 또한 공간이 좁은 곳에 탁구대 한 대쯤은 초보자들이 눈치 보지 않고 운동할 수 있게 마련해 뒀을 겁니다.

다른 라켓 운동도 그러하듯 간혹 초보자와 랠리를 하는 것이 운동이 안 된다며 꺼리는 회원도 있습니다. 그 때문에 초보자가 먼저 랠리를 부탁하는 것은 쉽지 않은 일입니다. 초보자가 공을 받아줄 사람이 없이 구경만 하다 가는 경우도 많습니다. 관장이 관리를 하거나 회원들이 자발적으로 초보자가 적응할 수 있도록 배려하는 문화가 정착된 탁구장이라면 입문자에게 아주 좋은 탁구장입니다. 탁구장에 같이 등록하여 함께 운동할 파트너가 있으면 매우 좋습니다.

비슷한 이유로 세 번째 고려 사항은 탁구 로봇의 보유 여부입니다. 탁구 로봇은 사용자가 설정한 구질과 위치로 공을 보내도록 하는 기계입니다. 초보자일 때 파트너가 없어도 기본자세를 만들어가는 용도로 좋습니다.

탁구 로봇 다음으로 확인할 시설은 탁구대 수입니다. 탁구대 수는 적은데 회원 수가 많으면, 입문자가 탁구대를 이용할 때 다른 회원들의 눈치를 보기 쉽습니다. 또한 탁구대 수가 적으면 단식보다는 복식 위주로 운영되는 분위기가 형성됩니다. 기본기를 연마하기에는 복식보다는 단식이 도움이 됩니다. 탁구장에 사람이 가장 많은 오후 7시에서 10시 사이에 초보자가 운동할 수 있는 탁구대가 마련되는지 확인해야 합니다.

탁구 로봇과 탁구대 수를 확인한 후에는 탁구대 뒷공간과 마룻바닥 상태를 확인하면 됩니다. 뒷공간이 너무 좁을 경우, 실력이 늘어 스윙이 커지고 전후 스텝을 하다 보면 플레이에 답답함을 느끼게 되고, 뒤에 지나가는 사람과 충돌할 위험이 커져 안정상의 문제도 발생합니다. 마룻바닥은 하체 관절과 허리 관절에 오는 충격을 줄여주는 매우 중요한 시설입니다. 다행히 요즘 탁구장은 미끄러짐을 방지하고 충격을 더 줄여주는 렉스 코트까지 설비된 곳도 있어서 마룻바닥이 없는 곳은 없습니다.

다음으로 제습 및 에어컨, 환기 설비가 잘되어 있는지 확인해야 합니다. 앞의 내용에도 서술했듯이 수도권의 경우 공간이 협소하고 지하에 탁구장이 있을 가능성이 높습니다. 사람이 많거나 비 오는 날 운동 시 습기 때문에 공이 미끄러지기도 합니다. 입문자는 높은 습도로 인해 공이 미끄러지는 것은 크게 체감하지 못할 수 있습니다. 하지만 습도 관리는 공기질, 청결과도 연관이 있습니다. 따라서 방문한 탁구장이 지하라면 제습, 에어컨, 환기 설비가 잘 되어 있는지 확인해야 합니다. 지하보다는 지상의 탁구장이 더 쾌적하기 때문에 가능하면 지상에 있는 탁구장을 선택하길 권합니다.

앞서 말씀드린 것들 외에 확인할 시설들은 샤워실, 탈의실, 화장실, 휴게실, 사물함 등의 시설입니다. 간혹 샤워실은 없는 곳들이 있기 때문에 필요하면 유무를 확인하고, 그 외의 시설은 대부분의 탁구장에 있습니다.

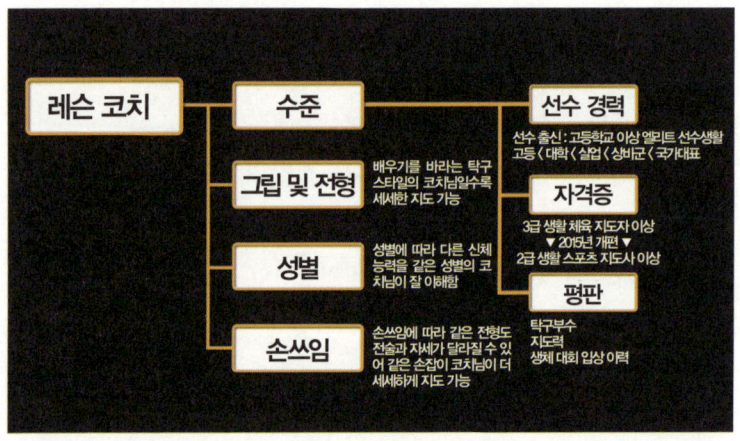

마지막 고려 사항은 레슨 코치입니다. 코치를 선택할 때 우선순위는 코치의 수준, 그립 및 전형, 성별, 손쓰임 순입니다. 코치의 수준을 판단하는 지표로는 선수 경력, 스포츠지도사 자격증 취득 여부, 평판 이렇게 세 가지가 있습니다. 일반적으로 선수 출신이라면 고등학교 이상 선수 생활을 한 것을 말하며, 고등학교, 대학, 실업, 상비군, 국가대표 순으로 코치의 등급과 레슨 요금이 올라갑니다. 선수 출신 코치는 선수 시절 동안 경험한 훈련법이 다양하여 수강생의 신체 능력과 실력에 적합한 레슨 노하우를 갖고 있습니다. 그리고 시범을 보이거나 기술을 세분화하여 가르칠 수 있는 능력이 있습니다. 선수 출신 코치 대부분은 스포츠지도사 자격증을 보유하고 있고, 더 높은 등급의 자격증을 가지고 있는 경우도 많습니다.

코치가 선수 출신이 아닐 경우, 국민체육진흥공단에서 주관하는 스포츠지도사 자격증 취득 여부를 확인합니다. 생활체육 지도자 제도가 2015년 스포츠지도사로 개편되면서 취득이 많이 어려워졌기 때문에 입문자의 경우 자격증을 보유한 코치라면 신뢰를 가지고 레슨을 받아도 됩니다.

평판은 선수 경력이나 자격증이 없는 코치를 판단할 수 있는 마지막 수단입니다. 물론 선수 출신이나 스포츠지도사 자격증을 보유한 코치도 평판을 확인할 수 있으면 좋습니다. 그러나 코치의 평판은 동호인들 사이에서 평가되는 탁구 실력이나 지도력, 생활체육 대회 입상 내역을 종합하여 판단해야 하므로 입문자로서는 알기 어렵습니다.

코치의 수준을 판단한 이후에는 코치의 사용 그립과 전형, 성별, 손 쓰임, 즉 오른손잡이인지 왼손잡이인지를 확인하면 좋습니다. 그립과 전형을 보는 이유는 입문자가 배우고 싶은 스타일의 탁구를 해온 코치일수록 세세한 부분까지 가르쳐 줄 수 있기 때문입니다. 성별도 마찬가지입니다. 성별에 따라 근력이나 유연성이 다른 점을 같은 성별의 코치일수록 잘 고려해서 가르칩니다. 또한 손쓰임에 따라 같은 전형이라도 전술이나 자세 등이 달라질 수 있기 때문에 오른손잡이면 오른손잡이, 왼손잡이면 왼손잡이 코치에게 배우는 것이 좋습니다.

말씀드린 기준을 따라 코치를 선택했다면 같은 코치에게 오래 배우길 권합니다. 간혹 탁구 실력이 늘지 않는 답답함에 코치를 단기간에 바꾸거나 새로운 코치를 찾아 탁구장을 옮기는 경우도 있습니다. 하지만 기본기를 정립하고 기술들을 모두 배우는 데는 오랜 시간이 필요합니다. 공부할 때 수업에서 배운 것을 복습해 줘야만 내 것이 되듯, 레슨받은 내용을 회원들과 연습하고 실전에 적용해 보려는 노력이 있어야만 탁구 실력이 향상됩니다. 레슨받은 내용을 바탕으로 연습하다 보면 계단식으로 실력은 늘게 되어 있으니 조급하게 생각하지 않아도 됩니다.

4. 탁구장 예절

1. 탁구장 입장 / 퇴장 시 회원들에게 인사하기
2. 경기 시작 전과 끝난 후 심판과 상대에게 인사하기
3. 공은 먼저 준비하기
4. [안전 제일]
   경기 중인 탁구대에 탁구공이 들어갈 경우 랠리가 끝난 후 공 줍기
5. 옆 탁구대에서 넘어온 공은 느린 속도의 포물선으로 던져주거나 라켓으로 살짝 건네기(발로 차기 X)
6. 경기 중 공을 상대에게 건네 줄 때는 받기 쉽도록 탁구대에 두 번 이상 튕겨 주는 투 바운드로 건네기
7. 상대가 공 주우러 갈 때 절반 정도 따라가기
   (상황에 따라 따라가는 듯한 제스처만 해도 OK)
8. 경기 중 네트 또는 엣지가 날 경우 미안함 표현하기
9. 탁구대와 바닥에 흘린 땀 닦기
10. 연습시켜 주는 분 10분 이상 붙잡지 않기
    (상대도 본인 운동을 해야 하므로 '좀 쉬실까요?', '많이 배웠습니다' 등으로 표현)
11. 20분 이상 오래 연습을 시켜주면 감사의 의미로 음료수 한 캔 건네기
12. 경기에 참여하고 싶다면 심판 보고 경기 들어가기
13. 본인의 경기 심판을 본 회원에게 다음 차례 양보 (탁구대 독점 X)
14. [안전 제일]
    왼손잡이와 오른손잡이는 동선이 겹쳐 부딪칠 수 있기 때문에 옆 탁구대와 조율하여 자리배치
15. 오픈 서비스 배우고 준수하기

탁구장을 선택하고 레슨 등록을 마친 뒤에는 이제 탁구장에 적응만 하면 됩니다. 탁구장 예절을 미리 숙지해 두면 다른 회원들과 어울리기 쉬워져 탁구장에 적응하기 한결 편합니다. 탁구장 예절 중 중요한 것들을 그림으로 첨부합니다.

제11장. 대회 및 리그전 참가 방법

QR코드를 카메라로 스캔하면 해당 장의 유튜브 영상을 시청할 수 있습니다.

1. 들어가며

앞선 장들에서는 탁구 용어, 탁구 용품, 탁구장 선택 방법 등 탁구를 시작하기 전에 알아두면 좋은 내용을 다루었습니다. 본 장에서는 탁구 기술과 문화에 익숙해졌다는 것을 전제로 탁구 실력을 빠르게 늘릴 수 있는 대회 및 리그전 참여 방법에 대해 알아보겠습니다.

먼저 대회 및 리그전 참가의 필요성을 설명한 후, 대회와 리그전 참가에 도움이 되도록 탁구 부수 체계를 세분화하여 소개하겠습니다. 마지막으로 대회 및 리그전의 특징과 구체적인 참가 신청 방법을 다루며 본 장을 마무리하겠습니다.

2. 참가의 필요성

탁구 실력을 늘리는 기본 원리는 레슨, 연습, 경기, 피드백의 반복입니다다. 어느 정도 기본기를 갖추고 경기를 할 수 있을 정도가 되면, 지더라도 연습한 내용을 경기에 적용해 보는 노력이 필요합니다. 경기에서 왜 졌는지, 이겼더라도 왜 실점했는지를 복기해 보며 코치나 고수에게 피드백을 받아보고, 그 내용을 바탕으로 다시 레슨과 연습으로 부족한 부분을 채우면 실력은 향상됩니다.

이런 과정을 여러 번 반복하다 보면 같이 운동하는 탁구장 회원만으로는 실력을 늘리는 데 한계가 있다는 걸 느끼게 됩니다. 탁구 실력을 늘리기 위해서는 다양한 구질과 전형을 경험하면서 더욱더 다채로운 피드백이 있어야 하기 때문입니다. 또한 항상 같이 운동하는 상대들의 구질과 전형은 익숙해지기 때문에 승률이 올라가거나 랠리가 곧잘 나오게 됩니다. 그로 인해 실력이 늘었다는 생각이 들 수 있으나, 실제로는 생소한 상대와 경기를 할 때 자신의 진짜 탁구 실력을 알 수 있습니다. 낯선 환경에서 익숙지 않은 전형과 구질을 상대할 때는 본인의 기술을 온전히 사용하기 어렵기 때문입니다. 낯선 환경에서 다양한 상대와 경기를 많이 하다 보면 언젠가는 이 문제가 개선됩니다. 따라서 실력을 늘리기 위해서는 지는 것을 두려워하지 말고, 대회 및 리그전에 참가하여 여러 낯선 상대들과 경기를 많이 해보길 바랍니다.

3. 부수 및 핸디 제도

3-1. 부수 제도에 관한 배경지식

대회와 리그전에 참가하기 위해서는 생활체육 탁구 부수 제도에 대해 알아야 합니다. 구체적인 부수 체계에 관해 설명하기 전에 부수 제도에 대한 전반적인 배경 이해가 필요합니다.

 탁구 부수는 바둑의 단급 제도나 당구의 당구 지수(다마 수)와 비슷한 개념입니다. 동호인의 선수 경력, 대회 입상 이력 그리고 상대적인 실력을 바탕으로 정해집니다. 전문 선수 영역에서는 핸디라는 것이 없지만, 생활체육 탁구는 부수 차이에 따라 핸디를 주는 핸디캡 경기가 주를 이룹니다. 핸디 제도는 하수에 대한 배려를 통해 생활체육 활성화 및 대회 참가율을 높이기 위해 시작되었으며, 그런 측면에서 실제로 긍정적으로 작용했습니다.

 생체 탁구 대회에 참가하는 동호인들의 실력은 다양합니다. 고등학교 이상 전문 선수 생활을 하여 선수 등록이 되어 있는 엘리트 출신은 물론, 선수 등록은 되어 있지 않지만 초등학교나 중학교까지 전문 선수 생활을 한 사람들도 있습니다. 또한 수십 년의 구력을 가진 사람과 구력이 가장 짧은 입문자도 대회에 함께 참가합니다. 따라서 부수로 실력을 구분해 비슷한 실력끼리 리그 및 토너먼트를 진행합니다. 충분한 인원이 모이지 않으면 서로 다른 부수들을 통합하고 핸디캡을 적용하여 대회를 진행합니다. 그 과정에서 입상을 위해 부수를 속이는 등 부수 제도를 악용하는 부작용이 발생해 대회장에서 갈등이 초래되는 경우가 빈번히 나타납니다.

 대회를 진행하는 생활체육 협회와 지도자들도 깊게 뿌리 박힌 부수 제도의 부작용을 완전히 없애진 못했습니다. 오랜 노력 끝에 지역별 부수 명단을 작성하여 전산화하는 수준까지는 왔습니다만, 문제는 같은 부수라도 지역별로 실력이 작게는 한 부수, 크게는 세 부수까지 차이 나기 때문에 지역 대회와 전국 오픈 대회에 등록하는 부수가 달라졌습니다.

2022년부터 대한탁구협회가 직접 문제를 해결하고자 지역 부수와 전국 부수를 통합하는 작업을 했으나 부수 하향 지원이 초래되었을 뿐 부수 제도로 발생하는 문제들이 해결되지는 않았습니다. 인터넷에서 탁구 부수를 검색해 보면 수많은 영상과 글을 볼 수 있을 정도로 지금도 뜨거운 감자입니다.

입문자에게는 당장 부수 제도의 문제가 크게 와닿지 않을 수 있습니다. 하지만 초심부를 벗어나고 실력을 키우다 보면 부수를 승급하는 보람도 있어야 열심히 연습할 동기부여가 된다는 것을 경험하게 될 것입니다. 부수 적체가 지속되는 현상은 초보자들에게 좌절감을 주고, 탁구를 그만두게 만들기도 합니다. 따라서 부수 제도는 탁구 행정가와 지도자들의 지속적인 개선 의지가 필요합니다.

대한탁구협회 생활체육 탁구 동호인 부수규정 (개정 2024. 2. 18.)에 따르면, 2022년 7월 1일부터 동호인은 1개의 부수만 가지고 '시도 부수'로 칭하며 시도 부수, 전국 오픈 부수, 지역 부수, 탁구장 부수는 모두 동일해야 한다고 명시되어 있습니다. 따라서 공식적으로는 지역과 장소에

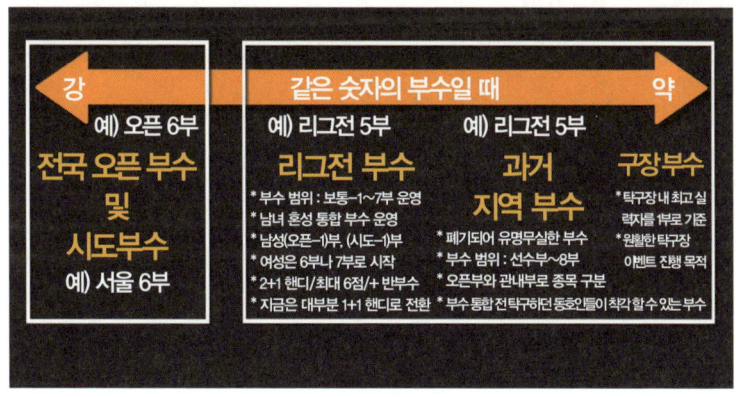

관계없이 모두 같은 부수로 통일되어야 합니다만 여전히 다양한 부수 체계가 사용되고 있는 것이 현실입니다.

3-2. 시도 부수와 전국 오픈 부수

현재 존재하는 부수 체계는 시도 부수와 전국 오픈 부수, 리그전 부수, 과거 지역 부수, 탁구장 부수입니다. 시도 부수 및 전국 오픈 부수에서 구장 부수로 갈수록 같은 숫자의 부수라도 실력이 약해집니다. 예를 들어 전국 오픈 5부와 구장 5부의 경우, 전국 오픈 5부의 실력이 월등히 높습니다.

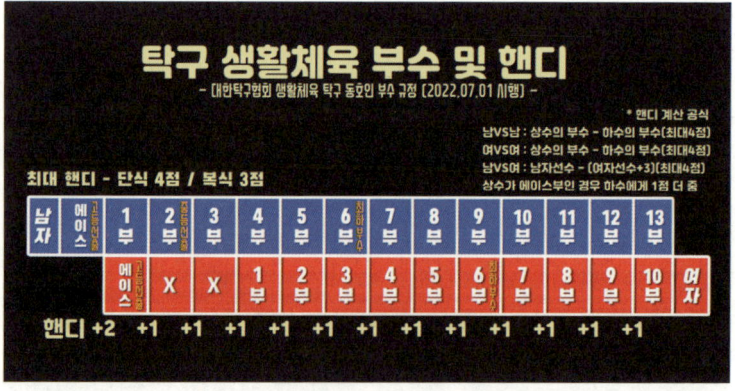

시도 부수와 전국 오픈 부수는 대한탁구협회가 서로 다른 지역별 부수들을 통일한 공식 부수입니다. 각종 전국 오픈 대회 및 시도군구 대회에 적용되는 부수이며, 시도 부수와 전국 오픈 부수는 같아야 합니다.

고등학교 이상의 엘리트 선수 출신인 에이스부를 시작으로 최하 부수인 6부까지 있으며, 중등 이상 선출은 2부에서 시작합니다. 사실 6부까지의 구분만으로는 동호인들의 실력을 세분화하긴 어렵습니다. 대한탁구협회도 이러한 현실을 인지하여 규정에 시도 협회의 권한으로 7, 8부 및 입문부(초심부, 새싹부 등등)를 개설할 수 있다는 조항을 마련해 두었습니다.

  2+1 핸디 체계가 적용되는 남자 에이스부를 제외하면, 모두 1+1 핸디 체계가 적용되어 차이 나는 부수당 1점의 핸디를 주고받습니다. 부수 차이만큼 핸디가 정해지지만, 최대 핸디는 단식은 4점, 복식은 3점입니다.

입상 기본 포인트

2024년 2월 18일 개정

적용 범위	우승(공동 포함)	준우승(2위)	3위(공동 포함)	8강	비고
개인전	30점	25점	20점	10점(5~6부만)	
복식전	30점	25점	20점	없음	
단체전	30점	25점	20점	없음	

입상 포인트 산정 방식

2023년 2월 8일 개정

개인전 / 복식전 / 단체전 입상 포인트 = 입상 기본 포인트 × 참가인원 배율

참가인원 배율 = 참가 인원수(참가 팀수) / 100점(명)

부수 별 승급 포인트

2024년 2월 18일 개정

구분	에이스부	1부	2부	3부	4부	5부	6부	비고
승급 포인트	없음	70점	30점	25점	20점	15점	10점	

제8조 (부수 하향 신청 등)

신청일 이전 2년 이내 제3조 제2항 제1호부터 제5호까지의 대회를 3회 이상 참가하여야 하고, 해당 경기결과를 참고로 한다.

년 1회 하향 조정 할 수 있다.
단, 하향조정된 부수의 적용 시기는 심의개최일이 속하는 년도의 다음 연도 1월 1일로 하며,
시·도 탁구협회는 해당 내용을 공지하여야 한다.

1. 품격 부수 승급이후에 발병된 신체장애 등의 사유로 현재 부수준의 경기가 현저하게 불합리하다고 하여 신청하는 경우

2. 부수 하향 신청시 현재 '1부 ~ 6부'로서 만 60세 이상인 동호인 선수가 현재 부수의 경기가 현저하게 불합리하다고 하여 신청하는 경우

3. 부수 하향 신청시 현재 '에이스 부' 로서 만 50세 이상인 동호인 선수가 현재 부수의 경기가 현저하게 불합리하다고 하여 신청하는 경우 (개정 2023.02.08.)

  혼성 통합 대회일 경우는 남자 부수를 기준으로 하며, 여자 에이스부는 남자 1부와 같습니다. 그 외의 여자 선수들은 '여자 부수+3'이 혼성 통합 부수입니다. 예를 들면 여자 1부는 남자 4부와 동일합니다. 부수 승급과 하향 기준은 그림과 같습니다.

  부수별 승급 포인트 기준이 정해져 있습니다. 단식, 복식, 단체전 모

두 입상하면 각각 포인트를 획득하며 개인 포인트로 합산합니다. 입상 기본 포인트는 1~4부는 4강 이상, 5~6부는 8강 이상 기준으로 정해져 있으며, 100명(팀)을 기준으로 참가인원 배율을 곱하여 최종 입상 포인트를 산정합니다. 하위 부수 적체 현상을 완화하기 위해 2023년 2월 8일 규정이 개정되어 입상 기본 포인트가 대폭 상향되었습니다.

승급의 예를 들기 위해 대회의 6부 개인 단식 종목에 120명이 참가했고, 본선 토너먼트 8강에서 탈락했다고 가정하겠습니다. 이런 경우 '10점 X (120명 ÷ 100명) = 12점'의 입상 포인트를 획득하게 됩니다. 6부의 승급 포인트는 10점이기 때문에 다음 대회부터는 5부로 승급하여 출전해야 합니다. 대회에 참가한 인원수가 적어 입상 포인트가 10점을 넘기지 못했더라도 입상 포인트는 누적되기 때문에 이후 더 많은 대회에 참가하여 승급 포인트를 넘길 수 있습니다. 대한탁구협회가 이와 같은 부수 승급 기준을 마련해 두었지만, 포인트 관리가 잘되지 않아 동호인들 사이에서 제대로 지켜지지 않는 것이 현실입니다.

3-3. 리그전 부수

시도 부수 및 전국 오픈 부수에 이어 둘째로 리그전 부수가 있습니다. 리그전이란 전문적으로 사설 리그전을 주최하는 운영자들이 매주 대형 탁구장을 대관하여 치르는 소규모 대회를 말합니다. 대한탁구협회의 부수 체계 권고안에 따라 전국 오픈 부수로 운영되는 리그전이 많아지고 있으나 자체 리그전 부수로 운영되는 곳도 여전히 있습니다. 따라서 지금부터 설명할 리그전, 과거 지역, 탁구장 부수 체계들은 대한탁구협회의 부수 체계를 따르지 않는 비공식 부수 체계입니다.

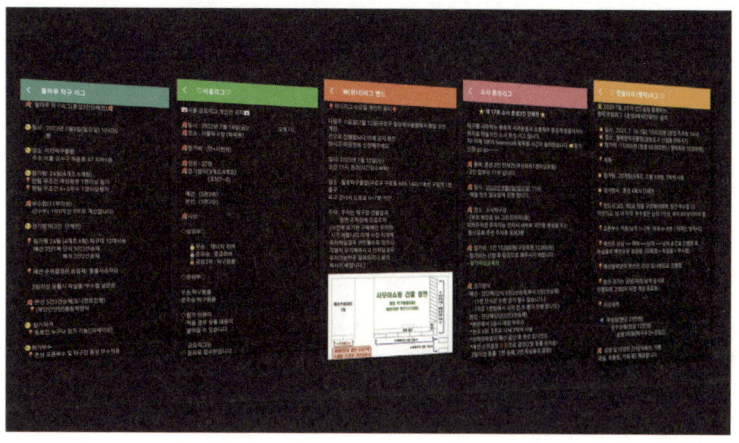

　수도권 리그전 부수는 전국 오픈 부수와 과거 지역 부수의 중간 정도의 실력이며, 일반적으로 -1~7부 사이로 운영됩니다. 현재 전국 오픈 부수가 6부라면 리그전은 5부, 과거 지역 부수는 4부인 경우가 일반적입니다.

　리그전은 남녀 통합 부수로 운영됩니다. 남자들은 앞선 예시대로 '전국 부수-1' 또는 '과거 지역 부수+1'로 참가하고 여자들은 대부분 6~7부입니다. 간혹 5부 이상의 여성 동호인들도 있는데 여성 전국 오픈 부수가 높은 고수들입니다.

　첫 출전은 부수가 검증되지 않았기 때문에 일반적으로 남자는 5부, 여자는 6부로 시작하며, 실력에 따라 부수를 올리거나 낮추게 됩니다. 그중 7부는 여자들만 할 수 있는 곳도 많습니다.

　핸디는 2+1 핸디, 최대 핸디는 6점으로 운영하는 곳들이 많았으나, 지금은 대한탁구협회의 1+1 핸디 규정을 따르는 곳이 대부분입니다. 승급 기준은 리그전마다 다르나 전국 오픈 부수나 과거 지역 부수처럼 숫자가 바뀌는 것이 아닌 숫자 앞에 +를 붙이는 방법으로 반 부수씩 올리는 곳들도 있습니다. +부는 2+1 핸디를 사용하는 리그전에서 주로 사용하는 부수 체계로 같은 숫자의 부수에게는 1점의 핸디를 주며, 숫자가 달라지면 2+1 핸디를 따라갑니다. 예를 들면 +5부는 5부에게 1점의 핸디를 주나 6부나 4부와 경기 시 2점을 주고받습니다. 1+1 핸디를 사용함에도 +부수 제도를 사용하는 리그전은 입상을 많이 하여 승급 직전인 사람을 표기하기 위한 수단인 곳도 있습니다.

3-4. 과거 지역 부수

리그전 부수에 이어 셋째로 과거 지역 부수가 있습니다. 과거 지역 부수는 대한탁구협회가 시도 부수와 전국 오픈 부수로 통합하면서 의미가 퇴색된 대회 부수입니다. 부수 통합을 시작한 지도 2년이 넘으면서 지금은 폐기된 부수 체계입니다. 그럼에도 언급하는 이유는 부수 체계가 시도 부수로 통합되기 전에 탁구를 그만뒀다가 다시 탁구를 시작하는 동호인들이 간혹 과거 지역 부수로 본인의 부수를 잘못 말하는 경우가 있기 때문입니다.

현재 통합된 전국 오픈 부수나 시도 부수보다 지역에 따라 적게는 -1부수, 많게는 -3부수 차이 납니다. 현재 전국 오픈 5부, 시도 부수 서울 5부인 사람을 예로 들면 과거 지역 부수로는 서울 3부입니다.

3-5. 탁구장 부수

마지막으로 탁구장 부수가 있습니다. 탁구장에서 가장 실력이 뛰어난 회원을 1부로 기준을 두고 구장 내 이벤트 행사를 원활하게 진행하기 위해 존재합니다. 탁구장 부수는 탁구장마다 편차가 크기 때문에 큰 의미가 없는 부수입니다.

이상 생활체육 탁구에 존재하는 부수 체계들을 정리한 것을 바탕으로 대회 및 리그전의 참가비, 종목, 인원 등의 특징과 참가 신청 방법을 소개하겠습니다.

4. 탁구 대회의 특징과 참가 방법

탁구 대회의 종류와 특징은 그림과 같습니다. 대회의 종류는 크게 전국 오픈 대회와 지역 대회로 나뉩니다. 전국 오픈 대회는 일우배처럼 대한탁구협회에서 주관하는 대회나 사설 단체에서 주관하는 전국 단위의 대회를 말합니다. 일반적으로 전국 오픈 대회는 부수 외에 참가 제약이 없습니다. 하지만 지역 행사나 지자체와 연계된 경우, 공식 최하 부수인 6부 외에 7부 종목을 개설하여 지역민만 출전하도록 하는 경우도 있습니다.

지역 대회는 시도군구 지자체장배나 지역 탁구 협회장배 대회로 지역민을 우선시합니다. 오픈 부수 종목도 개설되긴 하나 관내라는 이름으로 개설된 지역민만 참가할 수 있는 종목과 참가자의 수가 더 많습니다. 여기서 지역민이란 주민등록상 거주지나 직장 주소지가 해당 지역인 사람들을 말합니다.

대회의 보편적인 특징을 살펴보면, 첫째로 대회 일정은 토요일이나 일요일 중 하루만 치러지나 참가 인원수가 400명을 넘거나 종목 수가 많으면 1박 2일 동안 하는 경우도 있습니다.

둘째, 대회 종목에는 남녀 단식, 남녀 개인 복식, 혼합 복식, 단체전이 있습니다. 단체전의 경우, 경기 인원이 2인 단체, 3인 단체 등으로 다를 수 있고, 진행 방식도 단식-복식-단식, 단식-단식-복식, 단식-단식-단식 등 대회마다 다른 경우도 많습니다. 또한 부수별 지원자가 적을 경우 에이스부~3부와 4~6부로 묶거나, 5~6부만 따로 묶어 경기하는 등 대회마다 개설되는 종목과 방식이 다릅니다.

셋째, 참가비는 종목 당 1~2만 원 정도로 참가하는 종목 수만큼 비용을 지불하면 됩니다.

넷째로 대회에서 입상할 경우, 4강 이상 진출하면 상장과 소정의 상품을 주며 대한탁구협회 규정에 따라 입상 포인트를 획득합니다. 앞서 부수 제도에서 말씀드린 대로 5~6부는 8강부터 입상 포인트를 획득합니다. 이상 설명한 것들은 보편적인 특징으로 대회마다 다를 수 있기 때문에 반드시 대회 요강을 살펴보아야 합니다.

마지막으로 대회 정보를 얻거나 접수하려면 대회 접수 웹사이트를 이용하면 됩니다. 대표적인 접수 웹사이트로는 디비전 리그, 에어핑퐁, 슈퍼스타탁구, 아이핑, 오케이핑퐁, 코리아탁구, TTPLAY가 있습니다. 대회 진행 대행사마다 이용하는 접수 웹사이트가 다르기 때문에 모든 대회의 정보를 얻고 싶다면 모두 확인할 필요가 있습니다.

일반적으로 디비전 리그 웹사이트는 정부 부처 및 대한탁구협회가 주관하는 전국 대회 및 디비전 리그에 대한 정보를 알 수 있으며, 그 외의 접수 웹사이트에서는 지역 대회 및 사설 전국 오픈 대회에 대한 정보를 얻을 수 있습니다.

앞에서 소개한 접수 웹사이트들은 단순히 대회 정보만 확인하는 것에 그치지 않고 대회 접수 및 접수 현황, 경기 진행 상황은 물론 동호인들의 부수 및 경기 이력까지 확인할 수 있는 유용한 정보처입니다. 웹사이트별로 정보 확인 및 접수 방법은 거의 비슷하고, 어렵지 않기 때문에 직접 접수 웹사이트를 확인해 보길 바랍니다.

5. 탁구 리그전의 특징과 참가 방법

0. 리그전이란?
매주 대형 탁구장에서 열리는 소규모 대회

1. 리그전 일정
평일 / 토요일 / 일요일 → 오전 10~11시
금요일 → 오후 7시 전후

2. 리그전 종목
리그전마다 다름
단식 개인전
2인 / 3인 / 4인 단체전
여성 리그 / 복식 리그 등의 테마 경기

3. 리그전 참가비
간단한 점심 및 간식 포함
1인당 10,000~15,000원

4. 리그전 규모
탁구대 10대 이상의 탁구장에서
40~80명을 모집하여 리그 개최

5. 경기 방식 (개인전) (단체전은 다양)
한 조에 8명 정도씩 풀리그 예선전 후
조별로 4명씩 상위부 하위부로 나눠
입상자를 가리기 위한 토너먼트 진행

6. 리그전 입상
결승 진출 - 현금이나 러버
3위 - 기타 탁구 용품
리그 자체 승급 포인트

탁구 리그전이란 앞서 소개한 대로 전문적으로 사설 리그전을 주최하는 운영자들이 매주 대형 탁구장을 대관하여 치르는 소규모 대회를 말합니다. 리그전의 특징을 살펴보면 첫째로 리그전 일정의 경우, 금요일에는 주로 저녁에 열리며 주말인 토요일, 일요일에는 오전에 열립니다. 물론 평일 오전, 오후에도 개최하는 리그전도 있습니다.

둘째로 경기 종목의 경우, 리그전마다 개인전, 2인, 3인, 4인 단체전을 주로 운영하는 곳 등 다양하며, 여성 리그, 복식 리그 등의 테마를 가질 수도 있습니다.

셋째, 참가비는 간단한 점심 식사, 간식을 포함 10,000~15,000원인 곳이 많습니다.

넷째로 리그전 규모의 경우, 일반적으로 탁구대 10대 이상의 탁구장에서 40~80명을 모집하여 경기를 치릅니다. 개인전의 경우, 한 조에 8명씩 8조가 각각 풀(full)리그 예선전을 치른 뒤, 조별로 4명씩 상위부, 하위부로 나눠 본선 토너먼트 경기를 치러 최강자를 가립니다. 대회 대비 저렴한 참가비로 많은 경기를 경험할 수 있기 때문에 대회보다 리그전을 선호하는 동호인이 많습니다.

마지막으로 리그전 입상의 경우, 참가 인원이 많으면 8강부터 입상 경품을 주며, 보통 4강 이상 올라갈 경우 입상 경품을 줍니다. 우승자와 준우승자에게는 현금이나 러버 그리고 리그 자체 입상 포인트를 줍니다.

리그전 정보 확인 및 접수는 앞서 말씀드린 대회 접수 웹사이트에서도 가능한 경우가 있으나, 보통은 네이버 밴드를 통해 이루어집니다. 네이버 밴드에서 탁구 리그전을 검색하여 가까운 지역에 있는 리그전에 참가하는 방법이 있습니다. 리그전 밴드에 가입한 뒤, 공지 사항으로 올라온 리그전 개최 게시물에 참가 댓글을 달거나 운영자의 연락처로 참가 문자를 보내면 됩니다. 참가비는 미리 계좌이체를 하거나 당일 현장에서 결제하면 됩니다. 종종 초대장이 있어야만 가입할 수 있는 리그전 밴드도 있으니 참고하길 바랍니다.

  수도권 기준 네이버 밴드가 활성화된 리그전 몇 곳을 소개하자면 다음과 같습니다. 서초 리그(서초 탁구교실), 한울타리 리그(행복한 탁구클럽, 힐링 탁구클럽, 짱 탁구클럽), 서울 리그(서울 탁구클럽), 위너 리그(힐링 탁구클럽), 소사 리그(소사 탁구장), 금천킹 리그(금천킹 탁구클럽), 이지놈 리그(티티존 탁구클럽), 이예람 리그(이예람 탁구클럽), 천방지축 리그(천방지축 탁구클럽).

제12장. 탁구 정보 수집 방법

QR코드를 카메라로 스캔하면 해당 장의 유튜브 영상을 시청할 수 있습니다.

1. 들어가며

과거와 달리 오늘날 동호인들은 인터넷 커뮤니티와 유튜브를 통해 다양한 탁구 정보를 쉽고 빠르게 얻을 수 있습니다. 온라인 플랫폼은 탁구 기술, 용품 정보, 선수 및 대회 소식을 접하는 것은 물론 중고 용품 거래까지 가능해서 동호인들에게 매우 유용한 소통 창구가 됩니다. 본 장에서는 대표적인 인터넷 커뮤니티를 소개한 후, 유튜브 채널을 대회, 레슨, 예능, 소식, 생체인 종합 채널로 분류하여 소개하겠습니다.

2. 탁구 인터넷 커뮤니티 소개

2010년 전후까지 탁구 정보는 주로 인터넷 커뮤니티에서 찾을 수 있었습니다. 다음 카페인 고슴도치 탁구클럽을 필두로 인터넷 커뮤니티들이 소통의 장이 되는 것은 물론, 탁구 기술, 용품, 대회 소식과 선수

정보까지 모든 것을 다뤘습니다. 지금은 영상 시청이 효과적인 정보를 유튜브에서 찾게 되면서 인터넷 커뮤니티들의 활동량이 과거에 비해 많이 줄었습니다. 그런데도 인터넷 커뮤니티는 소통의 장으로서 역할 하고, 각종 이벤트가 운영되는 곳이 많기 때문에 알아두면 유용한 몇 곳을 소개하겠습니다.

2-1. 대한탁구협회

[https://www.koreatta.or.kr] '대한탁구협회 공식 웹사이트'에서는 대한탁구협회가 관장하는 업무 소식을 알 수 있습니다. 대한탁구협회 의 역할은 국내외 대회 주관 및 대표팀 파견, 전문 선수 선발 및 관리, 가맹단체 지도 및 감독, 국제탁구연맹과의 연락 및 교섭, 용구 공인 사 업, 심판 교육 및 시험 실시 등입니다. 웹사이트의 '커뮤니티' 게시판을 통해 나열한 업무 정보를 동호인들과 소통하고 있습니다. 대회 소식과

탁구 행정에 관심이 있다면 대한탁구협회 공식 웹사이트를 자주 방문하면 좋습니다.

2-2. 빠빠빠 탁구클럽

[https://cafe.naver.com/bbabbabba , https://cafe.daum.net/bbabbabbatakgu] '빠빠빠 탁구클럽'은 기관사 출신 파워블로거인 닉네임 '빠빠빠'가 운영하는 탁구 커뮤니티입니다. 다음 카페에서 운영되었으나 2023년에 네이버 카페로 이전했습니다. 구독자 수가 많은 대형 탁구 유튜버들이 활동하며, 각종 탁구 소식이나 용품 후기, 질문들이 올라옵니다.

빠빠빠 탁구클럽의 강점은 다양한 용품사와 연계하여 신제품 소식이 빠르게 올라오고 관련 체험 이벤트가 열린다는 점입니다. 체험 이벤트가 열리면 당첨된 사람들은 사용기를 적어야 하므로 방문자들은 다양한 용품 사용기를 간접 체험할 수 있습니다.

2-3. 타토즈 공식 카페

[https://cafe.naver.com/ttatoz] '타토즈 공식 카페'는 안드로(Andro) 브랜드의 한국 공식 총판인 타토즈(TTATOZ)에서 운영하는 탁구 커뮤니티입니다. 빠빠빠 탁구클럽과 마찬가지로 대형 탁구 유튜버들은 물론, 타토즈의 후원을 받는 오픈 상위 부수로 구성된 타토즈 어드바이저들이 활동하기 때문에 질문에도 댓글이 잘 달리는 편입니다.

타토즈 공식 카페의 강점은 빈번히 열리는 선착순 타토즈 장터입니다. 탁구 블레이드, 러버, 기타 용품 등을 저렴한 가격에 구매할 기회가 자주 있습니다.

2-4. TTGearLab

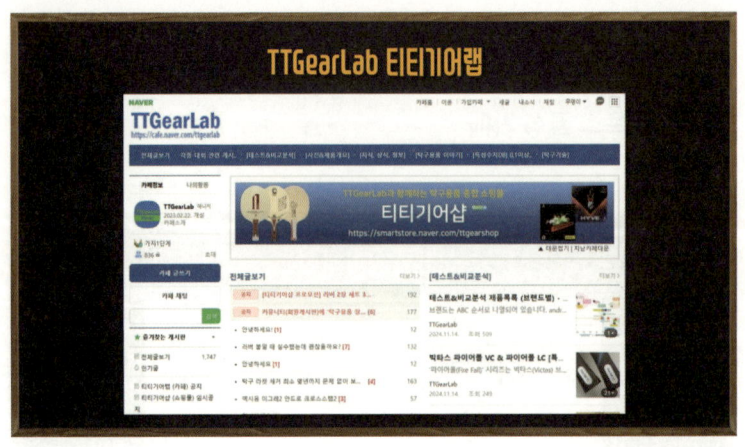

[https://cafe.naver.com/ttgearlab] '티티기어랩'은 과거 고슴도치 탁구클럽의 운영자 닉네임 '고슴도치'가 2023년 새로 개설한 탁구 커뮤니티입니다. 고슴도치 탁구클럽은 탁구를 오래 해온 동호인들은 대부분 알만한 최대 규모의 1세대 온라인 커뮤니티였습니다. 공학자 출신으로서 블레이드 개발에도 참여했던 운영자는 양질의 정보를 2000년대 초부터 제공하여 고슴도치 탁구클럽을 대한민국에서 가장 인기 있는 탁구 커뮤니티로 성장시켰습니다.

티티기어랩 또한 과거 고슴도치 탁구클럽과 같은 기조를 가집니다. 주관적인 용품 사용기가 아닌 실험을 통해 용품의 객관적인 성능 수치를 제공합니다. 일반 동호인이면 알기 어려운 용품이 탄생하게 된 비화, 용품의 발전사 같은 흥미로운 글도 꾸준히 올라옵니다. 탁구 용품과 배경지식에 관심이 있다면 꼭 방문해 보길 바랍니다.

2-5. 탁구 마이너 갤러리

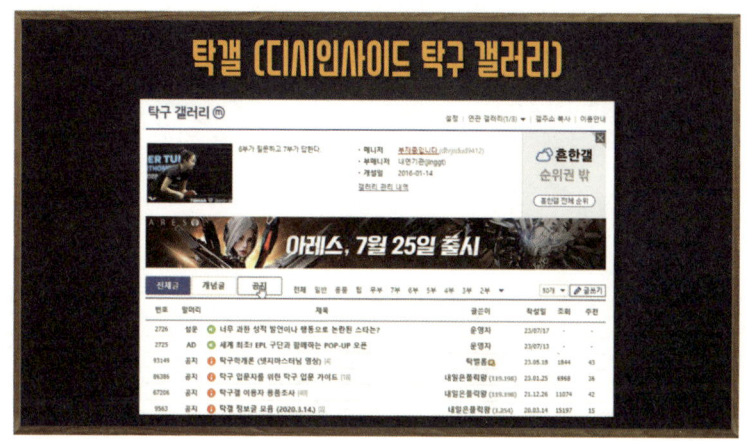

 [https://gall.dcinside.com/tabletennis] '디시인사이드 탁구 마이너 갤러리', 일명 '탁갤'은 익명을 기반으로 운영되기 때문에 인터넷 커뮤니티 중에서는 가장 많은 활동량을 보입니다. 활동량이 줄어든 카페 커뮤니티보다 정보나 질문이 빠르게 올라오고 있으며, 가입 절차가 없는 익명성 덕분에 누구나 쉽게 글을 작성할 수 있습니다. 하지만 그로 인해 거친 언어가 오가거나, 탁구와 관계없는 민감한 주제가 올라오긴 합니다. 잘 분간해서 게시글을 보면 유용한 정보들이 많습니다.

2-6. 탁구벼룩시장

 [https://cafe.daum.net/pbruk] '탁구벼룩시장', 일명 '탁벼시'는 정보를 얻기보다는 탁구 중고 용품을 거래하는 인터넷 커뮤니티입니다. 미개봉 용품 또는 새 제품과 동일한 수준의 용품을 저렴하게 구매할 수 있습니다. 하지만 수명이 거의 다한 러버나 손상이 많이 된 블레이드를

터무니없는 가격에 올리는 사람들도 가끔 있긴 합니다. 판매 글에 첨부된 사진을 확인하여 러버는 미개봉을, 블레이드는 상태가 좋은 것을 합리적인 가격에 구매하길 바랍니다. 물론 거래 과정에서 판매자의 사기이력 조회는 필수입니다.

3. 탁구 유튜브 채널 소개

인터넷 커뮤니티에 이어 동호인에게 도움이 되는 탁구 유튜브 채널들을 소개하겠습니다. 근래에는 채널이 아주 많아졌기 때문에 탁구학개론에서 소개하지 않더라도 좋은 채널이 더 존재할 수 있습니다. 다양한 채널 중 활동한 지 오래되고 검증된 채널들을 대회, 레슨, 예능, 동호인 종합 채널로 구분하여 소개하겠습니다.

3-1. 전문 선수 대회 채널

　전문 선수 대회 채널은 프로 선수들의 실시간 경기나 편집 영상을 볼 수 있는 채널입니다. 첫째, 'WTT(World Table Tennis)'는 국제탁구연맹의 자회사로서 국제 탁구 대회를 중계하는 채널입니다. 주요 경기가 진행되는 1번 탁구대의 실시간 경기는 유튜브에서 볼 수 없으며, 중계권을 가진 방송사의 플랫폼에서만 시청할 수 있습니다. 1번 탁구대 외의 경기는 대회가 있을 때마다 유튜브를 통해 실시간 시청이 가능합니다. 실시간 방송 외에도 하이라이트와 같은 편집 영상도 볼 수 있습니다.

　둘째, 'KTTATV_대한탁구협회'와 'KTTL 한국프로탁구리그(한국실업탁구연맹)'는 대한탁구협회와 한국실업탁구연맹에서 운영하는 채널로 각종 국내 대회와 한국프로리그 경기를 실시간으로 시청할 수 있습니다.

　셋째, '한국중고탁구연맹'은 한국 탁구의 미래인 중고교 선수들의 경기를 시청할 수 있는 채널입니다.

　마지막으로 'T League'는 일본 프로 탁구 리그 채널로 중국에 이어 두 번째 탁구 강국이 된 일본 선수들의 경기를 시청할 수 있는 채널입니다.

3-2. 생활체육 대회 채널

생활체육 대회 채널은 전국 각지에서 열리는 생체 대회에 직접 발로 뛰어 고수들의 경기를 촬영하는 채널입니다. 오랜 기간 운영 중인 대표적인 채널로는 '생체탁구', '파워쇼트KOO', '탁구TV TableTennisTV', '서말닷되 탁구방송', '롱핌숏핌' 채널 등이 있습니다. 또한 높은 수준의 장비와 편집 실력으로 양질의 영상을 올려 급부상하고 있는 '탁구는 영화다 이감독(Table tennis is a movie)' 채널도 있습니다.

'탁쳐' 채널은 삼성 생명 탁구단에서 직접 운영하는 채널입니다. 삼성 생명 선수들의 레슨 및 경기 영상도 올라오고 있어 생체 대회 채널로 구분하긴 모호하지만, 생체 유명 선수들의 이벤트 경기나 동호인과의 교류 영상도 많이 올라오고 있어 생체 대회 채널로 구분했습니다.

3-3. 레슨 채널

대회 채널에 이어 레슨 채널을 소개하겠습니다. 2010년 전후에도 유튜브, 엠군, 판도라 등의 영상 플랫폼에 탁구 영상이 올라오긴 했습니다. 그러나 레슨 영상을 체계적으로 올려주는 채널은 없었기 때문에 레슨은 오프라인 레슨에만 의존해야 했습니다.

과거와 달리 지금은 공을 받아줄 파트너만 있다면 유튜브 레슨으로도 새로운 기술을 배울 수 있는 환경입니다. 채널 또는 코치마다 레슨 및 편집 스타일이 다르기 때문에 본인과 잘 맞는 채널을 구독하면 큰 도움을 받을 수 있습니다.

현재는 보이는 대로 구독해도 놓치는 채널이 있을 정도로 레슨 채널이 많기 때문에 모든 채널을 소개하기는 무리입니다. 기본기 및 고급 기술 영상이 잘 정리되어 있고, 꾸준히 영상이 올라와 인기 있는 다섯 곳을 소개하겠습니다.

첫째, '김정훈 탁구TV' 채널입니다. 전 국가대표, 현 줄라 코리아 대표인 김정훈 선수가 운영하는 채널입니다. 입문자가 기술을 배우기 편하게 영상이 정리되어 있습니다. 채널 재생 목록 중 '김정훈 탁구 레슨'에 모든 탁구 기술이 영상 80편에 걸쳐 다뤄져 있으며, 이해하기 편하도록 편집 또한 잘 되어있습니다.

둘째, '황세준 탁구클럽' 채널은 선수 출신인 황세준 관장이 운영하는 채널입니다. 구독자 수가 6만 명 이상으로 레슨 채널 중 구독자 수가 가장 많습니다. 전문 편집자를 두어 영상 품질이 높으며 기본기 강좌도 잘 정리되어 있습니다. 탁구 어린이를 뜻하는 탁린이 성장 콘텐츠도 있어 입문자에게 큰 도움이 되는 채널입니다.

셋째로 '김남수의 탁구토크' 채널입니다. 국가대표 출신인 김남수 관장이 운영하는 채널로 구독자 수가 5만 명 이상인 대형 채널입니다. 직접 가르치는 회원들의 레슨 영상을 핵심만 짧게 뽑아 거의 매일 업데이트가 됩니다. 부담 없이 매일 하나씩 시청하기 좋고 내용 또한 간결하고 알찹니다.

넷째로 '중국탁구연구소' 채널입니다. 중국탁구연구소는 중국 탁구 영상을 번역하여 올리는 채널로 중국 탁구 레슨 및 소식을 전해줍니다. 세계 탁구의 정점에 있는 중국의 실제 레슨 영상이 자주 올라오기 때문에 선진 탁구 기술을 배울 수 있는 채널입니다. 중국 탁구에 관한 정보와 소식을 얻을 수 있는 경로가 거의 없기 때문에 중국탁구연구소의 영상을 시청하는 전문 선수나 코치도 많습니다.

마지막으로 '임창국의 핑퐁타임(조현우의 핑퐁타임)' 채널입니다. 임창국의 핑퐁타임은 국가대표 경력과 오랜 탁구 경력을 기반으로 유명 선수들과 동호인을 게스트로 초대하며, 레슨은 물론 다른 유튜버들과 협업하는 등 새로운 시도를 많이 하는 선구적인 채널입니다. 주로 금요일이나 주말에 실시간 방송한 영상이 올라오기 때문에 영상의 길이가 길다는 점이 장점이자 단점입니다. 레슨이 아주 섬세하고 임창국 코치와 조현우 관장의 호흡이 좋아 영상이 길어도 재미있고 유익합니다. 다만 레슨이 기본기보다는 특별한 내용을 가르치는 원포인트 형식이 많아 입문자에게 바로 도움되기는 어렵습니다. 어느 정도 경기를 많이 해보고 영상을 보면 배울 점이 아주 많습니다.

말씀드린 다섯 개의 레슨 채널 외에도 구독해 두면 도움되는 채널을 소개하면 다음과 같습니다. 가람도레, 남경태의 나도탁구마스터, 뉴나튜브, 느린발 탁구TV, 박프로 핑퐁톡톡, 빼롱요롱TV, 안드로탁구아카데미, 원플러스핑퐁, 유훈석 탁구클럽, 탁썸TV, 티티보스, 효시미TV.

3-4. 동호인 종합 채널

동호인 종합 채널은 탁구를 즐기면서 레슨, 용품, 경기 영상 등을 종합적으로 다루는 채널을 말합니다. 선수 출신들이 본인의 경기 영상을

올리거나 선수 출신이 아니더라도 레슨받는 영상을 올리는 등 같은 동호인에게 도움되는 채널들이 많습니다. 고수의 경기 영상이 아니더라도 비슷한 실력의 동호인 경기 영상을 보는 것도 그 나름대로 배울 점이 있습니다.

현재 동호인 채널 수가 아주 많고, 갈수록 채널 수 증가 폭도 커지고 있어 탁구학개론에서 모두 소개하기는 어렵습니다. 동호인들이 많이 보는 대형 채널 몇 곳을 소개하겠습니다.

첫째, '티밸런스' 채널입니다. 생활체육 대회를 가장 많이 우승한 이력이 있는 윤홍균 선수가 운영하는 탁구 용품 회사인 티밸런스의 이름을 딴 채널입니다. 레슨 영상은 물론 회사에 소속된 전국 오픈 상위부 선수들의 경기 영상도 올라옵니다. 또한 경기를 피드백하는 영상도 올라와 고수들의 경기 전략을 배울 수 있습니다. 최근에는 윤홍균 선수가 직접 '생체탁구 상담소'라는 이름으로 자주 라이브 방송을 하고 있고, 거의 모든 질문에 답해주기 때문에 방송이 아주 유익합니다.

둘째, '쏭튜브' 채널입니다. 쏭튜브 채널은 2025년 1월 기준 구독자 수 5.6만 명으로 비선출 동호인이 운영하는 채널 중에 가장 구독자 수가 많습니다. 용품 리뷰, 경기 영상 등도 인기가 많지만, 특히 정지원 코치와의 레슨 내용이 뛰어나 동호인들에게 큰 사랑을 받고 있습니다. 정상급 채널인 만큼 용품사나 선수와의 협업 영상도 올라옵니다. 최근에는 시설 좋은 탁구장도 개업하면서 관장이 되었기 때문에 좋은 콘텐츠들이 더 많이 나올 거라 기대하고 있습니다.

셋째, '윤탁구' 채널입니다. 윤탁구 채널도 비선출 동호인으로서 2025년 1월 기준 구독자 수 4.9만 명으로 정상급 구독자 수를 가졌습니다. 영상 촬영 및 편집 수준이 높고, 다양한 주제를 다뤄 탁구를 하지 않

사람도 재밌게 볼만한 영상도 많습니다. 탁구 채널 중 구독자 수가 많아 영향력이 큰 만큼 대한탁구협회 및 공공 기관 주관의 행사나 선수와의 협업 영상도 많습니다.

넷째로 '탁뀨TV' 채널과 '원형핑퐁' 채널입니다. 탁뀨는 전국 오픈 2부의 고수고, 원형핑퐁은 강원대학교 선수 출신입니다. 두 채널의 공통점은 다양한 실력의 동호인들을 소개하고, 탁구 영상을 재밌고 유쾌하게 만든다는 점입니다. 실력 좋은 동호인들도 많이 출연하고, 두 사람 모두 고수여서 경기 영상에서 배울 점도 많습니다. 특히 탁뀨TV의 영상 중 유명 선수들의 일대기를 다룬 영상들이 새롭고 유익해서 동호인들에게 큰 인기를 얻었습니다.

마지막으로 '탁고티비' 채널입니다. 탁고티비 채널은 레슨, 기술, 용품 및 생체 이슈까지 동호인들이 궁금해할 만한 주제를 대부분 다룹니다. 그뿐만 아니라, 과거 입문 시절부터 현재까지의 탁구 성장기 영상들을 담고 있어 귀감이 되는 채널입니다. 탁구를 하면서 드는 고민과 노력이 영상에서 느껴지며 그 과정을 통해 성장하는 모습 또한 확인할 수 있어 같은 동호인으로서 배울 점이 많습니다.

3-5. 해외 채널

해외 채널로는 우선 'Pongfinity' 채널이 있습니다. 핀란드 탁구 선수들이 운영하는 채널로, 2025년 1월 기준 구독자 수 457만 명으로 전 세계 탁구 채널 중 가장 구독자 수가 많습니다. 참신한 묘기 탁구가 주 콘텐츠로 누가 봐도 재미있고 흥미로운 영상을 만듭니다.

둘째, 스네이크 샷으로 유명한 'Adam Bobrow'는 미국 영화 배우 출

신으로 현재 WTT 공식 해설 위원으로 있습니다. 주로 경기 영상을 올리는데, 공식 경기보다는 다양한 국가에 방문하여 현지 동호인들 또는 유명 선수와 가진 이벤트성 경기를 주로 올립니다. 최근에는 한국에도 방문하여 한강에서 찍은 사진을 SNS에 올리기도 했으며, 주세혁 선수와 경기하기도 했습니다.

마지막으로 'TableTennisDaily' 채널이 있습니다. 영국 세미프로 선수인 Dan이 2011년부터 운영해 온 채널입니다. 발트너(Waldner), 티모 볼(Timo Boll), 크레앙가 등 유럽 유명 선수들과 협업하여 용품 사용기 영상을 올리기 때문에 용품에 관심 있는 동호인이라면 반드시 구독해야 하는 채널입니다. 또한 TTD(TableTennisDaily) 세미프로팀을 창단하여 팀 성장기 영상도 올리고 있습니다.

제13장. 탁구 관련 자격증

QR코드를 카메라로 스캔하면 해당 장의 유튜브 영상을 시청할 수 있습니다.

1. 들어가며

본 장에서는 탁구에 대한 열정이 깊어지고, 전문성을 키우고 싶은 동호인을 위해 도전할 만한 탁구 자격증을 소개하겠습니다. 비록 아직 높은 수준의 실력을 갖추지 않았더라도, 자격증 취득을 목표로 평가기준에 맞춰 연습하고 공부하는 과정 자체가 실력 증진에 큰 도움이 됩니다.

탁구 자격증으로는 다른 동호인을 지도할 수 있는 체육지도자 자격증과 탁구 대회에서 심판으로 활동할 수 있는 심판 자격증이 있습니다. 이어지는 내용에서는 이 두 자격증의 세부 종류와 구체적인 취득 방법에 대해 상세히 소개하겠습니다.

2. 체육지도자 자격증

2-1. 자격 체계 안내

　체육지도자 자격증은 문화체육관광부의 주관하에 국민체육진흥공단이 시행하는 국가공인 자격증입니다. 대한탁구협회는 문화체육관광부가 발급하는 다섯 가지 체육지도자 자격증만을 공식적으로 인정하며, 사설 기관에서 발급하는 자격증은 탁구 코치 자격으로 인정하지 않습니다.

　공공 기관에서 탁구 코치로 활동하기 위해서는 국민체육진흥공단의 체육지도자 웹사이트(https://sqms.kspo.or.kr/)를 통해 취득한 자격증이 필수입니다. 그러나 사설 기관이나 탁구장의 경우, 기관장이 채용 시 지도자 자격증을 요구하지 않는다면 자격증 없이도 탁구 코치로 활동할 수 있습니다.

　체육지도자 자격증의 종류로는 스포츠지도사(1급, 2급 전문 및 생활), 건강운동관리사, 장애인스포츠지도사(1급, 2급), 유소년스포츠지도사, 노인스포츠지도사가 있습니다. 이중 전문스포츠지도사와 건강운동관리사는 4년 이상의 전문 선수 경기 실적 또는 체육 분야 학사 이상의 학력을 요구하기 때문에 체육 전공자가 아닌 경우 취득이 불가능합니다. 또한 각 자격증의 1급은 2급을 취득한 후 3년 이상의 경기지도 경력증명서를 요구합니다. 따라서 일반 동호인이 취득하는 자격은 생활스포츠지도사 2급, 유소년스포츠지도사, 노인스포츠지도사, 장애인스포츠지도사 2급입니다.

이 네 가지 자격증은 목표 지도 대상을 달리하고 있지만 취득하기 위한 필기시험, 실기시험, 연수 과정은 대동소이하기 때문에 함께 준비할 수 있습니다. 또한 2급 생활, 유소년, 노인스포츠지도사 세 가지 자격증 중 하나를 취득하면, 같은 종목의 다른 자격증은 필기 및 실기시험을 면제받을 수 있는 이점도 있습니다. 다만 장애인스포츠지도사 자격증은 다른 자격증을 취득했더라도 필기(1과목만-특수체육론), 구술, 실기, 연수 과정을 모두 거쳐야 합니다. 장애인스포츠지도사 자격증을 먼저 취득한 경우, 다른 자격증에 대한 필기시험은 면제이고 구술, 실기, 연수 과정(40시간)을 거쳐야 합니다.

네 자격의 연간 일정을 살펴보면, 필기시험은 4월, 구술 및 실기시험은 6월과 7월 사이에 각 종목 협회가 발표한 시험 날짜에 맞춰 시험을 치릅니다. 이후 8월과 10월 사이에 열리는 연수 과정을 마치면 12월에 최종 합격자 발표가 있습니다. 지금부터 생활스포츠지도사 2급 자격을 기준으로 필기, 구술 및 실기, 연수 및 현장실습 과정을 단계별로 상세하게 다루겠습니다.

QR코드를 스캔하면 스포츠지도사 자격증과 관련된 공고, 필기, 구술 및 실기 자료를 확인할 수 있습니다.

2-2. 필기시험 안내

생활스포츠지도사 2급의 필기시험은 3월에 접수를 시작하고 4월에 치릅니다. 체육 자격증 중 입문 격인 시험이다 보니 응시자 수는 많지만, 고사장 수는 적습니다. 신속하게 접수하지 못하는 경우, 원하는 고사장 대신 거리가 먼 곳에서 필기시험을 보게 되는 경우도 발생하기 때문에 신청이 열리는 즉시 접수하는 것이 좋습니다.

시험 과목은 7개의 선택과목 중 다섯 과목을 선택하여, 총 100분간 시험을 보아 과목별로 40점 이상, 평균 60점 이상을 득점하면 합격입니다. 필기시험에 합격하고 당해 구술 및 실기시험을 치르지 않거나 탈락하면 다음 연도까지는 필기시험이 면제됩니다.

생활스포츠지도사 2급 필기시험 과목으로는 스포츠교육학, 스포츠사회학, 스포츠심리학, 스포츠윤리, 운동생리학, 운동역학, 한국체육사가 있으며 이 중 5개의 과목을 선택하면 됩니다. 이공계열 출신의 응시자는 운동생리학과 운동역학을 선택하는 경우도 있으나, 스포츠교육학, 스포츠사회학, 스포츠심리학, 스포츠윤리, 한국체육사를 선택하는 것이 일반적입니다. 특히 운동생리학과 운동역학의 문제 난이도가 매년 편차가 있기 때문에 두 과목을 선택하는 건 추천하지 않습니다.

노인스포츠지도사, 유소년스포츠지도사, 장애인스포츠지도사 자격의 필기시험은 생활스포츠지도사와 달리 필수 과목이 한 과목씩 있습니다. 노인은 노인체육론, 유소년은 유아체육론, 장애인은 특수체육론 과목이 필수이며, 나머지 4개의 과목은 생활스포츠지도사와 마찬가지로 7개의 과목 중에서 선택하면 됩니다.

스포츠지도사 관련 수험서는 다양한 출판사에서 출간하고 있습니다. 어떤 수험서라도 필기시험을 합격하는 데 부족함이 없기 때문에 본인에게 맞는 기본서를 선택하면 됩니다. 다만 스포츠지도사 2급 필기시험은 학문적으로 깊이 있는 문제가 출제되는 것이 아니기 때문에 아주 두꺼운 교재를 선택하는 것은 피하길 권합니다. 시간 여유가 있다면 두꺼운 교재로 심도 있게 학습하는 것도 좋지만, 효율적으로 평균 60점만 넘긴다는 관점으로 접근한다면 핵심 요약이나 단기 완성 교재를 구매하는 것이 좋습니다. 그중 유튜브 '헝그리스포츠' 채널에서 출간한 '헝그리스포츠 7일 완성 생활스포츠지도사 2급 필기'는 단기완성 교재면서 유튜브 무료 강의를 제공합니다. 강의를 통해 교재의 내용을 이해한 후, 체육지도자 웹사이트에 있는 근 7년 치 기출문제를 풀어 오답 위주로 내용을 정리하면 필기시험은 누구라도 합격할 수 있습니다. 핵심 요약 및 단기 완성 교재로도 필기 수험 기간은 짧으면 한 달, 길어도 두 달이면 충분합니다.

2-3. 구술 및 실기시험 체계

구술 및 실기시험은 각 종목을 주관하는 협회에서 시험 요강을 정합니다. 6~7월 사이로 시험 날짜가 분포되고, 접수 시 시험 날짜와 장소를 응시자가 선택할 수 있습니다. 접수는 실기시험 1~2주 전에 시작되는데 필기시험보다 더 신속히 접수해야 합니다. 필기의 경우 접수가 늦어도 타지역에 가서 시험을 볼 수 있지만, 구술 및 실기시험은 선착순으로 조기 마감되면 그해에는 시험을 볼 수 없습니다. 다행히 과잉 접수가 될 경우 각 종목의 협회에서 고사장을 증설하기도 하지만, 원하는 일정과 장소를 선택하기 위해서는 신속한 접수가 필수입니다. 접수 시 대기자가 많아도 절대 접수 웹사이트 창을 닫아 대기열에서 벗어나서는 안 됩니다.

생활스포츠지도사 2급 탁구 종목의 구술과 실기시험은 같은 날 동시에 한자리에서 치릅니다. 코로나19 범유행 전에는 실기시험을 본 후 합격자만 곧바로 호명하여 구술시험을 보는 방식이었으나, 범유행 이후로는 구술과 실기를 차례로 같은 시간에 본 뒤에 다른 종목과 함께 특정 날짜에 일괄로 합격 발표를 합니다.

합격 기준은 구술과 실기시험 모두 각각 100점 만점에 70점 이상을 득점해야 하며, 한가지라도 70점 미만인 경우 불합격입니다. 구술시험은 3명의 심사관 앞에 놓인 두 개의 통에서 각각 두 문제씩 뽑아 대략 5분 동안 문제에 대한 답을 합니다. 이후 뒤편에 있는 탁구대에서 평가 기준에 있는 탁구 기술들을 약 7분 동안 하나씩 대학교 현역 선수와 함께 시연하는 방식으로 실기시험이 이뤄집니다.

2-4. 구술시험 준비 방법

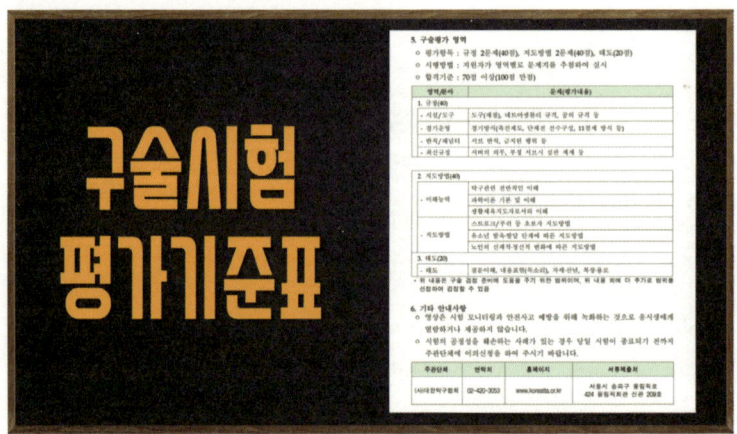

공고문을 보면 구술시험의 출제 범위와 실기 시험의 배점 기준을 알 수 있습니다. 시험을 준비해 보면 상세한 실기 평가 기준과 달리 구술시험의 출제 범위는 모호하다는 걸 알게 될 것입니다. 출제 범위 중 '1. 규정'에 관한 문제는 국제탁구연맹 규정집 안에서만 출제되기에 뚜렷하나, '2. 지도 방법'은 출제 범위가 넓고 막연합니다. 따라서 '2. 지도 방법'을 준비하기 위해서는 인터넷상에 분산해 있는 기출문제들을 수집하여 정리해야 합니다. 독자들의 수고를 덜도록 구술 준비 자료를 마련해 뒀습니다. 앞서 안내한 QR코드를 카메라로 스캔하면 구술 자료를 내려받을 수 있습니다. 이 자료만 완벽히 공부한다면 출제 범위가 달라지지 않는 한 구술시험에서 탈락할 일은 없습니다.

정리한 문제 수는 국제탁구연맹 핸드북 문제는 53개, 그 외 규정 4개, 탁구 지식 15개, 일반 체육 지식 20개, 생활체육 관련 42개, 탁구 지도 방법 28개, 유소년 및 노인 지도 방법 12개, 기타 2개로 총 176개의 문항입니다. 문제 수가 아주 많기 때문에 필기시험이 끝나자마자 바로 구술을 준비하는 것을 권합니다. 시간 여유가 있다면 모든 출제 범위를 공부하는 것이 좋지만, 여유가 없다면 정리된 자료의 목차 중 '1-1. 탁구 규정'과 '2-2. 지도 방법' 파트 위주로 공부하는 것이 좋습니다.

탁구 규정 문제에서도 숫자나 경우가 딱 떨어지는 문제를 먼저 암기하고 약간 표현을 모호하게 해도 넘어갈 만한 문제들은 이후에 암기하는 것을 추천합니다. 지도 방법의 경우에도 기술별로 따로 암기하기보다는 답변 틀을 만들고 틀에 기술을 대입하는 방식으로 암기하는 것이 좋습니다. 예를 들면 답변 틀을 '준비 위치, 준비 자세, 스윙, 임팩트, 시선 처리, 재준비' 이렇게 만들어 놓은 뒤, 스트로크(기본 타법)나 탑스핀(드라이브), 푸시(커트) 등의 기술을 대입하는 방식으로 암기하면 정확히 기억나지 않아도 임기응변으로 답할 수 있습니다.

'생활체육지도자로서의 이해' 파트도 공부하다 보면 공통적인 틀이 보입니다. 예를 들면 생활체육의 목적, 필요성, 기능, 시설과 관련된 문제는 생리적, 심리적, 사회적, 교육적, 문화적 기능을 틀로써 기억해 두고, 그 틀에 끼워 맞춰 유연하게 설명하면 됩니다. 부연 설명하면, 생리적 기능은 삶의 질을 향상하고 건강하게 함, 심리적 기능은 스트레스 해소, 사회적 기능은 동호회 등을 통해 사회적 연결망을 얻어 지역 사회의 통합에 이바지, 교육적 기능은 새로운 운동 기술 학습, 문화적 기능은 여가의 선용 등을 언급하면 됩니다. 이런 방식으로 어떤 주제에도 대입하여 답할 수 있습니다.

2-5. 실기시험 준비 방법

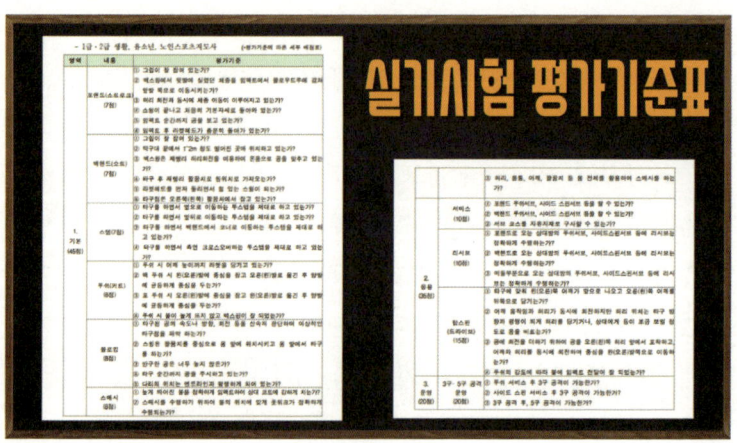

실기시험의 평가기준을 보면 알 수 있듯, 실기시험에서 평가하는 것

들은 레슨을 받아봤거나 탁구를 본격적으로 해본 응시자라면 누구나 구사할 수 있는 기술들입니다. 다만 시험의 평가기준이 꽤 구체적인 만큼 자세를 세세하게 구분하고 의식하여 기술을 구사할 필요가 있습니다. 스탠스, 잔발 움직임, 무게 중심의 이동, 스윙, 시선, 임팩트 순간을 구분하여 연습해야 합니다. 평가기준표에 따른 실기 시험의 구체적인 연습 방법은 본 장의 제목에 있는 QR코드를 스캔하면 연결되는 유튜브 재생목록의 영상을 통해 확인할 수 있습니다.

2-6. 구술 및 실기시험 실제 후기

고사장의 분위기를 생생하게 전달하고자 시험 과정에 대해 자세히 서술하겠습니다. 시험 환경, 분위기, 과정을 간접 경험할 수 있도록 기록하지만, 시험 장소, 심사위원, 시험 채점에 관한 기준은 시험마다 다를 수 있으니 이 점 인지 바랍니다.

저자는 2024년 6월 무주 고사장인 무주 예체문화관에서 시험을 보았습니다. 고사장 입구에는 시험 일정 안내 및 주의 사항과 함께 평가기준표가 붙여져 있었습니다. 문화관에 들어가면 안내데스크 쪽에 간이 의자들이 많았는데, 이 공간이 대기실은 아니기 때문에 내부에 들어가 있어도 됩니다. 시험 대기실은 좀 더 안쪽으로 들어가서 신분증과 수험표 검사를 받고 들어가는 공간에 마련되어 있습니다.

오후 첫 시험 응시생들은 내부에서 옹기종기 앉아 책을 보거나 자세 연습을 했습니다. 다들 초면이지만 같은 시험을 보다 보니 서로 '구술시험은 어떻게 준비했는지', '탁구는 몇 년 했는지' 등의 질문이 오갔습니다. 연령대는 40~50대 응시생들이 주를 이뤘으며, 생각보다 20~30대도 많았습니다. 같은 시험 시간에 여성 응시생은 두 명밖에 없었습니다.

12시 30분이 되니 대기실로 가는 길목에서 신분증 검사를 시작했습니다. 신분증 검사 후 안내 위원이 수험 번호표를 배부해 주었습니다. 구술과 실기시험을 모두 보는 '일반 과정' 응시자는 등 쪽에 수험번호표를 붙였고, 구술시험만 보는 '특별 과정'의 응시자는 몸 앞쪽에 수험번호표를 붙였습니다. 대기실은 원래는 무용실로 벽면이 전부 거울로 되어 있어 시험 전 자세를 확인하기 좋았습니다.

대기실까지는 모든 짐을 들고 들어가도 되며, 스마트폰이나 스마트워치 등의 전자기기를 사용할 수 있었습니다. 공부할 내용을 스마트폰으로 보는 사람은 따로 출력해 갈 필요가 없었습니다. 20분간 몸을 풀고 구술 내용도 숙지하면서 대기했습니다. 시험 시작 10분 전인 12시 50분부터 안내 위원이 시험 응시 순서대로 자리를 배정해 주었습니다. 시험을 보는 순서대로 3명씩 행으로 앉았는데 작년에 탈락해 재시험 보는 사람들부터 순서를 배치했으며, 재시험 응시생은 오후 첫 시험 시간에 총 6명이 있었습니다. (2025년 경기대 고사장은 전자기기 반입 금지)

자리 배치가 끝나고 안내 위원이 탁구복에 대한 규정을 안내했습니다. 인맥을 활용한 부정 시험을 방지하기 위해 탁구복에 이름, 소속 동호회나 탁구장 이름이 노출된 경우 옷을 갈아입도록 안내받았습니다. 또한 종종 흰색 탁구복을 입어서 감점받는 사람들이 있다고 하니, 마킹이 없는 어두운 색 탁구복을 가져가는 것을 권합니다.

복장 규정 안내 이후, 안내 위원이 시험 유의 사항에 관해 설명하면서 응시생들에게 도움될 만한 유익한 정보를 알려줬습니다. '심사위원 외에도 공을 받아주는 학생 선수에게도 인사로 감사함을 표해라. 태도 점수에 반영된다.', '이 시험은 지도자로서의 소양을 보기 때문에 평가

기준표대로 하는 것이 중요하지, 탁구를 잘 치는 모습을 보여주는 것은 중요하지 않다.', '실기 점수에 이의 제기가 많이 들어와서 채점 안내를 좀 더 구체적으로 바꾸고 있고, 시험 전 과정을 촬영하기 때문에 채점의 공정성은 확실하다.', '이번 실기 시험은 경기대 선수들이 무주로, 호서대 선수들이 경기대학교로 배치되는 등 시험의 공정성에 큰 노력을 가하고 있다.' 등의 정보를 얻을 수 있었습니다.

시험이 시작되는 1시가 되자 맨 앞줄에 있는 사람부터 3명씩, 대기실과 시험을 보는 체육관 사이에 있는 복도에서 대기하기 시작했습니다. 복도로 나갈 때는 가지고 온 짐을 모두 가지고 나가고, 이때 스마트폰과 스마트워치는 전원을 끌 필요 없이 가방에 넣어두면 됩니다. 하지만 전자기기 알림이 울리는 것이 염려된다면 전원을 꺼두는 것을 권합니다. 복도에서 대기 중 이름이 호명되면 라켓과 수건, 음료만 들고 고사장에 들어가면 됩니다.

이름이 호명되고 세 개의 탁구대 중 중앙에 있는 2번 탁구대로 배치되었습니다. 탁구대로 들어가는 길옆으로는 촬영팀과 운영팀으로 보이는 사람들이 여럿 있었습니다. 펜스를 열고 들어가자마자 세 명의 심사위원에게 고개를 숙여 인사했고, 이름을 확인하기 위해 등을 보인 뒤 의자에 착석했습니다.

앉으면 바로 앞에 노란색 용지가 담긴 두 개의 통과 분홍색 용지가 담긴 두 개의 통이 있습니다. 각각의 통에는 20개 전후의 질문지가 들어있습니다. 앉자마자 바로 심사위원이 각 통에서 문제를 하나씩 뽑아 테이블에 올리고 하나씩 문제를 읽고 답하라 말했습니다. 문제 용지에는 'A-10' 이런 방식으로 문제 번호가 적혀 있고, 질문 내용은 구체적이었습니다. 첫 문제는 탁구에서 실점하는 경우를 나열하는 문제였습니다. 7번째 경우까지 말하니 심사위원이 그 정도면 되었다고 다음 문제를 읽으라고 지시했습니다. 두 번째 문제는 서빙, 리시빙, 엔드의 순서가 잘못되었을 경우 심판의 역할과 의무에 대한 문제였습니다. 조금 말을 더듬긴 했지만, 정리했던 내용의 핵심 키워드를 모두 말하니 심사위원이 다음 문제를 읽으라 했습니다. 다음 문제는 백핸드 드라이브 지도법, 마지막 문제는 선수의 기량을 높이는 방법에 대한 것이었습니다. 백핸드 드라이브 지도법은 준비한 대로 말했으나 선수의 기량 관련 문제는 정확히 기억나지 않아 기본기 점검, 심리 상태 점검, 대인 관계 점검을 먼저 언급한 뒤 하나씩 풀어 답변했습니다. '기본기가 확고하지 않으면 어떠한 운동 처방도 무용하기 때문에 기본기 재점검이 필요하다. 심리 상태에 의해 실력이 오히려 떨어지는 슬럼프나 실력이 늘지 않는 고원 효과가 오기 때문에 심리 상태 점검이 필요하다.'라고, 말하는 순간에 심사위원이 답변을 중단시켰고 바로 실기시험으로 넘어갔습니다. 구술시험은 말을 유려하게 하는 것보다 중요한 키워드를 언급하는 것이 더 중요하다는 인상을 받았습니다.

 실기시험을 보는 탁구대는 공고문에 나온 대로 바로 뒤에 있었습니다. 공을 받아준 선수는 경기대학교 왼손잡이 선수였는데 전반적으로 공을 치기 좋게 규칙적으로 받아주었습니다.

 실기시험은 평가기준표 순서대로 진행됐습니다. 가장 먼저 포핸드 스트로크(포핸드 기본 타법)를 했습니다. 시험이 시작되자 심사위원이 타이머를 켜는 소리가 들렸고, 돌이켜보면 시험 종료까지 대략 7분 정도 소요됐습니다. 포핸드 스트로크는 스윙이 불필요하게 내려가지 않도록 의식하고, 확실히 오른발에서 왼발로 무게가 이동되는 것을 중점으로 보여주었습니다. 30초 정도 하니 바로 쇼트(백핸드 기본 타법)로 넘어갔습니다.

평소 쇼트를 반회전성으로 공을 긁어주듯 하는 습관이 있지만 평가 기준표에 맞춰 연습한 대로 뒤에서 앞으로, 수평으로 스윙하는 것에 집중했습니다. 연습 때와 달랐던 것은 선수가 왼손잡이기 때문에 짧은 직선거리로 쇼트를 했다는 점입니다. 쇼트도 30초 정도 하니 바로 스텝으로 넘어갔습니다.

스텝의 경우, 선수가 공을 받아줄 때 응시자 위치 기준 왼쪽 하프코트 쪽에서 백핸드로 받아주었고, 저자는 오른쪽 하프코트의 사이드라인과 센터라인을 왕복하며 투 스텝을 했습니다. 왼쪽 발로 무게 중심을 옮겨가는 것을 의도적으로 과장해서 보여줬습니다. 그렇게 포핸드 투 스텝을 30초 정도 했습니다.

이후에는 포핸드, 백핸드 전환 투 스텝을 했습니다. 이때 처음으로 지적을 받았습니다. 의도적으로 탑스핀도 보여주면 심사위원들이 더 좋게 평가한다는 시험 후기를 본 적이 있었기 때문입니다. 탁구대에서 조금 떨어져 탑스핀으로 하니 조금 더 탁구대에 붙어서 스트로크로 하라는 지적을 했습니다. 스트로크로 바꾸어 20초 정도 포핸드, 백핸드 전환 투 스텝을 했습니다.

다음으로 푸시(커트)를 했습니다. 푸시를 할 때는 선수가 포핸드, 백핸드 양쪽으로 짧고 불규칙하게 보내줍니다. 푸시는 스윙 자세뿐 아니라 잔발을 이용해 스텝을 하는 것을 중점으로 보여주었습니다. 약 20초간 진행했습니다.

이후에는 가장 걱정했던 블록을 했습니다. 현역 선수답게 공이 정말 강했습니다. 게다가 선수가 왼손잡이다 보니 오른손잡이에게는 몸 안쪽으로 감겨오기 때문에 구질도 까다로웠습니다. 다행히도 거의 다 받아 안도감이 들었는데 역으로 공이 어렵게 돌아가 상대 선수가 좀 고생스럽게 탑스핀을 한 느낌이 있었습니다.

블록 이후에는 스매시를 했습니다. 스매시 테스트는 상대 선수가 뒤로 떨어져서 공을 아주 높게 위로 툭 쳐서 시작합니다. 스매시는 시선 위치에서 하는 스매시가 있고, 머리 위에서 아래로 내리꽂는 스매시가 있습니다. 실기 시험은 로브로 아주 높게 올라온 공을 아래로 내리꽂는 스매시로 진행되었습니다. 불행히 체육관 조명이 매우 강해 탁구대의 빛 반사가 강하고, 높이 뜬 공이 잘 보이지 않아 평상시보다 더 불안한 상황이었습니다. 올바른 자세로 연습했음에도 실수를 줄이기 위해 회전을 걸어 탑스핀으로 스매시를 했습니다. 아니나 다를까 한 심사위원이 다른 심사위원들에게 '너무 탑스핀 아닌가?'라고 묻는 대화가 들렸습니다. 의식하고 면으로 두껍게 내리꽂으려 하니 네트에 걸리는 상황이 계속 나왔습니다. 5대5 정도의 비율로 성공과 실패를 했는데 실수가 잦다 보니 이전 다른 기술보다 더 길게 1분 정도 했습니다.

스매시 테스트를 마친 뒤에는 서비스를 했습니다. 처음에 포핸드 하회전 서브를 세 번 정도 했습니다. 평가기준표에도 하회전 서브의 길이에 대한 평가 요소가 없어서 그런지 서브가 원바운드냐 투바운드냐는 크게 중요하지 않은 느낌을 받았습니다. 하회전 서브 이후에는 횡회전 서브를 했으며, 상대 선수가 푸시로 받았을 때 공이 뜨며 세 번 정도 하고 넘어갔습니다. 다만 서비스는 서브를 넣고 3구 공격을 하기 위한 스텝까지 하는 것을 의도적으로 보여줬습니다.

다음 순서는 리시브였습니다. 상대 선수가 구질, 길이, 코스를 다양하게 서브했는데 다행히도 정직하게 보내줄 뿐 변칙적인 서브를 넣지 않았습니다. 길게 받든 짧게 받든 상대 코트 위로 대부분 리시브에 성공했습니다. 다음으로는 포핸드 탑스핀을 30초 정도 했는데 특별한 지적 사항 없이 넘어갔습니다.

마지막으로는 3구, 5구 공격이었습니다. 연습한 대로 3구 공격은 상대가 받지 못하도록 강하게 치고, 5구 공격을 할 때는 3구는 안전하게 하고 5구는 강하게 쳤습니다. 3구 공격은 2번, 5구 공격은 3번 했고 모두 성공했습니다. 2023년까지는 3구, 5구 공격 이후 상대 선수와 듀스 게임을 해왔으나, 2024년에는 듀스 게임은 하지 않았습니다.

실기 시험의 모든 절차를 마쳤음에도 1분 정도 시간이 남으니, 심사위원이 제일 못했던 스매시를 다시 시켰습니다. 다시 기회가 주어졌음에도 숨이 차서 모두 다 성공하진 못하고 성공과 실패 비율이 6대4 정도였습니다. 7분 타이머가 울리고 시험이 종료되었습니다. 심사위원들과 상대 선수에게 '고생하셨습니다'라고 인사한 후 고사장을 나왔습니다.

실기시험에서는 평가기준표의 항목에 언급된 각 기술의 중요한 점들을 의도적으로, 조금은 과장해서 보여주는 전략으로 준비했는데 유효했던 것 같습니다.

2-7. 연수 및 현장실습 안내

일단 구술 및 실기시험에 합격했다면 최종 합격이라 봐도 무방합니다. 연수 및 현장 실습은 합격률이 97%에 이르고, 최종 합격자 발표 과정에서 필요한 신원조회는 범죄 이력만 조회하기 때문입니다.

연수 및 현장실습은 대학교 방학 기간에 여러 대학교의 생활체육지도 연수원에서 이뤄집니다. 접수는 7월 중으로 구술 및 실기시험 합격자 발표가 난 후 일주일 안에 시작되나, 실제 연수 날짜는 연수기관별로 약간씩 다릅니다. 일반적으로 연수는 8월 중으로 시행되며, 현장실습은 8~10월까지 긴 기간에 걸쳐 시행됩니다.

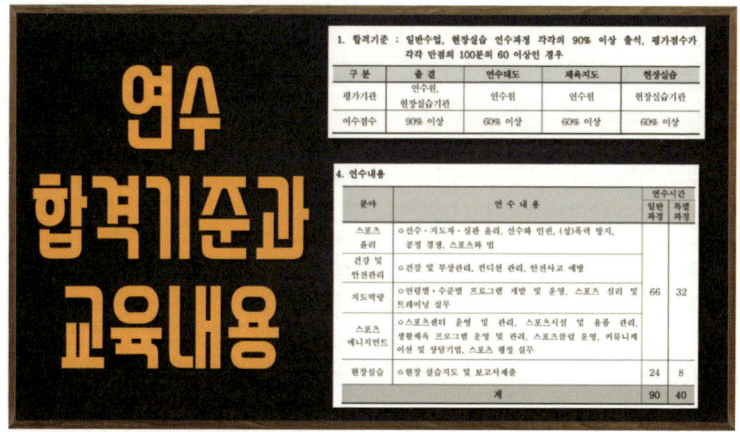

합격 기준과 연수 내용은 그림과 같습니다. 처음 자격증을 취득하는 일반과정은 대학교 생활체육지도 연수원에서 교육을 66시간 수강해야 합니다. 이후 연수원에서 지정해 주는 곳에서 현장실습을 24시간, 즉 2~3일 정도 해야 합니다. 연수 교육은 주중반과 주말반이 있습니다. 주중반을 통해 단기간에 연수를 마치면 좋으나 현실적으로 어려운 경우가 많아 주말반의 수요가 더 큽니다. 따라서 주말반 신청 경쟁률이 더 높습니다.

연수 합격 기준은 연수 교육 66시간 중 90% 이상인 60시간 이상을 출석해야 하며, 교육 중 체육지도 보고서라는 리포트 과제를 제출해야 합니다. 또한 현장실습을 마친 뒤에는 현장실습 보고서를 포함한 총 6개의 서류를 제출해야 합니다. 까다로워 보이지만 연수 합격률 97%가

말해주듯 출결을 우선으로 신경 쓰고, 서류는 연수 기관이 안내해 준 대로 작성만 하면 합격합니다.

현장실습의 경우, 탁구는 취득 인원수가 적다 보니 다른 네트 스포츠 종목과 통합되는 경우가 많습니다. 일례로 2023년 한양대 에리카 캠퍼스에서 연수받은 탁구와 테니스 합격자는 각각 1명뿐이었습니다. 저자가 연수를 받은 대학교 또한 주중반, 주말반 포함 전체 인원 중 탁구, 배드민턴, 테니스 등 라켓 스포츠 합격자는 10명이 되지 않아 다른 종목 현장에서 실습했습니다.

연수 접수에 대한 주의 사항이 하나 있다면, 필기나 실기와 마찬가지로 원하는 일정과 장소를 잡기 위해서 접수 시작 당일 접수하는 것입니다. 학교가 대중교통과 가까워 인기가 많은 몇 곳을 제외하면 주중반이든, 주말반이든 경쟁이 치열하지는 않습니다. 그러나 혹시 모를 상황에 대비하기 위해 바로 접수 시작과 동시에 접수하길 바랍니다.

2-8. 연수 및 현장실습 실제 후기

2024년 치러진 연수 및 현장실습에 관한 여러 후기들을 보았을 때, 주관하는 연수 기관별로 큰 틀은 동일하나 약간씩 운영 방식에 차이가 있습니다. 대표적인 차이는 연수 시작 날짜, 벌점 제도 적용에 대한 유연성, 수업 시간의 유연성입니다. 어떤 대학교는 조금 일찍 시작하기도 조금 늦게 시작하기도 합니다. 그래도 시작 날짜는 일주일 안에서 차이 납니다만, 벌점 제도나 수업 시간에 대한 유연성은 대학별로 차이가 큽니다.

벌점 제도의 경우, 대부분 출결에 대한 기준이 엄격하고 수업 태도에 대해서는 관대한 편인 곳이 많으나, 졸거나 스마트폰을 사용하면 벌점을 주는 곳도 있었습니다. 수업 시간 또한 휴식 시간을 갖지 않거나 짧게 갖고 수업을 좀 더 일찍 마쳐주는 곳도 있지만, 시간을 철저히 지키는 곳도 있었습니다. 결국 연수 기관별로 차이가 존재합니다.

 연수 과정에서 배우는 것들은 대부분 필기시험 출제 과목과 관련된 내용이었습니다. 과거 생활체육지도자 체계일 때는 연수 강의를 먼저 듣고 그 내용을 바탕으로 필기시험을 치렀기에 연수 시스템이 도움이 되었을 것 같습니다. 그러나 현재 스포츠지도사 체계에서는 연수 내용이 알아두면 물론 좋은 내용이긴 하지만 실제 탁구 지도 현장에서 적용할 만한 내용은 적었습니다. 기억에 남는 수업은 스포츠 지도 과정에서 발생하는 법률문제를 변호사인 강사가 판례를 통해 설명한 수업이었습니다. 간혹 종목별로 모여 토론을 한 뒤 발표하는 수업도 있었는데 듣기만 하는 강의 보다는 이런 참여형 강의가 더 흥미로웠습니다. 다만 탁구는 혼자였기 때문에 토론 없이 혼자 발표만 한 상황도 있었습니다.

 연수 과정에서 출석과 강의를 듣는 것 외에 중요한 사항은 각종 서류 제출입니다. 연수 단계에서 제출해야 할 서류는 체육지도 보고서 하나지만, 현장실습에서 제출할 서류는 여섯 가지입니다. 대학교에서 연결해 주는 기관에서 현장실습을 한다는 전제입니다. 각종 서류 작성 방법과 제출 방법은 조교들이 오리엔테이션 시간에 자세히 알려줍니다.

 체육지도 보고서는 부상, 지도 방법, 체육지도안과 관련된 10여 가지 대주제 중에 선택하고, 주어진 논문 양식에 맞춰 5~10쪽 사이로 작성하면 됩니다. 3쪽의 양식을 포함한 분량이기 때문에 본문을 2쪽 이상만 작성하면 됩니다. 주제만 정하면 큰 어려움은 없는 과제입니다.

 다음으로 제출해야 하는 현장실습 서류는 현장지도 계획서, 현장실습 서약서, 현장실습 일지, 현장실습 출근 상황부, 현장실습 평가표, 현장실습 보고서 이상 총 여섯 가지입니다. 제출 서류가 많아 보이지만 과제 형식으로 작성해야 하는 서류는 현장지도 계획서, 현장실습 일지, 현장실습 보고서 정도입니다. 이 또한 조교들과 현장실습 담당자들이 상세히 안내해 주기 때문에 큰 어려움 없으며, 작성 난도도 체육지도 보고서보다 쉽습니다. 다만 현장실습 기관을 연수 기관에서 지정해 준 곳이 아닌, 본인이 원하거나 근무하는 곳으로 선택하려면 4개 정도 서류를 추가로 제출해야 합니다. 작성 방법과 인정 요건이 까다롭기 때문에 가능하면 대학교에서 연결해 주는 현장실습 기관에서 받는 것을 권합니다.

현장실습을 탁구로 하지는 못했습니다. 탁구, 배드민턴, 테니스와 같은 네트형의 연수생이 합쳐도 10명이 되지 않았기 때문에 어쩔 수 없이 다른 종목을 지도하는 기관에서 현장실습을 했습니다. 현장실습의 취지가 스포츠 기관의 시설 관리 및 운영 방법 등을 배우는 것이기 때문에 취득 종목이 아니어도 문제가 없다고 합니다. 다른 종목이지만 아이들을 지도 보조하는 시간이 나름 재밌었고, 유소년 때 운동을 체험하고 제대로 배우는 것이 얼마나 중요한지도 느껴 뜻깊었습니다.

3. 탁구 심판 자격증

3-1. 취득 목적과 활용

탁구 심판 자격증은 공인 심판을 하기 위한 필수 자격증입니다. 매년 대한탁구협회 주관하에 전국에서 열리는 디비전 리그를 비롯하여 서울시민리그 등의 대회에서는 공인 심판이 필수입니다. 큰 규모의 지역 대회나 전국 오픈 대회에서도 공인 심판을 모집하는 경우도 있기 때문에 공인 심판에 대한 수요는 계속되고 있습니다. 또한 급수가 높으면 전문 선수 대회나 프로 리그의 공인 심판으로도 활동할 수 있습니다.

심판 경험을 통해 탁구 규칙에 대한 깊은 이해와 경기 운영 능력을 키울 수 있기 때문에 많은 동호인들이 심판 자격증을 취득하고 있습니다. 선수 출신들도 코치나 지도자로서 자질 향상과 경력에 도움이 되기 때문에 많이 취득합니다. 디비전 리그나 서울시민리그에서 진행 요원을 하면서 경험한 바로도, 심판 활동을 통해 인지도를 높이고 탁구 네트워크를 구축해 나가는 것을 볼 수 있었습니다.

심판 자격증의 등급은 대한탁구협회가 공인하는 3급, 2급, 1급 국내심판과 함께 국제탁구연맹이 공인하는 국제심판 화이트, 블루, 골드 배지(Badge) 이렇게 총 여섯 가지가 있습니다.

탁구 공인 심판은 급여도 있으며, 대회 규모와 심판의 등급에 따라 다릅니다. 동호인이 참가하는 디비전 리그에서는 2020년 기준 6시간 정도 심판 활동을 하면, 국제심판 자격자는 70,000원, 1급 국내심판은 60,000원, 2급은 50,000원의 수당을 받았습니다. 2024년 디비전 리그 서울시 본선에서는 100,000원의 수당을 받은 걸로 확인했습니다. 급여가 크지 않고 대회가 매일 있는 것이 아니기 때문에 주업으로 삼기는 어려우나, 좋아하는 탁구에 봉사하고 심판으로서 경력을 쌓는다고 생각하면 나쁘지 않습니다.

3-2. 3급 국내심판 자격증 취득 방법

대한탁구협회는 국내 탁구 최고 기관으로서 정기적으로 심판강습회를 개최하고 있습니다. 심판 자격증 중 3급 국내심판은 국내 대회의 주심과 부심으로 활동할 수 있는 가장 기본적인 자격으로 심판강습회에 참가하여 교육 이수만 하면 취득할 수 있습니다.

심판강습회 연간 일정표

 3급 자격증을 취득하기 위해서는 매년 지역별로 열리는 심판강습회 중 하나에 참석해야 합니다. 지역탁구협회 주관하에 거의 매달 심판강습회가 열리나 수도권에서 열리는 횟수는 많지 않습니다. 간혹 계획된 연간 일정 외에 서울에서 열리는 경우가 있으니 본인 거주지와 최대한 가까운 곳의 심판강습회에 참가하면 됩니다.

 심판강습회가 예정되면 대한탁구협회 웹사이트에 공문이 올라옵니다. 그림을 보면 알 수 있듯이 3급 자격증은 시험 없이 4~5시간 교육만 받으면 쉽게 취득할 수 있습니다. 선착순 200명을 모집하기 때문에 취득할 의향이 있다면 대한탁구협회 웹사이트의 '커뮤니티-공지사항' 게

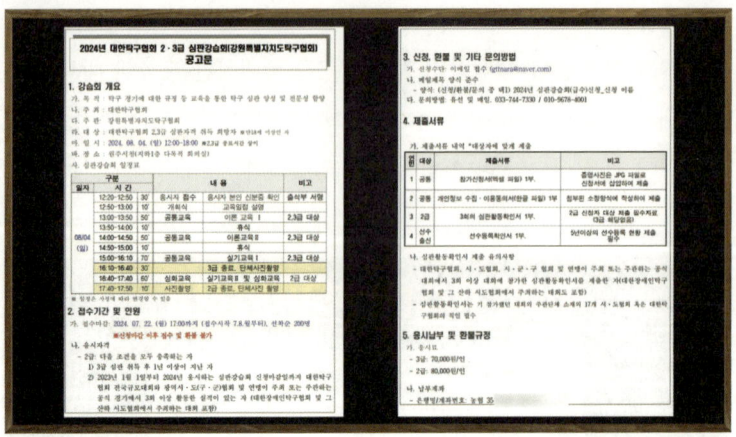

시판을 자주 확인하는 것이 좋습니다. 신청은 참가신청서와 개인정보 동의서를 작성하여 이메일로 접수하면 됩니다.

3-3. 2급 국내심판 자격증 취득 방법

2급 심판 자격증 취득 과정은 3급과 다른 점들이 있습니다. 우선 추가적인 응시 요건이 있습니다. 3급을 취득 후 1년 이상 지나야 합니다. 또한 신청하고자 하는 당해 심판강습회의 전년 1월 1일로부터 신청 마감일 안에 대한탁구협회, 지역탁구협회 혹은 각종 탁구 연맹이 주관하는 공식 경기에서 3회 이상 활동한 심판활동 확인서가 필요합니다. 그 외에 3급 교육 대비 한 시간 정도 심화 교육이 추가되나 마찬가지로 시험은 없습니다.

3-4. 1급 국내심판 자격증 취득 방법

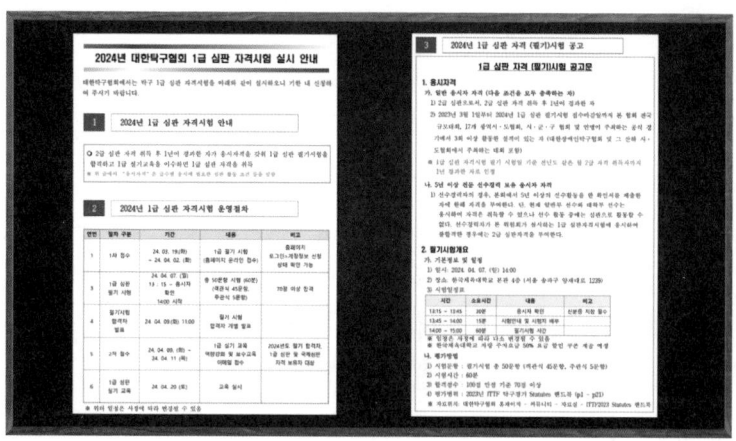

　대한탁구협회가 관리하는 국내심판 중 최고 등급에 해당하는 1급 국내심판의 자격시험은 2급 자격증을 취득한 후 1년이 지나야 합니다. 또한 당해 1급 필기시험 접수 마감일 기준 전년도 3월 1일 사이에 2급 심판으로서 3회 이상 공인 심판 활동을 한 심판활동 확인서를 제출해야 합니다. 다만 5년 이상 전문 엘리트 선수 경력이 있는 사람은 1급 자격시험을 바로 볼 수 있으며, 1급 필기시험에서 탈락해도 2급 심판자격이 부여됩니다. 지역탁구협회가 관리하는 2급, 3급과 달리 대한탁구협회가 1급부터는 직접 인원을 관리하는 만큼 추가 과정이 있습니다. 필기시험 합격자 발표 후 2차 접수를 통해 1급 실기 교육이 따로 이루어집니다.

　필기시험은 국제탁구연맹 규정 핸드북에서 출제되며 60분 안에 객관식 45개 문항, 주관식 5개 문항을 풀어 100점 만점 중 70점 이상을 받아야 합니다. 규정집에는 외워야 할 숫자들이 많고 헷갈리는 규정들이 많기 때문에 주관식 문항의 난도가 꽤 높습니다. 대한탁구협회는 시험지 비공개를 원칙으로 하고 있기 때문에 직접 1급 필기 시험지를 구하기는 어렵습니다. 대신 대한탁구협회 웹사이트의 '묻고 답하기' 게시판을 통해서 기출문제 유형을 유추하거나, 탁구 심판 네이버 밴드나 카페에서 자체적으로 수집하여 만든 기출문제 모음을 구해야 합니다. 탁구 심판 밴드나 카페가 폐쇄적으로 운영되는 곳들이 대부분이기 때문에 3급 심판 자격증도 취득하지 않은 분들은 기출문제를 구하기 쉽지 않습니다. 다만 1급을 준비하는 분들이라면 이미 3급 및 2급 자격증을 보유한 상태로 네이버 밴드나 카페에 가입되어 있을 테니 인맥을 통해 쉽게 구할 수 있을 겁니다.

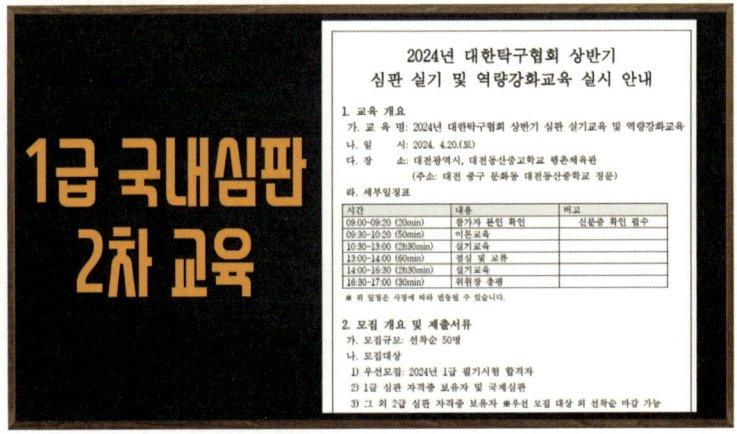

필기 합격자만 2차 신청을 받아 진행되는 실기 교육은 그림과 같은 방식으로 시행됩니다. 과거에는 2차 시험에 실기 교육뿐만 아니라 실기 시험도 포함되었으나 지금은 교육만 합니다. 따라서 자격요건을 갖춘 뒤 필기시험만 합격하면 1급 국내심판 자격증을 취득할 수 있습니다.

3-5. 국제심판 자격증 취득 방법

국제심판 자격증을 취득하기 위해서는 대한탁구협회 1급 국내심판 자격증을 보유해야 합니다. 1급 자격증 취득 후 국제심판 자격요건을 갖춰 국제탁구연맹이 주관하는 국제심판 자격시험에 응시하면 됩니다. 국제심판 자격시험은 2년마다 시행됩니다. 자격시험에 대한 정보는 대한탁구협회 '공지사항' 게시판에 올라옵니다.

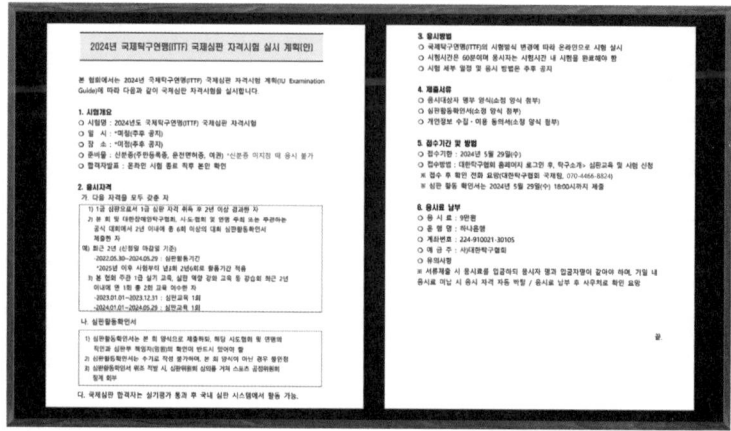

국제심판 시험의 응시 자격은 다음과 같습니다. 1급 국내심판 자격증을 취득한 후 2년 이상 지나야 하며, 2년 이내에 총 6회 이상 공인 심판으로 활동한 심판활동 확인서를 제출해야 합니다. 2025년부터는 2년 이내 6회 이상 심판 활동을 해야 하되, 1년마다 3회 이상으로 요건이 강화됐습니다. 또한 대한탁구협회에서 주관하는 심판 강습회에 최근 2년 이내 연 1회씩 총 2회의 교육을 이수해야 합니다.

국제심판 시험 방식은 60분간 온라인 시험을 치르는 방식입니다. 온라인 시험은 국제심판인만큼 문답이 영어로 된 시험입니다. 국제탁구연맹 규정집에서 문제가 출제되며, 객관식 40문제와 상황별 문제 10개로 구성됩니다. 국제심판 자격시험을 통과하면 화이트 배지 국제심판 자격을 얻게 됩니다.

국제심판의 등급에는 화이트 배지, 블루 배지, 골드 배지 이렇게 세 가지 등급이 있습니다. 블루 배지는 화이트 배지를 취득한 이후 국제탁구연맹이 주관하는 AUT(Advanced Umpire Training) 교육과정에 참가한 후, ARE(Advanced Rules Examination)를 통과해야 합니다. 그 외에도 지속적으로 국제심판 경력을 다짐으로써 국제탁구연맹 오피셜들로부터 좋은 평가를 받아야 블루 배지 후보에 오를 수 있습니다.

골드 배지는 국제심판 등급 중 가장 높은 등급입니다. 2023년 기준 골드 배지 보유자는 전 세계에 25명뿐이며, 아시아에는 4명밖에 없습니다. 한국은 아직 골드 배지를 취득한 국제심판이 없습니다. 골드 배지의 자격 요건은 블루 배지 심판으로서 최소 2년간 활동해야 하며, 최고 수준의 국제 대회에서 일정 경력을 쌓아야 합니다. 또한 3년마다 한 번씩 ARE를 치르고 고득점을 받아야 골드 배지 후보에 오를 수 있습니다.

국제심판의 혜택과 급여는 배지 등급에 따라 차등 지급되나 대회 규모, 대회 주최 국가 및 여러 요소에 의해 매번 달라집니다. 또한 전임 심판제가 아니다 보니 국제심판 활동을 통해 생계를 유지하기는 어렵습니다. 한국인 국제심판에 한정하면, 국제심판 활동은 협회의 지원으로 파견되는 지원 참가와 경비를 국제심판 본인이 부담하는 자비 참가로 나뉩니다. 지원 참가로 배정되는 자릿수가 적기 때문에 기회가 고르게 가도록 순번제로 지원 참가에 배정됩니다. 국제심판들의 활동 후기들을 보면 대부분 탁구를 사랑하는 마음으로 봉사하는 의미가 컸습니다.

탁구학개론을 마치며

탁구는 단순히 공을 주고받는 것 이상의 깊이 있는 스포츠입니다. 역사와 용어를 이해하고, 적절한 용품을 선택하며, 올바른 환경에서 연습할 때 비로소 그 진정한 매력을 느낄 수 있습니다.

탁구는 단순한 취미를 넘어 삶의 질을 향상시키는 도구가 될 수 있습니다. 육체적 건강은 물론, 정신적 건강에도 도움을 주며, 사회적 교류의 장으로서도 큰 역할을 합니다. 탁구를 통해 새로운 인연을 만들고, 자신의 한계에 도전하며, 성취감을 느낄 수 있습니다.

탁구학개론은 여러분의 탁구 여정에 든든한 동반자가 되고자 합니다. 탁구의 역사를 알아보면서 과거부터 오늘날까지 탁구가 발전해 온 모습을 살펴보았습니다. 또한 탁구에 필요한 용어들을 익히고, 블레이드와 러버 등 핵심 용품들의 특성과 선택 방법에 대해 상세히 알아보았습니다. 나아가 용품 구매 방법, 러버 부착 방법, 그리고 탁구장 선택과 예절에 이르기까지 탁구를 즐기는 데 필요한 실질적인 정보들을 다루었습니다.

이 책을 읽은 여러분이 탁구에 대한 깊이 있는 이해와 함께 현장에서 활용할 수 있는 지식을 얻었기를 희망합니다. 탁구학개론이 여러분의 탁구 실력 향상과 즐거운 탁구 생활에 작은 도움이라도 되었다면, 저자로서 더할 나위 없이 기쁠 것입니다.

마지막으로, 탁구는 끊임없이 발전하는 스포츠입니다. 이 책에서 다룬 내용들도 시간이 지나면 변화할 수 있습니다. 따라서 항상 최신 정보에 관심을 가지고, 끊임없이 학습하고 경험을 쌓아가기를 바랍니다. 여러분의 탁구 여정이 행복하길 진심으로 기원합니다.

《부록》

2025 국제탁구연맹 규정집

탁구의 규칙 (THE LAWS OF TABLE TENNIS)

2. 탁구 규칙

2.1 탁구대
2.1.1 탁구대의 위쪽 면은, 경기 표면이라고 알려진, 세로 2.74m 그리고 가로 1.525m의, 직사각형이어야 하며, 바닥 위로 76cm 높이에서 수평인 평면에 위치해야 한다.
2.1.2 탁구대 상판의 수직 옆면들은 경기 표면에 포함되지 않는다.
2.1.3 경기 표면은 어떠한 재질이어도 되며 30cm 높이에서 표준 규격의 탁구공을 경기 표면으로 떨어트릴 때 약 23cm 정도 균일하게 튀어 올라야 한다.
2.1.4 경기 표면은 균일한 어두운 색상이며 광택이 없어야 하지만, 각각의 2.74m 모서리를 따라서, 폭 2cm의, 흰색 사이드라인 그리고 각각의 1.525m 모서리를 따라, 폭 2cm의, 흰색 엔드라인을 가져야 한다.
2.1.5 경기 표면은 엔드라인들과 평행하게 설치된 수직인 네트로 2개의 똑같은 코트들로 나누어지며, 각 코트의 전체 영역에 걸쳐서 연속적이어야 한다.
2.1.6 복식 매치를 위하여, 각각의 코트는 사이드라인들과 평행한, 폭 3mm의, 흰색 센터라인으로 2개의 똑같은 하프-코트들로 나누어져야 한다. 센터라인을 각각의 오른쪽 하프-코트의 일부분으로 간주해야 한다.

2.2 네트 어셈블리(THE NET ASSEMBLY)
2.2.1 네트 어셈블리는, 지주대들을 탁구대에 부착하는 죔쇠들을 포함하여, 네트, 네트의 서스펜션, 그리고 지주대들로 구성되어야 한다.
2.2.2 네트는 (네트의) 양쪽 끝에 부착된 줄로 15.25cm 높이의 수직봉에 걸려 있어야 하며, 수직봉은 사이드라인의 끝에서 15.25cm 이내에 위치해야 한다.
2.2.3 네트의 꼭대기 높이는, 네트의 전체 길이를 따라서, 경기 표면으로부터 15.25cm 이어야 한다. 경기 표면(playing surface), 상판(tabletop), 재질(material), 사이드라인(side line), 엔드라인(end line), 네트(net), 코트(court), 센터라인(center

line), 하프-코트(half-court), 지주대(supporting post), 죔쇠(clamp), 서스펜션(suspension), 줄(cord), 수직봉(upright post)

2.2.4 네트의 바닥은, 네트의 전체 길이를 따라서, 경기 표면에 가능한 가까워야 하며 네트의 양 끝은 위에서 아래까지 지주대에 붙어 있어야 한다.

2.3 공(THE BALL)
2.3.1 공은 지름 40㎜의 구형이어야 한다.
2.3.2 공의 무게는 2.7g이어야 한다.
2.3.3 공은 플라스틱 재질로 만들어져야 하며 흰색이나 오렌지색이고 광택이 없어야 한다.

2.4 라켓(THE RACKET)
2.4.1 라켓은 어떠한 크기, 모양, 또는 무게여도 되지만, 블레이드는 평평하고 단단해야 한다.
2.4.2 두께를 기준으로 블레이드의 적어도 85%는 천연 나무이어야 한다; 블레이드 내의 접착층은 탄소 섬유, 유리 섬유, 또는 압축 종이와 같은 섬유 재질로 강화시킬 수도 있지만, 접착층의 두께는 전체 두께의 7.5%나 0.35㎜ 중 더 작은 값보다 더 두껍지 않아야 한다.
2.4.3 공을 타격하기 위하여 사용되는 블레이드의 면은, 관련된 기술적 장비 문서에 명시된 허용 오차 범위에 따라서, 접착제를 포함한 전체 두께가 2.05㎜미만인 바깥쪽을 향하는 작은 돌기들을 가진, 일반적인 핌플 러버로 덮여져야 하거나 접착제를 포함한 전체 두께가 4.05㎜미만인, 안쪽이나 바깥쪽으로 향하는 작은 돌기들을 가진, 샌드위치 러버로 덮여져야 한다.
2.4.3.1 일반적인 핌플 러버는 그 표면 전체에 걸쳐 10/㎠ 이상이고 30/㎠ 이하의 밀도로 균일하게 분포되는 작은 돌기들을 가지는, 천연이나 합성의, 비세포 고무의 단일 층이다.
2.4.3.2 샌드위치 러버는, 핌플 러버의 두께가 2.0㎜이하인, 일반적인 핌플 러버의 단일 바깥층으로 덮인 세포 고무의 단일층이다.
2.4.4 공을 타격하기 위하여 사용되는 면의 블레이드, 블레이드 내의 모든 층, 그리고 커버링 재질이나 접착제의 어떠한 층이라도 연속적이어야 하며 두께도 균일해야 한다. 라켓을 잡기 위한 손잡이 모양을 만들기에 적절한 재질을 손잡이에 덧붙일 수도 있다.
2.4.5 손잡이에 가장 가깝고 손가락으로 움켜잡는 부분은 커버링으로 덮이지 않거

나 어떠한 재질로도 덮을 수도 있음을 제외하고, 커버링 재질은 블레이드의 끝까지 접착되어야 하지만 블레이드의 끝을 넘지 말아야 한다.
2.4.6 커버링으로 덮인 블레이드의 한쪽 면의 커버링 재질의 표면이나, 커버링으로 덮이지 않았다면 블레이드의 한쪽 면의 표면은 광택이 없어야 하며, 한쪽 면의 색상은 검정색이고, 다른 면의 색상은 검정색과 명확하게 구별될 수 있으며 공의 색상과 명확하게 구별될 수 있는 밝은 색이어야 한다.
2.4.7 라켓의 커버링은 어떠한 물리적, 화학적, 또는 다른 처리라도 하지 않고 사용되어야 한다.
2.4.7.1 유용하거나 보호가 되는 부품들뿐만 아니라 표면의 연속성이나 색상의 균일성에 대한 경미한 변이는 그것들이 커버링 표면의 성질을 크게 바꾸지 않는다면 허용될 수도 있다.
2.4.8 매치를 시작하기 전에 그리고 매치 중에 선수가 라켓을 바꿀 때마다, 선수는 사용하려는 라켓을 상대방 선수와 주심에게 보여주어야 하며 상대방 선수와 심판이 그 라켓을 검사하도록 허용해야 한다.

2.5 정의(DEFINITIONS)

2.5.1 랠리(rally)는 공이 경기 중에 있는 기간이다.
2.5.2 서비스에서 공을 의도적으로 던지기 전에 프리 핸드의 손바닥 위에서 공이 정지한 마지막 순간부터 랠리가 렛이나 점수 득점으로 결정될 때까지 공은 경기 중(in play)에 있다.
2.5.3 렛(let)은 결과가 점수 득점이 되지 않는 랠리이다.
2.5.4 점수(point)는 결과가 점수 득점이 되는 랠리이다.
2.5.5 라켓 핸드(racket hand)는 라켓을 잡고 있는 손이다.
2.5.6 프리 핸드(free hand)는 라켓을 잡고 있지 않은 손이다. 프리 암(free arm)은 프리 핸드의 팔이다.
2.5.7 선수가 경기 중에 있는 공을, 손으로 잡고 있는, 라켓이나 손목 아래의 라켓 핸드와 닿게 하면 공을 타격하는(strike) 것이다.
2.5.8 상대방 선수가 마지막으로 타격한 이후에 공이 선수의 코트에 닿지 않고, 경기 표면 위에 있거나 경기 표면으로 향하여 움직이고 있을 때 선수 또는 선수가 입거나 지니고 있는 어떠한 것이라도 경기 중에 있는 공에 닿으면 그 선수는 공을 방해(obstruct)한 것이다.
2.5.9 서버(server)는 하나의 랠리에서 공을 처음으로 타격하게 되어있는 선수이다.

2.5.10 리시버(receiver)는 하나의 랠리에서 공을 두 번째로 타격하게 되어있는 선수이다.
2.5.11 주심(umpire)은 매치를 통제하기 위하여 임명된 사람이다.
2.5.12 부심(assistant umpire)은 특정한 결정들을 하여 주심을 돕기 위하여 임명된 사람이다.
2.5.13 선수가 입고 있거나 지니고 있는(wears or carries) 어떠한 것은 랠리가 시작될 때 공을 제외하고 선수가 입고 있거나 지니고 있는 무엇이든 포함한다.
2.5.14 엔드 라인(end line)은 양방향으로 무한하게 연장되는 것으로 간주해야 한다.

2.6 서비스(THE SERVICE)
2.6.1 서비스는 서버의 정지된 프리 핸드의 펼쳐진 손바닥위에 자유롭게 놓인 공으로 시작해야 한다.
2.6.2 그런 다음에 서버는 손바닥위에 놓인 공을, 회전을 주지 않으면서, 거의 수직에 가깝게 위로 던져서, 공이 프리 핸드의 손바닥을 벗어난 후에 적어도 16cm 올라 가도록 해야 하며 타격하기 전에 아무것이라도 닿지 않으면서 떨어지도록 해야 한다.
2.6.3 서버는 공이 떨어지고 있을 때 공을 타격해서 공이 서버의 코트에 먼저 닿은 다음에 리시버의 코트에 직접 닿도록 해야 한다. 복식 매치에서, 공은 연속적으로 서버와 리시버의 오른쪽 하프 코트에 닿아야 한다.
2.6.4 서비스의 시작부터 공을 타격할 때까지, 공은 경기 표면의 높이보다 위에 그리고 서버의 엔드라인 뒤에 있어야 하며, 서버나 서버의 짝 또는 서버와 서버의 짝이 입거나 지니고 있는 어떠한 것으로도 리시버가 볼 수 없도록 공을 가리지 말아야 한다.
2.6.5 서버는 공을 던지자마자, 프리 암과 프리 핸드를 공과 네트 사이의 공간에서 치워야 한다. 공과 네트 사이의 공간은 공과 네트, 그리고 네트가 위 방향으로 무한하게 확장되는 공간으로 정의된다.
2.6.6 서비스가 규칙의 필요조건을 충족한다는 것을 주심이나 부심이 확신할 수 있도록 서비스하는 것은 서버의 책임이며, 주심이나 부심 중 누구라도 서비스가 올바르지 않다는 것을 결정할 수 있다.
2.6.6.1 주심이나 부심 중 누구라도 서비스의 적법성을 확신할 수 없으면, 하나의 매치에서 첫 번째 경우에, 경기를 중단시키고 서버에게 경고를 할 수도 있다. 그러나 그 이후에 그 선수나 그 선수의 복식 짝이 명확하게 적법하지 않은 어떠한 서비스라도 한다면 그 서비스를 올바르지 않다고 취급해야 한다.
2.6.7 예외적으로, 선수가 신체적인 장애 때문에 서비스의 규칙을 준수할 수 없다고

확신하는 경우에는 주심은 올바른 서비스 규칙의 필요조건을 완화할 수도 있다.

2.7 리턴(THE RETURN)

2.7.1 서브를 하거나 리턴을 한 공은 상대방의 코트에 직접 닿거나 네트 어셈블리에 닿은 후에 (상대방의 코트에) 닿도록 타격 되어야 한다.

2.8 경기 순서(THE ORDER OF PLAY)

2.8.1 단식 매치에서, 서버가 먼저 서비스를 한 다음에 리시버는 리턴(리시브)을 해야 하며, 그 이후에 서버와 리시버는 각각 교대로 리턴을 해야 한다.

2.8.2 복식 매치에서, 2.8.3에 제시된 것을 제외하고, 서버가 먼저 서비스를 한 다음에 리시버는 리턴을 해야 하며, 그 다음에 서버의 짝이 리턴을 하고 그 다음에 리시버의 짝이 리턴을 해야 하며, 그 이후에 각 선수는 그 순서대로 차례대로 리턴을 해야 한다.

2.8.3 복식 매치에서, 복식조의 적어도 한 선수가 신체적 장애 때문에 휠체어를 타고 있을 때, 서버가 먼저 서비스를 한 다음에 리시버가 리턴을 해야 하지만 그 이후에는 장애를 가진 선수가 있는 복식조의 어떠한 선수라도 리턴을 할 수 있다.

2.9 렛(A LET)

2.9.1 랠리는 다음의 경우 렛이 되어야 한다.

2.9.1.1 서비스에서 공이 네트 어셈블리에 닿으면, 공이 네트 어셈블리에 닿지 않았다면 서비스가 올바르거나 공이 네트 어셈블리에 닿은 다음에 리시버나 리시버의 짝이 공을 방해한 것을 조건으로;

2.9.1.2 리시브하는 선수나 복식조가 준비되지 않을 때 서버가 서비스를 하면, 리시버나 리시버의 짝 중에 누구라도 공을 타격하려고 시도하지 않은 것을 조건으로;

2.9.1.3 선수가 제어할 수 없는 방해 때문에 서비스나 리턴에 실패하거나 준수하지 못하면;

2.9.1.4 주심이나 부심이 경기를 중단하면;

2.9.1.5 리시버가 신체적 장애 때문에 휠체어를 타고 있으며, 서비스가 올바르다는 것을 조건으로;

2.9.1.5.1 서비스한 공이 리시버의 코트에 닿은 후에 네트 방향으로 되돌아가면;

2.9.1.5.2 서비스한 공이 리시버의 코트에서 정지하면;

2.9.1.5.3 단식 매치에서, 서비스한 공이 리시버의 코트에 닿은 후에 어느 쪽이든 사

이드라인 쪽으로 리시버의 코트를 벗어나면;
2.9.2 경기는 다음과 같은 경우에 중단될 수도 있다.
2.9.2.1 서비스하기의 순서, 리시브하기의 순서, 또는 엔드의 순서의 오류를 교정하기 위하여;
2.9.2.2 경기 촉진제를 도입하기 위하여;
2.9.2.3 불법적인 조언 때문에 선수나 조언자에게 경고하거나 벌칙을 부여하기 위하여;
2.9.2.4 랠리의 결과에 영향을 줄 수 있을 만큼 경기의 조건들이 방해를 받았기 때문에.

2.10 점수(A POINT)

2.10.1 랠리가 렛이 아니면, 한 선수는 점수 득점을 해야 한다.
2.10.1.1 상대방 선수가 올바른 서비스를 하지 못하면;
2.10.1.2 상대방 선수가 올바른 리턴을 하지 못하면;
2.10.1.3 그 선수가 올바른 서비스나 리턴을 한 후에, 상대방 선수가 타격하기 전에 공이 네트 어셈블리를 제외한 어떠한 것에라도 닿으면;
2.10.1.4 상대방 선수가 타격을 한 후에, 공이 그 선수의 코트에 닿지 않고 코트를 벗어나거나 엔드라인을 넘어가면;
2.10.1.5 상대방 선수가 타격을 한 후에, 공이 네트, 네트와 지주대 사이, 또는 네트와 경기 표면 사이를 통과하면;
2.10.1.6 상대방 선수가 공을 방해하면;
2.10.1.7 상대방 선수가 의도적으로 공을 연속적으로 두 번 이상 타격하면;
2.10.1.8 상대방 선수가 라켓의 표면이 2.4.3, 2.4.4, 2.4.5의 요구사항에 부합하지 않는 라켓 블레이드의 면으로 공을 타격하면;
2.10.1.9 상대방 선수가 또는 상대방 선수가 입거나 지니고 있는 어떠한 것이라도 경기 표면을 움직이면;
2.10.1.10 상대방 선수가 또는 상대방 선수가 입거나 지니고 있는 어떠한 것이라도 네트 어셈블리에 닿으면;
2.10.1.11 상대방 선수의 프리 핸드가 경기 표면에 닿으면;
2.10.1.12 상대방 복식조 중 한 선수가 첫 번째 서버와 첫 번째 리시버로 정해진 순서에 맞지 않게 공을 타격하면;
2.10.1.13 경기 촉진제(2.15.4)에서 정하는 바에 따라서.
2.10.1.14 양쪽 선수나 복식조 모두가 신체적 장애 때문에 휠체어를 타고 있으며
2.10.1.14.1 상대방 선수가 공을 타격할 때, 상대방 선수가 의자 또는 쿠션(들)과, 허벅지 뒷부분과, 최소한의 접촉을 유지하지 못하면;

2.10.1.14.2 상대방 선수가 공을 타격하기 전에, 어떤 손이라도 탁구대에 닿으면;
2.10.1.14.3 경기하는 도중에 상대방 선수의 휠체어 발판이나 발이 바닥에 닿으면;
2.10.1.15 상대방 복식조의 적어도 한 선수가 신체적 장애 때문에 휠체어를 타고 있을 때, 휠체어의 어떠한 부분이나 서있는 선수의 발이 탁구대의 센터라인의 가상적인 연장선을 넘으면;

2.11 게임(A GAME)
2.11.1 양쪽 선수나 양쪽 복식조가 모두 10점의 점수를 득점하지 않으면 11점의 점수를 먼저 득점한 선수나 복식조가 그 게임을 이긴다. 양쪽 선수나 양쪽 복식조가 모두 10점의 점수를 득점할 때는 그 이후에 먼저 2점의 점수를 앞서 득점한 선수나 복식조가 그 게임을 이긴다.

2.12 매치(A MATCH)
2.12.1 하나의 매치는 홀수 개의 게임들로 구성되어야 하며 과반의 게임들을 이긴 선수나 복식조가 매치를 승리한다.

2.13 서비스하기, 리시브하기, 엔드의 순서 (THE ORDER OF SERVING, RECEIVING AND ENDS)
2.13.1 매치를 시작할 때 서비스하기, 리시브하기, 그리고 엔드의 처음 순서를 선택할 권리는 추첨으로 결정해야 하며 추첨의 승자는 먼저 서비스하기나 리시브하기, 또는 특정 엔드에서 시작하기 중 하나를 선택할 수 있다.
2.13.2 추첨의 승자가 어떤 선택을 할 때, 상대방 선수나 복식조는 남은 나머지를 선택해야 한다.
2.13.3 2점의 점수 득점이 발생할 때마다 바로 이전에 리시브했던 선수나 복식조가 서비스하는 선수나 복식조가 되어야 하며, 양쪽 선수나 복식조가 모두 10점의 점수를 득점하거나 경기 촉진제가 시행되지 않는 한, 게임이 끝날 때까지 그렇게 한다. 양쪽 선수나 복식조가 모두 10점의 점수를 득점하거나 경기 촉진제가 시행될 때 서비스하기와 리시브하기의 순서는 같지만 각 선수는 단지 1점의 점수 득점을 위하여 교대로 서비스해야 한다.
2.13.4 복식 매치의 각 게임에서, 먼저 서비스할 권리를 가진 복식조는 그들 중에서 누가 먼저 서비스할 것인가를 결정해야 하며 매치의 첫 번째 게임에서 먼저 리시브해야 하는 복식조는 그들 중에서 누가 먼저 리시브할 것인가를 결정해야 한다. 그 매치의 이어지는 게임들에서, 먼저 서비스할 선수가 결정되면, 먼저

리시브해야 하는 선수는 바로 이전 게임에서 그 선수에게 서비스했던 선수가 되어야 한다.

2.13.5 복식 매치에서, 서비스가 바뀔 때마다 바로 이전 서비스의 리시버가 서버가 되며 바로 이전 서버의 짝이 리시버가 되어야 한다.

2.13.6 하나의 게임에서 먼저 서비스했던 선수나 복식조는 그 매치의 다음 게임에서 먼저 리시브해야 하며 복식 매치의 가능한 마지막 게임에서 어떠한 복식조라도 5점의 점수를 먼저 득점할 때 리시브해야 하는 복식조는 리시브하는 순서를 바꿔야 한다.

2.13.7 한 게임에서 어떤 엔드에서 경기를 시작한 선수나 복식조는 그 매치의 다음 게임에서 다른 엔드에서 경기를 시작해야 하며 그 매치의 가능한 마지막 게임에서 어떠한 선수나 복식조라도 5점의 점수를 먼저 득점할 때 선수들이나 복식조들은 서로 엔드를 바꿔야 한다.

2.14 서브하기, 리시브하기, 엔드의 잘못된 순서 (OUT OF ORDER OF SERVING, RECEIVING OR ENDS)

2.14.1 선수가 순서를 바꾸어 서비스하거나 리시브하면, 주심은 그 오류를 발견하자마자 경기를 중단해야 하며, 그 매치를 시작할 때 설정된 순서와, 복식 매치에서, 그 오류가 발견된 게임에서 먼저 서브할 권리를 가진 복식조가 선택한 서브하기의 순서에 따라서, 현재 점수 득점에서 각각 서버와 리시버여야 하는 선수들이 서브 하고 리시브하면서 경기를 재개해야 한다.

2.14.2 선수들이 엔드를 바꾸어야 할 때 제대로 엔드를 바꾸지 않았다면, 주심은 그 오류를 발견하자마자 경기를 중단해야 하며, 그 매치를 시작할 때 설정된 순서에 따라서, 현재 점수 득점에서 선수들이 있어야 할 엔드에 있도록 하여 경기를 재개해야 한다.

2.14.3 어떠한 상황에서도, 오류를 발견하기 전에 득점한 모든 점수들은 그대로 인정되어야 한다.

2.15 경기 촉진제(THE EXPEDITE SYSTEM)

2.15.1 2.15.2에 제시된 것을 제외하고, 하나의 게임에서 10분의 경기를 한 후에 또는 양쪽 선수나 복식조들이 모두 요청할 때 언제라도 경기 촉진제를 시행해야 한다.

2.15.2 하나의 게임에서 적어도 18점의 점수 득점이 있으면 그 게임에서 경기 촉진제를 시행하지 말아야 한다.

2.15.3 제한 시간에 도달할 때 공이 경기 중이고 경기 촉진제가 시행되어야 한다면, 주심은 경기를 중단해야 하며 중단된 그 랠리에서 서비스했던 선수의 서비스로 경기를 재개해야 한다. 경기 촉진제가 시행될 때 공이 경기 중이 아니면, 바로 이전의 랠리에서 리시브했던 선수의 서비스로 경기를 재개해야 한다.

2.15.4 경기 촉진제를 시행한 이후에, 그 게임이 끝날 때까지 각 선수는 차례차례 1점의 점수마다 서비스해야 하며, 하나의 랠리에서 리시브하는 선수나 복식조가 13 번의 올바른 리턴을 하면 리시버 쪽이 1점의 점수를 득점해야 한다.

2.15.5 경기 촉진제의 시행으로,

2.13.6 에서 정한, 매치를 시작할 때 정한 서비스하기와 리시브하기의 순서가 바뀌지 말아야 한다.

2.15.6 일단 경기 촉진제가 시행되면, 경기 촉진제는 그 매치가 끝날 때까지 계속 시행되어야 한다.

국제 경기 규정 (REGULATIONS FOR INTERNATIONAL COMPETITIONS)

3.1 규칙과 규정의 범위(SCOPE OF LAWS AND REGULATIONS)

3.1.1 경기의 유형(Types of Competition)

3.1.1.1 국제 경기는 2개 이상의 협회의 선수들이 참가할 수 있는 경기이다.

3.1.1.2 국제 매치는 협회를 대표하는 팀들 사이의 매치이다.

3.1.1.3 오픈 토너먼트는 모든 협회의 선수들에게 공개된(참가할 수 있는) 경기이다.

3.1.1.4 제한된 토너먼트는 나이를 제외한 특정한 집단의 선수들로 제한된 경기이다.

3.1.1.5 초청 토너먼트는, 개별적으로 초청된 특정한 협회들이나 선수들로 제한된 경기이다.

3.1.2 적용(Applicability)

3.1.2.1 3.1.2.2에 제시된 것을 제외하고, 규칙들은 세계 타이틀, 대륙 타이틀, 올림픽 타이틀, 그리고 패럴림픽 타이틀 경기들, 오픈 토너먼트들에 적용되어야 하며, 참가 협회들이 따로 합의하지 않는다면, 국제 매치들에 적용되어야 한다.

3.1.2.2 집행위원회는 오픈 토너먼트의 주최자가 일시적인 규칙의 변형(수정안)들을 채택하도록 공인할 수 있는 권한을 가져야 한다.

3.1.2.3 국제 경기들을 위한 규정들을 다음의 경기들에 적용해야 한다:

3.1.2.3.1 ITTF 평의회가 따로 공인하고 참가 협회들에게 사전에 통지하지 않는다면, 세계 타이틀, 올림픽 타이틀, 그리고 패럴림픽 타이틀 경기들;

3.1.2.3.2 해당 대륙 연맹이 따로 공인하고 참가 협회들에게 사전에 통지하지 않는다면, 대륙 타이틀 경기들;

3.1.2.3.3 집행위원회가 따로 공인하고 3.1.2.4에 따라서 참가자들에게 사전에 통지하지 않는다면, 오픈 국제 선수권 경기들 (3.7.1.2);

3.1.2.3.4 3.1.2.4에 제시된 것을 제외하고, 오픈 토너먼트들.

3.1.2.4 오픈 토너먼트가 이러한 규정들의 어떠한 것이라도 준수할 수 없다면, 변형된 규정의 본질과 범위를 참가 신청서 양식에 명시해야 한다; 신청서 양식을 완성하여 제출한다면, 그러한 규정들의 변형들을 포함하여, 그 경기의 조건들의 수락을 나타낸 것으로 간주해야 한다.

3.1.2.5 규칙들과 규정들을 모든 국제 경기들에 적용하는 것을 권장하지만, (ITTF) 헌장이 준수되는 것을 조건으로, 국제적인 제한 토너먼트들과 초청 토너먼트들, 그리고 비회원 단체들이 조직하는 인정된 국제 경기들은 조직위원회가 정한 규칙들과 규정들에 따라 개최될 수도 있다.

3.1.2.6 규칙들과 규정들의 변형들이 미리 합의되지 않았거나 경기의 공표된 규칙들과 규정들에서 명료하지 않다면, 국제 경기들을 위한 규칙들과 규정들을 적용하는 것으로 가정해야 한다.

3.1.2.7 ITTF 평의회는, 국제 경기들을 위한 장비의 명세들을 포함하여, 규칙들과 규정들의 자세한 설명들과 해석들을 기술이거나 행정적인 소책자들로 공표해야 한다; 집행위원회는 실용적인 지침들과 실행 절차들을 안내서들이나 지침서들로 공표할 수도 있다. 이러한 공표들은 권장 사항들이나 지침뿐 아니라 의무적인 부분들을 포함할 수도 있다.

3.2 장비와 경기 조건(EQUIPMENT AND PLAYING CONDITIONS)

3.2.1 승인과 공인된 장비(Approved and Authorized Equipment)

3.2.1.1 장비위원회는 ITTF 평의회를 대신하여 경기 장비의 승인과 공인을 수행해야 한다. 집행위원회는 승인이나 공인을 언제라도 유보할 수도 있으며 그 이후에 ITTF 평의회는 승인이나 공인을 취소할 수도 있다.

3.2.1.2 사용될 탁구대, 네트 어셈블리, 바닥재, 그리고 공의 상표들과 색상들을 오픈 토너먼트를 위한 신청서 양식이나 안내서에 일일이 명시해야 한다. ITTF나 경기가 개최되는 영토에 있는 협회가 탁구대, 네트 어셈블리, 그리고 공을 ITTF가 현재 승인한 상표들과 유형들에서 규정대로 선택하여 선정해야 한다; ITTF가 조직한 승인하고 선정한 토너먼트들에 대하여, 바닥재는 ITTF가 현재 승인한 상표와 유형이어야 한다.

3.2.1.3 라켓을 커버링하는 어떠한 정상적인 핌플 러버나 샌드위치 러버라도 ITTF가

현재 공인한 것이어야 하며 ITTF 로고, ITTF 번호(존재할 때), 공급자와 상표의 이름들이 손잡이에 가장 가깝게 선명하게 보이도록 블레이드에 부착되어야 한다. 사무국은 승인되고 공인된 모든 장비와 재질들의 목록들을 유지하고 있으며 ITTF 웹사이트에서 세부사항들을 구할 수 있다.

3.2.1.4 휠체어를 타는 선수를 위하여 탁구대 다리들은 탁구대의 엔드라인에서 적어도 40cm 이상 안쪽으로 떨어져야 한다.

3.2.2 경기 복장(Playing Clothing)

3.2.2.1 경기 복장은 반팔 소매나 민소매 셔츠와 반바지나 치마 또는 일체형 스포츠의 의상, 양말, 그리고 운동화로 구성되어야 한다; 긴 운동복의 일부나 전체와 같은, 다른 의복들은 레프리의 허락을 받는 경우를 제외하고 경기를 하는 동안에 입지 말아야 한다.

3.2.2.2 셔츠의 소매와 옷깃을 제외하고, 셔츠 그리고 치마나 반바지의 주 색상은 사용하는 공의 색상과 명확하게 달라야 한다.

3.2.2.3 선수, 소속 협회나, 클럽 매치들에서, 클럽을 식별하기 위하여 셔츠의 등 부분에 숫자들이나 글씨, 그리고 3.2.5.9의 조항에 부합하는 광고들을 새길 수도 있다. 셔츠의 등 부분에 선수의 이름을 새긴다면, 선수의 이름은 옷깃 바로 밑에 위치해야 한다.

3.2.2.4 선수를 식별하기 위하여 주최자가 부여하는 어떠한 번호들이라도 광고들보다 더 우선하여 셔츠의 등 가운데에 부착해야 한다; 그러한 번호들은 600cm² 이하의 면적을 갖는 패널 안에 포함되어야 한다.

3.2.2.5 경기 복장의 정면(앞)이나 측면(옆)에 있는 어떠한 표시들이나 장식 그리고 선수가 착용한 장신구와 같은 어떠한 물체들이라도 상대방 선수의 시야를 가릴 만큼 현란 하거나 밝게 반사되지 말아야 한다.

3.2.2.6 경기 복장은 모욕감을 줄 수 있거나 게임의 평판을 나쁘게 할 수도 있는 디자인들이나 문구를 포함하지 말아야 한다.

3.2.2.7 하나의 단체 매치에 참가하는 한 팀의 선수들, 그리고 세계 타이틀, 올림픽 타이틀, 또는 패럴림픽 타이틀 경기들에서 하나의 복식조를 구성하는 같은 협회의 선수 들은, 양말, 신발, 그리고 복장에 있는 광고들의 개수, 크기, 색상, 그리고 디자인을 가능한 예외로 하여, 복장을 균일하게 해야 한다.

3.2.2.8 상대방 선수들과 복식조들은 관중들이 쉽게 구분할 수 있도록 충분히 (서로) 다른 색상들의 셔츠들을 입어야 한다.

3.2.2.9 상대방 선수들이나 팀들이 유사한 셔츠를 입고 있으며 그들 중에서 누가 셔츠

를 바꿀 것인가에 대하여 합의할 수 없는 경우에, 주심이 추첨으로 결정해야 한다.

3.2.2.10 세계 타이틀, 올림픽 타이틀, 또는 패럴림픽 타이틀 경기들에서 경기하는 선수들은 소속 협회가 공인한 유형들의 셔츠 그리고 반바지나 치마를 입어야 한다. 이러한 경기들에서 경기하는 선수들은 셔츠의 등에 선수의 이름이 있어야 한다.

3.2.3 경기 조건(Playing Conditions)

3.2.3.1 최소 크기가 길이 14m, 폭 7m, 그리고 높이 5m 이상인 사각형으로 정의된다면, 경기 공간은 어떤 모양이어도 되지만, 4개의 모서리는 서라운드들로 가려질 수도 있다; 휠체어 경기들을 위하여, 경기 공간은 축소될 수도 있지만, 길이 8m 그리고 폭 6m 이상이어야 한다; 마스터 경기들을 위하여, 경기 공간은 축소될 수도 있지만, 길이 10m 그리고 폭 5m 이상이어야 한다.

3.2.3.2 다음의 장비와 비품들을 각 경기 구역의 일부분으로 취급한다: 네트 어셈블리를 포함하는 탁구대, 탁구대를 식별하는 인쇄된 번호들, 바닥, 심판들의 탁자들과 의자들, 득점 표시기들, 수건 상자들과 공 상자들, 서라운드들, 선수들이나 협회들의 이름들을 표시하는 서라운드 위의 게시판들, 그리고 경기에 영향을 주지 않는 방식으로 설치되어야 하는 작은 기술적인 장치. 3.2.3.3 높이가 최소 50cm이고 최대 100cm이며, 모두가 동일한 어두운 배경색인, 서라운드들로 경기 구역을 둘러싸야 하지만, 모서리들은 서라운드로 둘러싸지 않을 수도 있다.

3.2.3.3.1 LED(Light Emitting Diode)들과 유사한 장치들이 서라운드들에 사용된다면, 이것들은 매치를 하는 동안 선수들을 방해할 만큼 밝지 않아야 하며 공이 경기 중 일 때 변화하지 말아야 한다.

3.2.3.4 다른 주요 대회들뿐만 아니라 세계 타이틀, 올림픽 타이틀, 또는 패럴림픽 타이틀 대회에서, 조명의 밝기는 경기 표면과 경기 구역 위에서 균일하게 수직조도 1800 럭스와 수평조도 2000 럭스 이상이어야 하며 워밍업과 연습장의 탁구대 위에서 1000 럭스 이상이어야 한다.

3.2.3.5 여러 개의 탁구대들을 사용하는 경우에, 조명의 밝기는 모든 탁구대들에서 같아야 하며, 경기장의 배경 조명의 밝기는 경기 구역의 가장 어두운 부분보다 더 밝지 않아야 한다.

3.2.3.6 조명의 광원은 바닥에서 5m 이상의 높이에 있어야 한다.

3.2.3.7 배경은 일반적으로 어두워야 하며 밝은 광원들이나 가려지지 않은 창문들이

나 다른 틈들로 들어오는 햇빛을 포함하지 않아야 한다.
3.2.3.8 바닥은 밝은 색상이 아니며, 밝게 반사되지 말아야 하고, 미끄럽지 않으며, 탄성이 있어야 한다. 휠체어 경기들을 위하여 바닥은 단단할 수도 있다.
3.2.3.8.1 세계 타이틀, 올림픽 타이틀, 또는 패럴림픽 타이틀 경기들에서, 바닥은 목재이거나 ITTF가 공인한 감을 수 있는 합성 재질의 상표와 유형이어야 한다.
3.2.3.9 네트 어셈블리에 부착한 기술적 장치를 네트 어셈블리의 일부분으로 취급해야 한다.

3.2.4 라켓 컨트롤(Racket Control)
3.2.4.1 해로운 휘발성 용제들이 포함되지 않은 접착제들로 라켓 커버링들을 자신의 라켓 블레이드에 부착하는 것을 보장하는 것은 각 선수의 책임이다.
3.2.4.2 몇 개의 선정된 다른 ITTF 경기들뿐 아니라 모든 ITTF 세계 타이틀, 올림픽, 그리고 패럴림픽 경기들에서 라켓 컨트롤 센터를 설치해야 하며 대륙과 지역 경기들에서 라켓 컨트롤 센터를 설치할 수도 있다.
3.2.4.2.1 라켓 컨트롤 센터는, 장비위원회와 심판위원회가 권고하여 집행위원회가 수립한 원칙과 절차에 따라서, 편평도, 라켓 커버링의 두께, 심지어 층들의 두께와 연속성, 그리고 해롭거나 휘발성이 있는 물질의 존재를 포함하여, 그러나 이것에 국한하지 않고, 라켓들이 ITTF의 모든 규정들을 준수하는가를 확인하기 위하여 라켓들을 검사해야 한다.
3.2.4.2.2 일반적으로, 매치를 하기 전에 라켓 컨트롤 검사를 시행해야 한다. 매치-후 검사들은, 선수가 매치-전 검사를 위하여 라켓을 제시간에 제출하지 않을 때 만 또는 매치가 시작되기 전에 수행할 수 없는 테스트들이나 검사들을 위해서만, 시행되어야 한다.
3.2.4.2.3 매치하기 전의 라켓 컨트롤 검사를 통과하지 못한 라켓들을 (선수가) 사용할 수 없지만 시간이 허용된다면 즉시 검사될 수도 있는 두 번째 라켓으로 교체할 수도 있다. 그러나 교체한 라켓이 즉시 검사될 수 없다면, 그 매치가 끝난 후에 검사를 받을 것이다; 라켓들이 그 매치가 끝난 후에 무작위 라켓 컨트롤 검사를 통과하지 못하는 경우에는, 위반한 선수는 벌칙들을 받을 것이다.
3.2.4.2.4 모든 선수들은 매치하기 전에 어떠한 벌칙도 없이 자발적으로 자신의 라켓들을 검사 받을 수 있는 권리가 있다.
3.2.4.3 4년의 기간에서 라켓 검사의 어떠한 측면에서라도 누적하여 4번 검사에 실패를 하면, 선수는 그 경기 종목을 마칠 수도 있지만, 나중에 집행위원회는

위반한 그 선수에 대하여 12개월 동안 자격을 정지시킬 것이다.
3.2.4.3.1 ITTF는 자격이 정지된 선수에게 그러한 자격 정지를 서면으로 통지해야 한다. 3.2.4.3.2자격이 정지된 선수는 자격 정지의 문서를 받은 21일 이내에 ITTF 심사위원회에 항소를 할 수도 있다. 그러한 항소가 제출될지라도, 선수의 자격 정지에 대한 효력은 유지될 것이다.
3.2.4.4 ITTF는 2010년 9월 1일부터 유효하게 라켓 컨트롤 검사에 대한 모든 실패들을 기록으로 유지해야 한다.
3.2.4.5 라켓 커버링들을 라켓들에 부착하기 위하여 적절하게 환기되는 구역을 제공해야 하며, 액체 접착제들을 환기 구역을 제외한 어떠한 경기 장소에서도 사용하지 말아야 한다. "경기 장소"는 탁구와 그와 관련된 활동들을 위하여 사용되는 건물의 일부분, 편의시설들, 그리고 공공장소를 의미한다.

3.2.5 광고와 표시(Advertisements and Markings)
3.2.5.1 경기 구역 안에서, 3.2.3.2에 나열된 장비나 비품들에만 또는 선수의 경기 복장, 심판의 복장, 또는 선수의 번호판에만 광고들을 전시해야 하며 아무런 특별한 추가적인 전시들이 없어야 한다.
3.2.5.1.1 경기 구역 안이나 근처에, (선수의) 경기 복장이나 번호판들에, 그리고 심판들의 복장에 있는 광고들이나 표시들은 담배 상품, 술(알코올음료), 해로운 약, 또는 불법적인 제품을 위한 것이 될 수 없으며 부정적인 차별이나 인종, 외국인 혐오, 성별, 종교, 장애, 또는 다른 형태의 차별을 함축하고 있는 내용을 포함하지 말아야 한다. 그러나 명백하게 18세 미만의 선수들을 대상으로 조직되지 않은 경기들에 대하여, ITTF는 경기 구역 안이나 근처의 장비와 부속품에, 현지의 법률이 허용한다면, 증류하지 않은 술에 대한 광고들이나 표시들을 허락할 수도 있다.
3.2.5.2 올림픽과 패럴림픽 게임들에서 경기 장비에, 경기 복장에, 그리고 심판들의 복장에 있는 광고들은 IOC와 IPC의 규정들을 각각 따라야 한다.
3.2.5.3 경기 구역의 측면들의 서라운드들에 있는 LED(Light-Emitting Diode)와 유사한 장치들을 사용한 광고들은 예외로 하여, 경기 구역의 어디에서나 형광 색상들, 발광 색상들, 또는 반짝이는 색상들을 사용하지 말아야 하며 서라운드들의 바탕 색상은 어둡게 유지되어야 한다.
3.2.5.3.1 서라운드들에 있는 광고들은 매치를 하는 동안 어두운 색에서 밝은 색으로 그리고 그 반대로 바뀌지 말아야 한다.
3.2.5.3.2 ITTF의 사전 승인이 없이 LED와 유사한 장치들에 있는 광고들을 사용하지

말아야 한다.
3.2.5.4 서라운드들의 내부에 있는 문구나 기호들은, 두 가지 이하의 색상을 가져야 하고 사용하는 공의 색상과 명백하게 달라야 하며 40cm 높이 이내에 포함되어야 한다.
3.2.5.5 경기 구역의 바닥에는 6개까지의 광고들이 있을 수도 있다.
3.2.5.5.1 그러한 광고의 표시들은 탁구대의 각각의 엔드에 2개씩, 각각의 표시가 5m² 면적 이내에 포함되는, 그리고 탁구대의 각각의 옆면에 1개씩, 각각의 표시가 2.5 m² 면적 이내에 포함되는, 위치할 수도 있다.
3.2.5.5.2 엔드에 있는 광고의 표시들은 탁구대의 엔드 라인부터 표시의 옆까지 3m 이상 떨어져야 한다.
3.2.5.5.3 ITTF와 다른 색상들을 사전에 합의하지 않는다면, 그러한 광고의 표시들은 사용하는 공의 색상과 다르며 같은 균일한 색상이어야 한다.
3.2.5.5.4 그러한 광고의 표시들은 바닥재의 표면 마찰을 크게 바꾸지 말아야 한다.
3.2.5.5.5 그러한 광고의 표시들은 로고, 문자 상표, 또는 다른 아이콘들만으로 구성되어야 하며, 어떠한 배경이라도 포함하지 말아야 한다.
3.2.5.6 탁구대에 있는 광고들은 다음의 필요조건들을 준수해야 한다.
3.2.5.6.1 탁구대 상판의 각각의 옆면의 각각의 절반씩에 그리고 각각의 엔드에 제조사나 공급자의 이름이나 로고의 영구적인 광고 1개가 있을 수도 있다.
3.2.5.6.2 탁구대 상판의 각각의 옆면의 각각의 절반씩에 그리고 각각의 엔드에, 역시 제조사나 공급자의 이름이나 로고가 될 수 있는, 일시적인 광고 1개가 있을 수도 있다.
3.2.5.6.3 각각의 영구적인 광고와 일시적인 광고는 총 길이 60cm 이내에 포함되어야 한다.
3.2.5.6.4 일시적인 광고들은 어떠한 영구적인 광고들과 명확하게 분리되어야 한다.
3.2.5.6.5 광고들은 다른 탁구 장비 공급자를 위한 것이 아니어야 한다.
3.2.5.6.6 탁구대의 제조사나 공급자가 토너먼트의 타이틀 후원자인 경우를 제외하고, 하부구조물에 어떠한 광고, 탁구대의 이름, 탁구대의 제조사나 공급자의 이름이나 로고라도 있지 말아야 한다.
3.2.5.7 탁구대 네트의 양쪽 면에는 2개의 일시적인 광고가 있을 수도 있다. 그 광고들은 사용하는 공의 색상과 명확하게 달라야 하며, (네트의) 꼭대기 끝을 따라서 있는 테이프의 3cm 이내에 있지 말아야 한다. 탁구대의 사이드라인들의 수직 연장선들 안쪽에서 네트의 일부분들에 위치한 광고들은 로고, 문자 상표, 또는 다른 아이콘 들이어야 한다.

3.2.5.8 경기 구역 안에 있는 심판들의 탁자들이나 다른 가구에 있는 광고들은 어떠한 표면에서라도 전체 면적 750㎠ 이내에 포함되어야 한다.
3.2.5.9 경기 복장에 있는 광고들은 다음으로 제한되어야 한다.
3.2.5.9.1 전체 면적 24㎠ 이내의 제조사의 통상적인 상표, 기호, 또는 이름
3.2.5.9.2 셔츠의 앞면, 옆면, 또는 어깨에 6개 이하의 명확하게 분리된 광고들, 광고들은 누적 전체 면적 600㎠ 이내에 포함되어야 하며, 앞면에는 4개 이하의 광고들이 있을 수 있다.
3.2.5.9.3 셔츠의 뒷면에 2개 이하의 광고들, 광고들은 전체 면적 400㎠ 이내에 포함되어야 한다.
3.2.5.9.4 반바지나 스커트의 앞면과 옆면들에만 2개 이하의 광고들, 광고들은 누적 전체 면적 120㎠ 이내에 포함되어야 한다.
3.2.5.10 선수들의 번호판들에 있는 광고들은 전체 면적 100㎠ 이내에 포함되어야 한다. 그러한 번호판들이 사용되지 않으면 전체 면적 100㎠ 이내의 토너먼트 후원자들을 위한 일시적인 광고를 추가할 수도 있다.
3.2.5.11 심판들의 복장에 있는 광고들은 전체 면적 40㎠ 이내에 포함되어야 한다.

3.2.6 금지 약물 검사(Doping Control)
3.2.6.1 청소년 경기들을 포함하여, 국제 경기들에 참가하는 모든 선수들은 ITTF, 그 선수의 소속 협회, 그리고 선수들이 참가하는 경기에서 (금지 약물) 검사를 할 책임이 있는 어떠한 다른 반-도핑 기구가 경기-기간 중에 실시하는 금지 약물 검사를 받아야 한다.

3.2.7 전자 리뷰 시스템(Table Tennis Review)
3.2.7.1 전자 탁구 리뷰 시스템(TTR)이 사용될 수도 있으며, 사실의 문제에 대하여 책임이 있는 매치 오피셜의 결정에 반하여 선수가 이의제기를 할 때 시행될 것이다. TTR은 리뷰를 받아야 하는 결정으로 이끈 상황들의 다시 보기를 제공할 것이며, TTR 오피셜이 그 이의제기에 대한 최종적인 결정을 할 것이다.

3.3 매치 오피셜(MATCH OFFICIALS)
3.3.1 레프리(Referee)
3.3.1.1 각각의 경기를 위하여, 총괄하여 한 명의 레프리가 임명되어야 하며 레프리의 신분과 위치를 참가자들에게 알려야 하며 그리고, 적절한 곳에서, 팀 캡틴들에게 알려야 한다.
3.3.1.2 레프리는 다음 사항을 책임져야 한다.

3.3.1.2.1 추첨을 진행하기.
3.3.1.2.2 시간대별로 그리고 탁구대별로 매치들의 일정을 수립하기.
3.3.1.2.3 매치 오피셜들을 임명하기.
3.3.1.2.4 토너먼트를 시작하기 전에 매치 오피셜들에게 브리핑을 시행하기.
3.3.1.2.5 선수들의 자격(적격성)을 확인하기.
3.3.1.2.6 비상시에 경기를 (일시적으로) 중단할 것인가를 결정하기.
3.3.1.2.7 선수들이 매치를 하는 중에 경기 구역을 벗어나는 것을 허용할 것인가를 결정하기.
3.3.1.2.8 규정으로 정해진 연습 기간을 연장하는 것을 허용할 것인가를 결정하기.
3.3.1.2.9 선수들이 매치를 하는 동안 긴 운동복을 입을 수 있도록 허용할 것인가를 결정하기.
3.3.1.2.10 복장, 경기 장비, 그리고 경기 조건들의 수용 여부를 포함하여, 규칙들과 규정 들의 해석에 대한 어떠한 문제라도 결정하기.
3.3.1.2.11 경기가 (일시적으로) 비상 중단이 된 동안에, 선수들이 연습을 할 수 있는가 와 어디에서 연습을 할 것인가를 결정하기.
3.3.1.2.12 나쁜 행동이나 규정들의 다른 위반들에 대하여 징계를 내리기.
3.3.1.3 경기운영위원회의 동의 하에, 레프리의 직무들 중 어떠한 것이라도 다른 사람 (대리인)들에게 위임하는 경우, 이러한 대리인들 각각의 특정한 책임들과 위치들을 참가자들에게 알려야 하며 그리고, 적절한 곳에서, 팀 캡틴들에게 알려야 한다.
3.3.1.4 레프리는, 또는 레프리가 부재중일 때 권한을 행사하도록 임명된 책임이 있는 대리인은, 경기가 진행되고 있는 내내 자리에 있어야 한다.
3.3.1.5 레프리는 필요하다고 판단하면 언제나 매치 오피셜을 다른 사람으로 교체할 수 있지만, 레프리는 교체된 매치 오피셜의 관할 범위 내에서 사실의 문제에 대하여 교체된 매치 오피셜이 이미 결정한 것을 바꿀 수는 없다.
3.3.1.6 선수들이 경기 장소에 도착할 때부터 떠날 때까지 레프리는 선수들을 관할해야 한다.
3.3.2 주심, 부심, 스트로크 카운터, TTR 오피셜(Umpire, Assistant Umpire, Stroke Counter and Table Tennis Review official)
3.3.2.1 각각의 매치를 위하여 한 명의 주심과 한 명의 부심이 임명되어야 한다.
3.3.2.2 주심은 네트와 일직선으로 줄을 맞추어 앉거나 서있어야 하며 부심은, 탁구대의 반대편에서, 주심을 직접 마주보고 앉아야 한다.
3.3.2.3 주심은 다음 사항들을 책임져야 한다.

3.3.2.3.1 장비와 경기 조건들의 적합성을 검사하고 어떠한 결함이라도 레프리에게 보고하기.
3.3.2.3.2 3.4.2.1.1~2에 제시된 것에 따라서 하나의 공을 무작위로 선택하기.
3.3.2.3.3 서브하기, 리시브하기, 그리고 엔드의 선택을 위한 추첨을 시행하기.
3.3.2.3.4 신체적 장애를 가진 선수를 위하여 서비스 규칙의 필요조건들을 완화할 것인가를 결정하기.
3.3.2.3.5 서브하기, 리시브하기, 그리고 엔드의 순서를 통제하고 그런 점에서의 어떠한 오류들이라도 수정하기.
3.3.2.3.6 각각의 랠리를 점수 득점이나 렛으로 결정하기.
3.3.2.3.7 지정된 절차에 따라서, 득점을 부르기.
3.3.2.3.8 적절한 시점에 경기 촉진제를 도입하기.
3.3.2.3.9 경기의 연속성을 유지하기.
3.3.2.3.10 조언이나 행동 규정들의 위반들에 대하여 조치하기.
3.3.2.3.11 상대방 선수들이나 팀들이 유사한 셔츠를 입고 있으며 그들 중의 누가 셔츠를 갈아입을 것인가에 대하여 합의할 수 없으면, 어떤 선수, 복식조, 또는 팀이 셔츠를 갈아입을 것인가를 추첨으로 결정하기.
3.3.2.3.12 공인된 사람들만 경기 구역에 있는 것을 확인하기.
3.3.2.4 부심은 다음의 직무들을 수행해야 한다.
3.3.2.4.1 경기 중인 공이 부심에 가장 가까운 탁구대 옆에서 경기 표면의 모서리에 닿았는가의 여부를 결정해야 한다.
3.3.2.4.2 조언이나 행동 규정들의 위반들을 주심에게 알려야 한다.
3.3.2.5 주심이나 부심 중 누구라도 다음을 결정할 수도 있다.
3.3.2.5.1 선수의 서비스 동작이 불법적인가를 결정할 수도 있다.
3.3.2.5.2 네트 어셈블리에 닿지 않았다면 올바른 서비스에서, 공이 네트 어셈블리에 닿았는가를 결정할 수도 있다.
3.3.2.5.3 선수가 공을 방해하였는가를 결정할 수도 있다;
3.3.2.5.4 경기의 조건들이 그 랠리의 결과에 영향을 줄 수도 있는 방식으로 어지럽혀졌는가를 결정할 수도 있다;
3.3.2.5.5 연습 기간의, 경기의, 그리고 인터벌의 경과를 계측할 수도 있다.
3.3.2.6 경기 촉진제가 시행될 때, 리시브하는 선수나 복식조의 타격들의 횟수를 세기 위하여, 부심이나 별도의 오피셜 한 명 중 누구라도 스트로크 카운터의 역할을 할 수도 있다.
3.3.2.7 3.3.2.5의 조항들에 따라서 부심이 내린 결정을 주심이 번복할 수 없다.

3.3.2.8 TTR이 시행될 때, 주심이나 부심 중 누구라도 내린 결정을 TTR 오피셜이 무효로 만들 수도 있다.

3.3.2.9 선수들이 경기 구역에 도착할 때부터 떠날 때까지 주심은 선수들을 관할해야 한다.

3.3.3 이의제기(Appeals)

3.3.3.1 개인 경기 종목에서, 선수들 사이의 어떠한 합의라도, 또는 단체 경기 종목에서, 팀 캡틴들 사이에 어떠한 합의라도 책임지고 있는 매치 오피셜이 내린 사실의 문제에 대한 결정을, 책임지고 있는 레프리가 내린 규칙들과 규정들의 해석의 문제에 대한 결정을, 그리고 책임지고 있는 운영위원회가 내린 토너먼트나 매치의 진행에 대하여 내린 어떠한 다른 문제에 대한 결정을 바꿀 수 없다.

3.3.3.2 책임지고 있는 매치 오피셜이 내린 사실의 문제에 대한 결정에 반대하여 레프리에게 어떠한 이의제기라도 할 수 없으며, 레프리가 결정한 규칙들과 규정들의 해석의 문제에 반대하여 운영위원회에 어떠한 이의제기라도 할 수 없다.

3.3.3.3 TTR이 시행될 때, 사실의 문제에 대하여 책임지고 있는 매치 오피셜이 내린 결정에 반대하여 TTR 오피셜에게 이의제기를 할 수도 있으며, TTR 오피셜의 결정이 최종적이다.

3.3.3.4 규칙들과 규정들의 해석과 관련된 매치 오피셜의 결정에 반대하여 레프리에게 이의를 제기할 수도 있으며, 레프리의 결정이 최종적이어야 한다.

3.3.3.5 규칙들과 규정들에서 다루지 않은 토너먼트나 매치의 진행과 관련된 레프리의 결정에 반대하여 경기운영위원회에 이의제기 할 수도 있으며, 경기운영위원회의 결정이 최종적이어야 한다.

3.3.3.6 개인 경기 종목에서 문제가 발생한 그 매치에 참가하는 선수만이 이의제기를 할 수도 있다. 단체 경기 종목에서 문제가 발생한 그 매치에 참가하는 팀의 캡틴만이 이의제기를 할 수도 있다.

3.3.3.7 레프리의 결정으로 발생하는 규칙들이나 규정들의 해석에 대한 문제나 경기운영위원회의 결정으로 발생하는 토너먼트나 매치의 진행에 대한 문제를, 이의를 제기할 자격이 있는 선수나 팀 캡틴이, 소속 협회를 통하여, ITTF규칙위원회에 심의해달 라고 제출할 수도 있다.

3.3.3.8 규칙위원회는 앞으로의 결정들에 대한 지침으로써 판결을 내려야 하며, 해당 협회가 이 판결을 ITTF 평의회나 총회에 항의의 문제로 제시할 수도 있지만, 이것이 책임이 있는 레프리나 운영위원회가 이미 내린 어떠한 최종적인

결정에도 아무런 영향을 주지 말아야 한다.

3.4 매치 진행(MATCH CONDUCT)
3.4.1 득점 표시(Score Indication)
3.4.1.1 주심은 랠리가 끝난 시점에서 공이 경기 중이 아니자마자 바로 또는 그런 후에 실현 가능한 한 빠르게 (점수) 득점을 불러야 한다.

3.4.1.1.1 게임을 하는 동안 (점수) 득점을 부를 때 주심은 그 게임의 다음 랠리에서 서브 해야 하는 선수나 복식조가 득점한 점수의 숫자를 먼저 부르며 그 다음에 상대방 선수나 복식조가 득점한 점수의 숫자를 불러야 한다.

3.4.1.1.2 게임을 시작할 때와 서버를 바꾸어야 할 때, 주심은 다음 서버를 가리켜야 하며, 점수 득점을 부른 후에 다음 서버의 이름을 부를 수도 있다.

3.4.1.1.3 게임이 끝날 때, 주심은 승리한 선수나 복식조가 득점한 점수의 숫자를 부른 다음에 패배한 선수나 복식조가 득점한 점수의 숫자를 불러야 하며, 그런 다음에 승리한 선수나 복식조의 이름을 부를 수도 있다.

3.4.1.2 득점을 부르는 것에 추가하여, 주심은 자신의 결정들을 나타내기 위하여 수신호를 사용할 수도 있다.

3.4.1.2.1 점수 득점이 발생할 때, 주심은 주먹을 쥔 상태로 손을 위로 들면서 위팔은 수평이 되고 팔뚝은 수직이 되도록 하여 점수를 득점한 선수나 복식조에 가까운 팔을 들어 올릴 수도 있다.

3.4.1.2.2 어떠한 이유로도 랠리가 렛일 때, 주심은 그 랠리가 끝났다는 것을 나타내기 위하여 손을 머리 위로 들어 올릴 수도 있다.

3.4.1.3 득점과, 경기 촉진제가 진행될 때, 타격들의 횟수를 영어로 또는 양쪽 선수들이나 복식조들 그리고 주심이 받아들일 수 있는 다른 언어로 불러야 한다.

3.4.1.4 선수들과 관중들이 확실하게 볼 수 있도록 득점을 기계적이거나 전자적인 표시장치들에 표시해야 한다.

3.4.1.5 선수가 나쁜 행동 때문에 공식적으로 경고를 받을 때, 노란색 표식을 득점 표시기 위에 또는 근처에 놓아야 한다.

3.4.2 장비(Equipment)
3.4.2.1 선수들은 경기 구역에서 공들을 선택하지 말아야 한다.

3.4.2.1.1 선수들은 경기 구역에 오기 전에 가능한 곳에서 하나 이상의 공을 선택할 기회를 가져야 하며 그 선수들이 선택한 그 공으로 매치를 진행해야 한다.

3.4.2.1.2 선수들이 경기 구역에 오기 전에 공을 선택하지 않았거나 선수들이 사용할

공에 대하여 합의할 수 없다면, 경기를 위하여 지정된 공들의 상자에서 주심이 무작위로 집은 공으로 매치를 진행해야 한다.
3.4.2.1.3 매치를 하는 도중에 공이 손상되면, 매치를 시작하기 전에 (선수들이) 선택한 다른 공으로 교체해야 하거나, 그렇게 교체할 다른 공이 없다면, 경기를 위하여 지정된 공들의 상자에서 주심이 무작위로 집은 공으로 교체해야 한다.
3.4.2.2 라켓 커버링은, 경기 성질들, 마찰, 외관, 색상, 구조, 표면 등을 바꾸거나 수정하는, 어떠한 물리적, 화학적, 또는 다른 처리라도 없이 ITTF가 공인한대로 사용해야 한다. 특별히, 어떠한 첨가제들이라도 사용하지 말아야 한다.
3.4.2.3 라켓은 라켓 컨트롤 검사의 모든 기준치들을 성공적으로 통과해야 한다.
3.4.2.4 라켓이 사용될 수 없을 정도로 우연히 심하게 손상되지 않으면 개별적인 매치를 하는 동안 라켓을 교체하지 말아야 한다. 라켓이 우연히 심하게 손상된다면, 손상된 라켓을 그 선수가 경기 구역에 가지고 온 다른 라켓이나 경기 구역으로 다른 사람이 건네준 라켓으로 즉시 교체해야 한다.
3.4.2.5 주심이 따로 공인하지 않으면, 선수들은 인터벌들 동안 그들의 라켓들을 탁구대 위에 놓아야 하지만; 라켓이 손에 묶여져 있으면, 주심은 인터벌들 동안 손에 묶인 선수의 라켓을 그 선수가 보유하도록 허용해야 한다.

3.4.3 연습(Practice)

3.4.3.1 선수들은, 정상적인 인터벌 동안이 아니라, 매치를 시작하기 바로 전에 매치를 할 탁구대에서 최대 2분까지 연습할 수 있는 권리를 가진다. 정해진 연습 기간은 레프리의 허락이 있을 때만 연장될 수도 있다.
3.4.3.2 비상 상황으로 경기가 (일시적으로) 중단된 동안, 레프리는 선수들이, 매치를 하는 탁구대를 포함하여, 어떠한 탁구대에서라도 연습할 수 있도록 허용할 수도 있다.
3.4.3.3 선수들은 자신이 사용할 어떠한 장비라도 확인하고 익숙하게 할 합당한 기회를 가져야 하지만, 이것이 손상된 공이나 라켓을 교체한 후 경기를 재개하기 전에 선수들이 많은 연습 랠리를 할 수 있는 권리를 자동적으로 부여하는 것은 아니다.

3.4.4 인터벌(Intervals)

3.4.4.1 어떠한 선수라도 다음의 권리를 가지는 경우를 제외하고 경기는 개별적인 매치를 하는 동안 내내 연속적이어야 한다.
3.4.4.1.1 각 매치의 연속적인 게임들 사이에 1분까지의 인터벌;

3.4.4.1.2 각 게임의 시작부터 6점의 점수 득점마다 땀을 닦기 위한 짧은 인터벌과 개별적인 매치의 가능한 마지막 게임에서 엔드를 교체할 때 짧은 인터벌.

3.4.4.2 각각의 매치를 하는 동안, 선수나 복식조는 1분까지의 타임-아웃을 한번 요청할 수도 있다.

3.4.4.2.1 개인 경기 종목에서 선수나 복식조 또는 지정된 조언자가 타임-아웃을 요청할 수도 있다; 단체 경기 종목에서 선수나 복식조 또는 팀 캡틴이 타임-아웃을 요청할 수도 있다.

3.4.4.2.2 개인 경기 종목에서, 선수나 복식조와 조언자가 타임-아웃 요청에 합의하지 못한다면, 선수나 복식조가 최종적으로 결정해야 한다. 단체 경기 종목에서, 선수나 복식조와 팀 캡틴이 타임-아웃 요청에 합의하지 못한다면, 팀 캡틴이 최종적으로 결정해야 한다.

3.4.4.2.3 하나의 게임에서 랠리들 사이에서만 요청할 수 있는 타임-아웃은 양손으로 "T" 표시를 만들어 요청해야 한다.

3.4.4.2.4 유효한 타임-아웃의 요청을 받자마자, 주심은 경기를 (일시적으로) 중단해야 하며 타임-아웃을 요청한 선수나 복식조 쪽의 손으로 흰색 카드를 들어야 한다. (주심이나 부심은) 흰색 카드나 다른 적당한 표식을 타임-아웃을 요청한 선수나 복식조의 코트 위에 놓아야 한다.

3.4.4.2.5 타임-아웃을 요청한 선수나 복식조가 경기를 계속할 준비가 되거나 1분의 시간이 경과하자마자, 어느 쪽이든 더 빠른 것을 적용하여, (주심이나 부심은 코트 위에 놓아둔) 흰색 카드나 표식을 제거하고 경기를 재개해야 한다.

3.4.4.2.6 양쪽이 모두 동시에 유효한 타임-아웃을 요청한다면, 양쪽 선수들이나 복식조들이 모두 경기를 할 준비가 되거나 1분의 시간이 경과할 때, 어느 쪽이든 더 빠른 것을 적용하여, 경기를 재개해야 하며, 양쪽의 어떠한 선수나 복식조라도 그 개별적인 매치를 하는 동안 다른 타임-아웃을 요청할 권리를 가질 수 없다.

3.4.4.3 단체 매치에서 연속적으로 경기를 해야 하는 선수가 그 매치들 사이에 5분까지의 인터벌을 요구할 수도 있는 것을 제외하고 그 단체 매치의 연속적인 개별적인 매치들 사이에 인터벌이 없어야 한다.

3.4.4.4 선수가 사고로 일시적으로 움직일 수 없다면, 레프리의 견해에서 경기의 일시적인 중단이 상대방 선수나 복식조에게 부당하게 불리할 것 같지 않다는 조건하에, 레프리는 실행 가능한 가장 짧은 기간 동안 그리고 어떤 상황에서도 10분을 넘지 않게, 경기의 일시적인 중단을 허용할 수도 있다.

3.4.4.5 매치를 시작할 때 이미 존재했거나 합리적으로 예상할 수 있었던 장애 때문

에, 또는 경기의 통상적인 스트레스로 인하여 발생한 장애 때문에 일시적인 중단을 허용하지 말아야 한다. 선수의 현재 건강 상태나 경기를 진행하는 방식에 의하여 야기되는 경련이나 탈진과 같은 장애는 그러한 비상 중단을 정당화하지 않는다. 넘어져서 입은 부상과 같이 사고로 유발되는 불능 상태에 대해서만 비상 중단을 허용할 수도 있다.

3.4.4.4.6 경기 구역 내에 있는 누구라도 피를 흘린다면, 경기를 즉시 일시적으로 중단해야 하며 그 사람이 의학적 치료를 받고 경기 구역에서 모든 혈흔들을 제거할 때까지 경기를 다시 재개하지 말아야 한다.

3.4.4.4.7 레프리의 허락을 받은 경우를 제외하고, 선수들은 개별적인 매치를 하는 동안 계속 경기 구역 안이나 근처에 남아 있어야 한다. 게임들 사이의 인터벌과 타임-아웃들 동안 선수들은, 주심의 통제를 받으면서, 경기 구역의 3미터 이내에 머물러야 한다.

3.5 규율(DISCIPLINE)

3.5.1 조언(Advice)

3.5.1.1 단체 경기 종목에서, 경기 구역에 있도록 승인된 누구라도 선수들에게 조언을 할 수도 있다.

3.5.1.2 개인 경기 종목에서, 복식조의 선수들이 다른 협회 소속일 때 각각의 선수는 한 명의 조언자를 따로 지명할 수도 있는 것을 제외하고, 주심에게 미리 지명한 한 명의 조언자만 선수나 복식조에게 조언을 할 수도 있지만, 3.5.1과 3.5.2와 관련하여 이 두 명의 조언자들을 하나의 단위로 취급해야 한다. 공인되지 않은 사람이 조언을 한다면 주심은 레드 카드를 들어 그 조언을 한 사람을 경기 구역 밖으로 퇴장시켜야 한다.

3.5.1.3 조언 때문에 경기가 지연되지 않는다면(3.4.4.1) 랠리 중일 때를 제외하고 선수들은 언제라도 조언을 받을 수도 있다. 공인된 어떠한 조언자라도 (처음으로) 불법적으로 조언을 한다면, 더 이상의 어떠한 불법적인 조언이라도 한다면 경기 구역 밖으로 퇴장될 것이라고 경고하기 위하여 주심은 옐로우 카드를 들어야 한다.

3.5.1.4 경고가 주어진 다음에, 같은 단체 매치나 개인 경기 종목의 같은 매치에서 누구라도 다시 불법적으로 조언을 한다면, 그 조언자가 경고를 받은 여부에 상관없이, 주심은 레드 카드를 들어 그 조언자를 경기 구역 밖으로 퇴장시켜야 한다.

3.5.1.5 단체 매치에서 퇴장된 조언자는 경기를 해야 하는 경우를 제외하고, (경기 구역으로) 돌아오도록 허용될 수 없으며, 퇴장된 조언자는 단체 매치가 끝날 때까지 다른 조언자로 대체될 수 없다. 개인 경기 종목에서 퇴장된 조언자는 그 개별적인 매치가 끝날 때까지 (경기 구역으로) 돌아오도록 허용될 수 없다.
3.5.1.6 퇴장 벌칙을 받은 조언자가 경기 구역을 떠나기를 거부하거나, 그 매치가 끝나기 전에 돌아온다면, 주심은 경기를 (일시적으로) 중단하고 레프리에게 보고해야 한다. 3.5.1.7이러한 규정들을 경기에 대한 조언에만 적용해야 하며, 선수나 팀 캡틴이, 적절하게, 적법한 이의제기를 하지 못하게 하거나 판정의 설명에 대하여 통역사나 협회의 대표와 상의하는 것을 방해하지 말아야 한다.

3.5.2 나쁜 행동(Misbehavior)
3.5.2.1 선수들 그리고 코치들이나 다른 조언자들은, 욕설하기, 의도적으로 공을 깨트리거나 경기 구역 밖으로 쳐내기, 탁구대나 서라운드들을 발로 차기, 그리고 매치 오피셜들에 대한 무례와 같이, 상대방 선수에게 부당하게 영향을 줄 수도 있는, 관중을 불쾌하게 할 수도 있는, 또는 스포츠의 평판을 떨어뜨릴 수도 있는 행동을 하지 말아야 한다.
3.5.2.2 선수, 코치, 또는 다른 조언자가 언제라도 심각하게 나쁜 행동을 한다면, 주심은 경기를 일시적으로 중단하고 즉시 레프리에게 보고해야 한다; 덜 심각한 나쁜 행동들에 대하여, 주심은, 첫 번째 위반의 경우에, 옐로우 카드를 들어 어떠한 더 이상의 나쁜 행동이라도 한다면 벌칙을 받을 수 있음을 경고할 수도 있다.
3.5.2.3 3.5.2.2와 3.5.2.5에 제시된 것을 제외하고, 공식적으로 경고를 받은 선수가 같은 개별적인 매치나 단체 매치에서 두 번째로 나쁜 행동을 한다면 주심은 옐로우 카드와 레드 카드를 함께 들면서 위반자의 상대방에게 1점의 점수를 부여해야 하며, 그 다음에 추가적으로 나쁜 행동을 다시 한다면 주심은 옐로우 카드와 레드 카드를 함께 들면서 위반자의 상대방에게 2점의 점수를 부여해야 한다.
3.5.2.4 같은 개별적인 매치나 단체 매치에서 상대방에게 3점의 벌칙 점수를 부여한 선수가 계속해서 나쁜 행동을 한다면, 주심은 경기를 일시적으로 중단하고 레프리에게 즉시 보고해야 한다.
3.5.2.5 선수가 개별적인 매치를 하는 동안 손상되지 않은 자신의 라켓을 교체한다면, 주심은 경기를 일시적으로 중단하고 레프리에게 즉시 보고해야 한다.
3.5.2.6 복식조의 어떠한 선수라도 발생시킨 경고나 벌칙은 그 복식조에게 적용되어

야 하지만, 같은 단체 매치의 그 다음의 개별적인 매치에서 위반하지 않은 선수에게는 적용되지 말아야 한다. 복식 매치를 시작할 때, 같은 단체 매치에서 복식조의 누구라도 발생시킨 어떠한 경고나 벌칙들 중에서 더 높은 것을 복식조가 발생시킨 것으로 간주해야 한다.

3.5.2.7 3.5.2.2에 제시된 것을 제외하고, 이미 경고를 받은 코치나 다른 조언자가 같은 개별적인 매치나 단체 매치에서 추가적인 위반을 한다면, 주심은 레드 카드를 들어 그 위반자를 단체 매치가 끝날 때까지, 또는 개인 경기 종목에서, 개별적인 매치가 끝날 때까지 경기 구역 밖으로 퇴장시켜야 한다.

3.5.2.8 레프리는, 주심이 보고하거나 하지 않더라도, 심하게 불공정하거나 무례한 행동을 한 선수를 하나의 매치, 경기 종목, 또는 경기에서 실격시킬 수 있는 권한을 가져야 한다. 레프리는 그렇게 할 때 레드 카드를 들어야 한다; 실격시키지 않아도 될 만 큼 덜 심각한 나쁜 행동에 대하여, 레프리는 그러한 나쁜 행동을 ITTF 청렴조사국에 보고할 수도 있다.

3.5.2.9 선수가 단체 경기 종목이나 하나의 개인 경기 종목의 2개의 매치들에서 실격된다면, 그 선수는 그 단체 경기 종목이나 개인전 경기에서 자동적으로 실격되어야 한다.

3.5.2.10 레프리는 경기 기간 동안 경기 구역에서 2번 퇴장당한 누구라도 그 경기의 나머지 기간 동안 실격시킬 수도 있다.

3.5.2.11 선수가 어떠한 이유에서라도 경기 종목이나 경기에서 실격된다면, 그 선수는 경기 종목이나 경기와 관련된 어떠한 타이틀, 메달, 상금, 또는 순위 점수라도 자동적으로 몰수당해야 한다.

3.5.2.12 아주 심하게 나쁜 행동의 사례들은 위반자의 소속 협회에 보고되어야 한다.

3.5.2.13 ITTF 청렴조사국은 3.5.2의 조항의 어떠한 심각한, 반복되는, 또는 지속적인 위반에 대하여 추가적인 조치를 할 수도 있으며, ITTF 청렴 규정이나 ITTF 심사위원회 규정에 의하여 하나 이상의 징계들의 부과를 모색할 것이다.

3.5.3 모범적인 태도(Good Presentation) 3.5.3.1선수들, 코치들, 그리고 오피셜들은 스포츠의 훌륭한 프레젠테이션의 목표를 유지시켜야 하며 스포츠 윤리에 적합하지 않는 방식으로 경기의 요소에 영향을 줄 수 있는 어떠한 시도라도 자제함으로써 스포츠의 순수함을 보호해야 한다.

3.5.3.1.1 선수들은 매치를 이기기 위하여 최선을 다해야 하며 질병이나 부상의 이유들을 제외하고 기권하지 말아야 한다.

3.5.3.1.2 선수들, 코치들, 그리고 오피셜들은 그들 자신의 매치들과 경기들에 관련된 어떠한 형태의 내기나 도박에 참여하거나 지원하지 말아야 한다.

3.5.3.2 이러한 원칙들을 의도적으로 준수하지 않는 어떠한 선수라도 상금이 걸린 경기들에서의 상금 전체나 일부의 몰수로 징계를 받아야 하며 그리고/또는 ITTF 경기들 ITTF 청렴조사국(ITTF Integrity Unit)의 출전 정지 징계를 받아야 한다.

3.5.3.3 어떠한 조언자나 오피셜이라도 연루된 공모가 밝혀지면 해당 소속 협회도 역시 이들을 징계할 것으로 예상된다.

3.5.3.4 ITTF 청렴조사국은 3.5.2의 조항의 어떠한 심각한, 반복되는, 또는 지속적인 위반에 대하여 추가적인 조치를 할 수도 있으며, ITTF 청렴 규정이나 ITTF 심사위원회 규정에 의하여 하나 이상의 징계들의 부과를 모색할 것이다.

3.6 녹아웃 경기를 위한 추첨(DRAW FOR KNOCKOUT COMPETITIONS)

3.6.1 부전승들과 예선 통과자들(Byes and Qualifiers)

3.6.1.1 녹아웃 경기의 첫 번째 라운드에서 추첨 자리의 수는 원칙적으로 2의 거듭제곱이어야 한다.

3.6.1.1.1 참가자가 추첨 자리의 수보다 더 적다면, 첫 번째 라운드는 요구되는 수를 만들기 위하여 충분한 부전승들을 포함해야 한다.

3.6.1.1.2 참가자가 추첨 자리의 수보다 더 많으면, 예선 통과자들의 수와 직접 본선 진출 자들의 수를 합하여 요구되는 수를 만들기 위하여 예선 경기를 개최해야 한다. 3.6.1.2 부전승들은, 시드가 배정된 자리에 먼저 배치되면서, 첫 번째 라운드 전체에서 시드의 순서대로 가능한 한 균등하게 분포되어야 한다.

3.6.1.3 예선 통과자들은 추첨의 2분의 1, 4분의 1, 8분의 1, 또는 16분의 1 중에서, 적절하게, 가능한 한 균등하게 추첨되어야 한다.

3.6.2 순위에 의한 시드 배정(Seeding by Ranking)

3.6.2.1 한 경기 종목에서 가장 높은 순위의 참가자들은 최종 라운드 이전에 만날 수 없도록 시드 배정을 받아야 한다.

3.6.2.2 시드 배정을 받는 참가자들의 수는 그 경기 종목의 원칙적으로 첫 번째 라운드의 참가자 수를 넘지 말아야 한다.

3.6.2.3 참가자 중 순위가 1위인 참가자는 대진표의 첫 번째 절반의 가장 위에 위치해야 하며, 순위가 2위인 참가자는 두 번째 절반의 가장 아래에 위치해야 하지만, 다른 시드 배정을 받은 모든 참가자들은 대진표에서, 다음과 같이, 명시된 위치들로 추첨되어야 한다.

3.6.2.3.1 참가자 중 순위가 3위와 4위인 참가자들은 대진표의 첫 번째 절반의 가장 아래 자리와 두 번째 절반의 가장 위쪽 자리로 추첨으로 배정되어야 한다.

3.6.2.3.2 참가자 중 순위가 5~8위인 참가자들은 대진표의 홀수 번째 4분의 1들의 가장 아래쪽 자리들과 짝수 번째 4분의 1들의 가장 위쪽 자리들로 추첨으로 배정되어야 한다.

3.6.2.3.3 참가자 중 순위가 9~16위인 참가자들은 대진표의 홀수 번째 8분의 1들의 가장 아래쪽 자리들과 짝수 번째 8분의 1들의 가장 위쪽 자리들로 추첨으로 배정되어야 한다;

3.6.2.3.4 참가자 중 순위가 17~32위인 참가자들은 추첨의 홀수 번째 16분의 1들의 가장 아래쪽 자리들과 짝수 번째 16분의 1들의 가장 위쪽 자리들로 추첨으로 배정되어야 한다.

3.6.2.4 단체 녹아웃 경기 종목에서 하나의 협회에서 가장 높은 순위의 팀만이 순위에 의한 시드 배정을 받을 자격이 있다.

3.6.2.5 순위에 의한 시드 배정은 다음의 경우를 제외하고 ITTF가 공표한 가장 최신의 순위 목록의 순서를 따라야 한다:

3.6.2.5.1 토너먼트의 모든 참가자들이 같은 대륙 연맹에 속한 협회들 소속일 때, 대회요강에 따로 명시되어 있지 않으면, 그 연맹이 공표한 가장 최신의 순위 목록을 먼저 적용해야 한다.

3.6.2.5.2 시드 배정을 받을 자격이 있는 모든 참가자들이 같은 협회 소속일 때, 그 협회가 공표한 가장 최신의 순위 목록을 먼저 적용해야 한다.

3.6.3 협회 지명에 의한 시드 배정(Seeding by Association Nomination)

3.6.3.1 같은 협회에서 지명한 선수들과 복식조들은 그러한 특정한 경기 종목이나 경기 종목들의 그룹을 위하여 구체적인 규정들에서 따로 언급되지 않는다면 3.6.3.3과 3.6.3.4에 따라서, 가능한 한 멀리 떨어지도록, 분리되어야 한다.

3.6.3.2 협회들은 그들이 지명한 선수들과 복식조들을 경기력의 내림차순으로, 시드 배정에 사용되는 순위 목록에 포함된 어떠한 선수들로 시작하여, 그 순위 목록의 순서대로 나열해야 한다.

3.6.3.3 협회가 지명한 순위 1위와 2위의 참가자들은 (대진표의) 다른 절반으로 추첨되어야 하며 협회가 지명한 순위 3위와 4위의 참가자들은 순위 1위와 2위의 참가자들이 차지하지 않은 다른 4분의 1로 추첨되어야 한다.

3.6.3.4 나머지 참가자들은 그룹들에서 그리고 녹아웃들을 위한 예선 추첨과 본선 추첨의 첫 번째 라운드에서만 분리되어야 하지만, 그 이후의 라운드들에서는

분리될 필요가 없다.
3.6.3.5 다른 협회의 소속 선수들로 구성된 남자 복식조나 여자 복식조는 세계 순위 목록에서 더 높은 순위의 선수가 속한 협회의 복식조로 간주해야 한다. 두 선수 모두가 세계 순위 목록에 없다면, 그 복식조를 적절한 대륙 순위 목록에서 더 높은 순위의 선수가 속한 협회의 복식조로 간주해야 한다. 두 선수 모두가 세계 순위 목록이나 대륙 순위 목록에 포함되지 않는다면, 그 복식조를 협회의 팀이 더 높은 세계 팀 순위 목록에 속한 협회의 선수로 간주해야 한다.
3.6.3.6 다른 협회의 소속 선수들로 구성된 혼성 복식조를 남자 선수가 속한 협회의 복식조로 간주해야 한다.
3.6.3.7 그렇지 않다면, 다른 협회의 선수들로 구성된 어떠한 복식조라도 그 협회들 모두의 복식조로 간주할 수도 있다.
3.6.3.8 예선 경기에서, 같은 협회 소속의 참가자들은, 예선 그룹들의 개수까지, 예선 통과자들이 3.6.3.3과 3.6.3.4의 원칙들에 따라서 분리될 수 있는 방식으로 분리된, 가능한 한 멀리 떨어지도록, 다른 그룹들로 추첨되어야 한다.

3.6.4 수정(Alterations)
3.6.4.1 완성된 추첨의 결과는 책임이 있는 운영위원회의 허락과, 적절한 곳에서, 직접적으로 관련된 협회들의 대표자들의 동의가 있어야만 변경될 수도 있다.
3.6.4.2 완성된 추첨 결과는 참가의 통지와 수락에서의 오류들과 진정한 오해들을 고치기 위해서만 그리고, 3.6.5에 명시된 방법으로 심각한 불균형을 교정하기 위해서 또는 3.6.6에 명시된 방법으로 추가적인 선수들이나 복식조들을 포함시키기 위해서만 변경될 수도 있다.
3.6.4.3 경기 종목이 시작된 이후에, 필요한 삭제들을 제외하고 그 경기 종목의 추첨 결과에 어떠한 변경도 하지 말아야 한다. 이 규정의 목적을 위하여 예선 경기를 별도의 경기 종목으로 간주할 수도 있다.
3.6.4.4 선수가 실격되지 않았다면, 그 선수의 허락이 없이 그를 추첨 결과에서 삭제하지 말아야 한다; 그 선수가 그 자리에 있다면 삭제를 직접 허락해야 하거나, 그 선수가 그 자리에 없다면 권한을 가진 대표가 삭제를 허락해야 한다.
3.6.4.5 복식조의 두 선수가 모두 참가하고 매치하기에 적합하다면 그 복식조의 추첨 결과를 변경하지 말아야 하지만, 한 선수의 부상, 질병, 또는 불참은 변경의 합당한 이유로 받아들여질 수도 있다.

3.6.5 재-추첨(Re-draw)
3.6.5.1 3.6.4.2, 3.6.4.5, 그리고 3.6.5.2에 제시된 것을 제외하고, 선수를 추첨 결과의 한 위치에서 다른 위치로 옮길 수 없으며 어떠한 이유로라도 추첨 결과가 심각하게 불균형하게 된다면, 가능하다면 언제나, 그 경기 종목은 완전히 다시 추첨되어야 한다.

3.6.5.2 예외적으로, 그 불균형이 추첨의 같은 단계에서 시드 배정을 받은 선수들이나 복식 조들의 불참으로 생긴 것이라면, 협회의 지명에 의한 시드 배정의 필수요건들이 실현 가능하도록 고려하면서, 시드 배정을 받은 나머지 선수들이나 복식조들만 순위의 순서대로 다시 번호를 부여하고 시드 배정의 자리들 중에서 가능할 때까지 다시 추첨을 할 수도 있다.

3.6.6 추가(Additions)
3.6.6.1 최초의 추첨에 포함되지 않은 선수들은, 책임이 있는 운영위원회의 재량과 레프리의 동의로, 나중에 추가될 수도 있다.

3.6.6.2 시드 배정된 자리들에서 어떠한 빈자리들이라도, 순위 순서대로, 가장 경기력이 높은 새로운 선수들이나 복식조들을 빈자리들로 추첨함으로써 먼저 채워야 한다; 어떠한 다른 추가적인 선수들이나 복식조들을 불참이나 실격 때문에 생긴 빈자리 들로 추첨해야 하며 그런 다음에 시드 배정된 선수들이나 복식조들에게 불리하지 않은 그 이외의 부전승의 자리들로 추첨해야 한다.

3.6.6.3 최초의 추첨에 포함되었다면 순위에 따라 시드 배정을 받을 수 있었던 어떠한 선수들이나 복식조들이라도 시드 배정된 위치들의 빈자리들로만 추첨될 수도 있다.

3.7 경기의 조직(ORGANIZATION OF COMPETITIONS)

3.7.1 권한(Authority)
3.7.1.1 헌장을 준수한다면, 어떠한 협회라도 소속 영토 내에서 오픈, 제한, 또는 초청 토너먼트들을 조직하거나 공인할 수도 있거나 국제 매치들을 주선할 수도 있다.

3.7.1.2 마스터 경기 종목들을 제외하고, 국제 경기를 할 때, ITTF에 가입된 회원 협회의 선수들은 소속 국가의 각 올림픽 위원회나 패럴림픽 위원회를 통하여 등록하는 ITTF 인정 경기 종목들뿐 아니라, 소속 협회를 통하여 등록하는 ITTF 경기 종 목들, ITTF 승인 경기 종목들, 그리고 ITTF 등록 경기 종목들에만 참가할 수 있다. 어떠한 다른 유형의 경기 종목에라도 참가하는 것은 선수의 소속

협회나 ITTF가 특별히 명시한 서면 허락으로만 허용될 수 있다. 선수의 소속 협회나 ITTF가 하나의 경기 종목이나 일련의 경기 종목들에 대한 참가를 허락하지 않는 구체적이거나 포괄적인 통지를 하지 않는다면 선수들에게 (참가를) 허락한 것으로 간주될 것이다.

3.7.1.3 선수나 팀이 소속 협회나 대륙 연맹에 의하여 자격 정지를 받았다면 국제 경기에 참가할 수 없다.

3.7.1.4 ITTF의 허락이 없다면 어떠한 경기 종목도 세계 타이틀을 사용할 수 없거나, 해당 대륙 연맹의 허락이 없다면 대륙 타이틀을 사용할 수 없다.

3.7.2 대표(Representation)
3.7.2.1 소속 선수들이 오픈 국제 선수권 경기 종목에 참가하는 모든 협회들의 대표들은 추첨에 참가할 권리를 가져야 하며 추첨 결과의 어떠한 변경들에 대하여 또는 소속 선수들에게 직접적으로 영향을 줄 수도 있는 이의제기에 대한 어떠한 결정들에 대하여 협의를 받아야 한다.

3.7.3 참가자(Entries)
3.7.3.1 오픈 국제 선수권의 참가 신청서들을 경기를 시작하기 적어도 2개월(역월) 전에 그리고 참가 마감 날짜의 적어도 1개월(역월) 전에 모든 협회들로 발송해야 한다. 3.7.3.2 주최자는 오픈 토너먼트들을 위하여 협회들이 지명한 모든 참가자들의 참가를 허락해야 하지만 참가자들을 예선 경기로 배정할 권한을 가져야 한다; 이러한 배정을 결정함에 있어 주최자들은 적절한 ITTF와 대륙 순위 목록들과 참가자들을 지명한 소속 협회가 명시한 참가자들의 어떠한 순위 순서라도 고려해야 한다.

3.7.4 경기 종목(Events)
3.7.4.1 오픈 국제 선수권 경기들은 남자 단식, 여자 단식, 남자 복식, 그리고 여자 복식 경기 종목들을 포함해야 하며, 혼성 복식 경기 종목과 협회들을 대표하는 팀들을 위한 국제 단체 경기 종목들을 포함할 수도 있다.

3.7.4.2 세계 타이틀 경기들에서, 청소년 경기 종목들의 선수들은 경기가 개최되는 바로 직전 역년의 12월 31에 19세 미만과 15세 미만이어야 한다; 다음 연령 제한들을 다른 청소년 경기들의 해당 경기 종목들에도 권장한다: U21, U19, U17, U15, U13, U11.

3.7.4.3 오픈 국제 선수권 경기들에서 단체 매치들은 3.7.6에 명시된 시스템들 중 하

나에 따라서 경기하는 것을 권장한다; 참가 신청서나 안내서에 어떤 시스템을 선택했는가를 명시해야 한다.

3.7.4.4 원칙적으로 개인 경기 종목들은 녹아웃을 기반으로 경기를 해야 하지만, 단체 경기 종목들과 개인 경기 종목들의 예선 라운드들은 녹아웃이나 그룹 기반 중 하나로 경기를 할 수도 있다.

3.7.5 그룹 경기(Group Competitions)

3.7.5.1 그룹이나 "라운드 로빈" 경기에서, 그룹의 모든 구성원들은 서로 겨루어야 하며, 선수가 경기를 했던 매치에서 승리하면 2점의 매치 점수를 획득하고 패배하면 1점의 매치 점수를 획득하며, 매치를 하지 않거나 마치지 못한 매치에서 패배하면 0점의 매치 점수를 획득한다. 그룹에서의 순위 순서는 획득한 매치 점수들의 숫자에 의하여 우선적으로 결정해야 한다. 선수가 매치를 마친 후에 어떠한 이유 때문이라도 실격이 된다면, 그 선수는 그 매치를 패배한 것으로 간주해야 하며, 결과적으로 매치를 하지 않은 패배로 기록해야 한다.

3.7.5.2 하나의 그룹에서 둘 이상의 구성원들이 같은 수의 매치 점수들을 획득한다면 그들의 상대적인 순위들을 그들 사이의 매치들의 결과들에 의해서만, 순위를 해결하기 위하여 필요할 때까지, 매치 점수들의 수들을, (단체 경기 종목에 대하여) 먼저 개별적인 매치들에서 승리들과 패배들의 비율들을, 게임들에서 승리들과 패배들의 비율들을, 그리고 점수들에서 승리들과 패배들의 비율들을 연속적으로 고려함으로써, 결정해야 한다.

3.7.5.3 계산들의 어떠한 단계에서라도 그룹에서 한 명 이상의 구성원들의 순위들이 결정되었지만 나머지 구성원들의 순위가 여전히 같다면, 3.7.5.1과 3.7.5.2의 절차에 따라서 그 나머지 구성원들의 같은 순위들을 해결하기 위하여 필요한 어떠한 추가적인 계산들에서라도 순위들이 결정된 구성원들이 참가한 매치들의 결과들을 제외해야 한다.

3.7.5.4 3.7.5.1~3에 명시된 절차에 의하여 같은 순위들을 해결할 수 없다면 해당하는 순위들은 추첨으로 결정해야 한다. 3.7.5.5 심사위원단이 따로 공인하지 않는다면, 1명의 선수나 팀이 예선 통과를 해야 한다면 그 그룹에서 마지막 매치는 1번 번호와 2번 번호의 선수들이나 팀들 사이의 매치이어야 하며, 2명의 선수나 팀이 예선통과를 해야 한다면 그 그룹에서 마지막 매치는 2번 번호와 3번 번호의 선수들이나 팀들 사이의 매치이어야 하며 기타 등등이다.

3.7.6 단체 매치 시스템(Team Match Systems)
3.7.6.1 5전 3선승제 매치(New Swaythling Cup system, 5번의 단식)
3.7.6.1.1 한 팀은 3명의 선수들로 구성되어야 한다.
3.7.6.1.2 경기의 순서는 다음과 같아야 한다.
  A v X, B v Y, C v Z, A v Y, B v X
3.7.6.2 5전 3선승제 매치(Corbillon Cup system, 4번의 단식과 1번의 복식)
3.7.6.2.1 한 팀은 2명, 3명, 또는 4명의 선수들로 구성되어야 한다.
3.7.6.2.2 경기의 순서는 다음과 같아야 한다.
  A v X, B v Y, 복식, A v Y, B v X
3.7.6.2.3 장애인 탁구 경기 종목들에서, 경기의 순서는 복식 매치를 마지막에 할 수도 있다는 것을 제외하고 3.7.6.2.2에서와 같을 수도 있다. 3.7.6.3 5전 3선승제 매치(4번의 단식과 1번의 복식)
3.7.6.3.1 한 팀은 3명의 선수들로 구성되어야 한다; 각 선수는 최대로 2번의 개별적인 매치들에서 경기해야 한다.
3.7.6.3.2 경기의 순서는 다음과 같아야 한다.
  복식(B & C v Y & Z), A v X, C v Z, A v Y, B v X 3.7.6.4 7전 4선승제 매치(6번의 단식과 1번의 복식)
3.7.6.4.1 한 팀은 3명, 4명, 또는 5명의 선수들로 구성되어야 한다.
3.7.6.4.2 경기의 순서는 다음과 같아야 한다.
  A v X, B v Y, C v Z, 복식, A v Y, C v X, B v Z 3.7.6.5 9전 5선승제 매치(9번의 단식) 3.7.6.5.1 한 팀은 3명의 선수들로 구성되어야 한다.
3.7.6.5.2 경기의 순서는 다음과 같아야 한다.
  A v X, B v Y, C v Z, B v X, A v Z, C v Y, B v Z, C v X, A v Y

3.7.7 단체 매치 절차(Team Match Procedure)
3.7.7.1 모든 선수들을 그 단체 경기 종목을 위하여 지명된 선수들에서 선택해야 한다.
3.7.7.2 팀 캡틴의 이름을, 경기를 하거나 하지 않거나, 미리 주심에게 지명해야 한다.
3.7.7.3 단체 매치를 시작하기 전에 A, B, C 또는 X, Y, Z를 선택할 권리를 추첨에 의하여 결정해야 하며 캡틴들은 레프리나 레프리의 대리인에게, 각각의 단식 매치를 할 선수에게 하나의 문자를 부여하여, 자신의 팀의 명단을 알려야 한다.
3.7.7.4 복식 매치를 위한 복식조를 바로 직전의 단식 매치가 끝날 때까지 지명할 필요는 없다.
3.7.7.5 단체 매치는 한 팀이 가능한 개별적인 매치들의 과반을 승리할 때 종료되어

야 한다.

3.7.8 결과(Results)
3.7.8.1 경기가 종료된 후 가능한 한 빠르게 주최 협회는 전자적인 매체를 통하여 자세한 결과들을 공표해야 한다.

3.7.9 텔레비전과 스트리밍(Television and Streaming)
3.7.9.1 세계 타이틀, 대륙 타이틀, 올림픽 타이틀, 또는 패럴림픽 타이틀 경기들을 제외한 대회는 방송이 되는 영토에 속한 협회의 허락이 있을 때만, 또는 대회 주최 계약서에서 따로 명시한 경우에만 텔레비전으로 방송될 수도 있다.
3.7.9.2 국제 경기 종목에 참가하는 것은 방문 선수들을 통제하는 협회가 그 경기 종목을 텔레비전으로 방송하는 것에 동의한 것으로 간주된다; 세계 타이틀, 대륙타이틀, 올림픽 타이틀, 또는 패럴림픽 타이틀 경기들에서 그러한 동의는 그 경기 종목의 기간 동안에 그리고 그후 1역월 이내에 텔레비전 생방송이나 녹화 방송의 아무데나 방송되는 것에 동의한 것으로 간주된다.
3.7.9.3 ITTF 경기 종목들의 모든 스트리밍은 (모든 범주들은) ITTF 스트리밍 공인 과정을 준수해야 하며 스트리밍 인증 비용(SCF: Streaming Certification Fee)은 그 경기 종목의 권리 보유자에게 부과되어야 한다.

3.8 국제 자격(INTERNATIONAL ELIGIBILITY)
3.8.1 올림픽 타이틀 경기들의 참가 자격을 4.5.1에 별도로 규정하며 패럴림픽 타이틀 경기들의 참가 자격을 IPC와 4.6.1에 별도로 규정한다. 추가적인 참가 자격 규정들은 세계 타이틀 경기 종목들에 적용한다(4.1.3, 4.2.3, 4.3.6, 4.4.3).
3.8.2 선수가 소속 협회의 지명을 수락하고 그런 다음에 오픈 국제 선수권에서 개인 경기 종목들이 아닌 3.1.2.3에 나열된 경기나 지역 선수권에 참가한다면 (그 선수는) 그 협회를 대표하는 것으로 간주되어야 한다.
3.8.3 이전의 규칙과 규정들에 따라서 국적을 갖지 않은 나라의 협회를 이미 대표해 왔던 선수는 그 대표 자격을 유지할 수도 있는 것을 제외하고, 선수가 어떤 협회가 관할권을 갖는 나라의 국적일 때만 그 선수는 그 협회를 대표할 자격이 있다.
3.8.3.1 둘 이상의 협회에 속한 선수들이 같은 국적을 가지는 상황에서, 한 선수가 이들 협회들 중 하나의 협회가 통제하는 영토에서 태어났거나 주로 거주할 때만 그 선수는 그 협회를 대표할 수도 있다.

3.8.3.2 둘 이상의 협회를 대표할 자격이 있는 선수는 관련된 협회들 중에서 그가 대표할 하나의 협회를 선택할 권리를 가져야 한다.

3.8.4 3.8.3에 따라서 선수가 대륙 연맹의 회원 협회를 대표할 자격이 있을 때만 대륙 단체들의 경기 종목에서 그 대륙 연맹(1.3.1)을 대표할 자격이 있다.

3.8.5 선수는 3년의 기간이내에 다른 협회들을 대표하지 말아야 한다.

3.8.6 협회는 자신의 관할 하에 있는(1.8.4) 선수를 오픈 국제 선수권의 어떠한 개인 경기 종목들에라도 참가하도록 지명할 수도 있다; 그러한 지명은 결과 목록들과 ITTF 간행물들에 표시될 수 있으나 3.8.2에 따라서 이 선수의 대표 자격에 영향을 주지는 않는다.

3.8.7 조항 1.6.1.1.13에 따라서, 집행위원회는 어떠한 선수라도, ITTF의 이름, 깃발 그리고/또는, 선수의 난민 신분이나 소속 협회의 자격 정지와 같은, 특별한 이유로 어떠한 다른 중립적인 식별자 하에서 각각의 조직과 합의하여, 집행위원회가 적합하다고 간주하는 그러한 조건들에 따라서 그리고 그러한 방식으로, ITTF, WTT 및 ITTF 재단이 조직하거나, 승인하거나, 인정한 대회들, 올림픽과 패럴림픽 게임들, 그리고 다른 종합-스포츠 대회들에서 경기하도록 승인할 수도 있다.

3.8.8 레프리가 요구한다면, 선수나 선수의 소속 협회는 선수의 자격을 증명할 수 있는 서류와 선수의 여권을 제공해야 한다.

3.8.9 자격의 문제에 대한 어떠한 이의제기라도, 집행위원회, 규칙위원회의 위원장, 그리고 선수위원회의 위원장으로 구성되는, 자격위원회에 회부되어야 하며, 자격위원회의 결정이 최종적이어야 한다.

탁구 용어

A

- Advice: 조언
- All Round Player: 다양한 기술과 전술을 구사하는 선수
- Amateur Player: 생활 탁구 동호인
- Anti-spin Rubber: 회전이 걸리지 않는 러버
- Appeal: 이의 제기
- Arena: 경기장
- Asian Junior and Cadet Championships: 아시아 주니어 & 카데트 챔피언십
- Association: 협회
- Assistant Coach: 보조 코치
- Assistant Umpire: 부심
- Athlete: 선수

B

- Backhand Drive: 백핸드 기본 타법 / Backhand Top spin: 백핸드로 전진 회전을 거는 타법(* 단계적으로 수정)
- Backhand Stroke: 백핸드 방향에서 치는 것
- Backhand Service: 백핸드 쪽에서 넣는 서브
- Back Side: 탁구대 위 영역의 한 부분
- Back Swing: 공을 치기 전, 라켓을 뒤로 빼는 동작
- Ball: 무게 2.7g, 지름 40mm, 흰색 혹은 오렌지색의 플라스틱 공
- Ball Kid: 경기를 신속하게 운영하기 위해 공을 줍는 아이
- Ball Person: 경기를 신속하게 운영하기 위해 공을 줍는 사람
- Basic Technique: 기본 기술
- Balance: 균형
- Best of 5: 5전 3선승제 매치
- Best of 7: 7전 4선승제 매치
- Block: 상대가 강한 스매시나 강한 회전구로 공격해 올 때 전진에서 방어하는 기술
- Blade: 블레이드(러버를 부착하지 않은 나무판)
- Body Work: 몸의 움직임

C
- Cadet Championships: 일반적으로 15세 이하 선수들이 참가하는 대회를 말함(참가하는 대회의 전년도 12월 31일 기준)
- Call Area: 경기 전 선수들의 준비 상황을 체크하는 곳
- Center Line: 중앙선. 복식경기 시, 서브 넣는 구역을 위해 탁구대 윗면 중앙에 그어 놓은 선
- Champion Point: 결승전 경기에서의 매치 포인트를 말함
- Chiquita: 치키타(백핸드로 공을 회전시키는 기술의 한 종류)
- Chop: 후퇴 회전으로 수비수들이 주로 하는 롱 커트 기술
- Chopping Player(Chopper): 수비 전형의 선수
- Clean Sweep: 전 종목 석권
- Close Stance: 발의 자세가 탁구대 엔드라인에 대해서 비스듬히 선 자세를 말함
- Colleague: 같은 팀 동료 선수
- Compatriot: 같은 (국가)팀의 동료 선수
- Competition: 대회
- Competition Hall: 경기장
- Counter Attack: 상대의 공격을 되받아치는 것
- Counter Topspin: 상대방의 탑스핀을 탑스핀으로 되받아치는 것
- Course: 공이 진행되는 방향
- Cross: 대각선 방향을 말함
- Cut: 공을 짧게 쳐서 후퇴 회전을 만드는 타법(* Push가 정확한 용어로, 단계적으로 수정)
- Consolation Match: 토너먼트에서 탈락한 선수나 팀을 위해 만든 경기 방식

D
- Deciding Game: 승부를 결정하는 마지막 게임으로 예를 들어 best of 5(5전 3선승제) 경기에서 게임 스코어 2대 2 상황에서 5번째 게임을 가리키는 용어
- Defence: 수비
- Defending Champion: 이전 대회의 우승자를 말함
- Defensive Player: 수비 전형 선수(Defender 또는 Defending Style Player라고도 함)
- Deputy Referee: 부 레프리
- Dickey: 선수 유니폼에 부착하는 등판

- Doping Control(Doping Test): 금지약물 검사
- Doubles: 복식경기
- Double Bounce: 같은 코트에 공이 두 번 바운드 된 것을 말함
- Double Hit: 공을 고의로 두 번 쳤을 때를 말하며 이럴 경우 실점이 됨
- Doubles Partner: 복식 파트너
- Draw: 추첨
- Drive: 공을 회전시키는 타법
- Drop Shot: 상대 선수가 후진(탁구대에서 떨어져)에 있을 때 네트 앞에 짧게 떨어뜨리는 기술

E
- Edge Ball: 탁구대의 상판과 옆면이 만나는 곳에 공이 맞은 것을 말함
- Elite Player: 선수
- End: 탁구에서는 한쪽 코트를 의미하는 데 선수가 경기하는 자리를 말함(서브, 리시브, 그리고 엔드를 정할 때 사용하는 용어)
- End Line: 탁구대의 윗면에 가로 방향으로 그어진 줄
- Entry: 출전 선수
- Equipment: 경기를 위해 필요한 장비를 말함
- Exhibition Match: 시범 경기
- Expedite System: 경기 촉진제

F
- Fair Play: 정정당당하게 경기하는 것
- Fake Play: 상대가 생각지 못하게 속임수를 이용한 플레이를 말함
- Fault: 규정 위반으로 인한 실점
- Final: 결승전
- Flick: 짧고 낮은 공을, 손목을 이용하여 가볍게 치는 것
- Follow Through: 공을 치고 난 후부터의 자연스러운 스윙 상태
- Foot Work: 발의 움직임
- Forehand Drive: 포핸드 기본 타법 / Forehand Top spin: 포핸드로 전진 회전을 거는 타법(* 단계적으로 수정)
- Forehand Stroke: 포핸드 방향에서 치는 것
- Forehand Service: 포핸드 방향에서 넣는 서비스

- Free Hand: 라켓을 잡지 않은 손
- Full Swing: 팔과 몸 전체로 하는 스윙

G
- Game: 11점으로 이루어진 게임
- Game Point: 한 게임의 승부를 결정짓는 마지막 포인트
- Glue: 블레이드에 러버를 붙이는 접착제
- Glue Test: 접착제 유해성 검사
- Grand Slam: 그랜드 슬램. 한 선수가 세계탁구선수권대회(World Championships), 월드컵(World Cup), 그리고 올림픽(Olympic Games)에서 모두 우승한 업적을 말함
- Grip: 라켓을 잡는 형태를 말함

H
- Half Court: 탁구대 윗면 중앙선의 좌우 각각의 구역
- Hand on Table: 프리 핸드가 랠리 중에 탁구대 시합 표면에 닿았을 때를 말함
- Head Coach: 감독
- High Toss Service: 공을 높이 던져 넣는 서브를 말함
- Host Country: 대회 주최국

I
- Image Training: 기술과 전술을 이미지화하여 익히는 훈련법
- Impact: 공을 치는 순간을 말함
- Individual Event: 개인전(남녀 단식, 남녀 복식, 혼합 복식)
- Injury: 부상. 예: neck injury(목 부상), wrist injury(손목 부상)
- International Competition: 국제 경기
- Interval: 경기 중 일어날 수 있는 모든 시간적인 간격
- ITTF Challenge: ITTF 주관 챌린지 오픈 대회로 Plus와 Regular로 구분되어 진행됨
- ITTF World Tour: ITTF 주관의 국제오픈 경기로 Platinum과 Regular로 구분되어 진행됨

J
- Junior Championships: 일반적으로 18세 이하 선수들이 참가하는 대회를 말함(참가하는 대회의 전년도 12월 31일 기준)

K
- Knuckle: 무회전

L
- Lobbing(Lob): 탁구대에서 떨어져 공을 높이 올리는 기술(* 단계적으로 수정)
- Left-handed Player: 왼손잡이 선수
- Left Spin: 좌회전(공을 치는 사람의 왼쪽으로 공이 돌아가는 것)
- Let: 경기 중이 아닌 상황을 가리키는 용어로 ITTF 규정집에서는 '득점하지 못한 랠리'로 정의하고 있음
- Loop Drive(Forehand Loop, Backhand Loop): 공의 옆면(3시 지점)을 최대한 마찰시켜 강한 전진 회전을 거는 기술 (* 단계적으로 수정)
- Love All: 0:0이라는 의미로 게임 시작 시에 하는 심판의 구호

M
- Match: 단체전이나 개인전에서 홀수전 게임을 묶어서 매치라고 함(예를 들어 5전 3선승 또는 7전 4선승제 매치)
- Match Point: 매치가 끝나기 직전, 최후의 1점을 말함
- Main Draw: 본선 경기
- Men's Doubles: 남자 복식 경기
- Men's Singles: 남자 단식 경기
- Men's National Team: 남자 국가대표팀
- Men's Team Event: 남자 단체전
- Middle: 탁구 윗면의 중앙 또는 경기자의 몸쪽을 말함
- Misbehavior: 스포츠 정신에 어긋나는 행동
- Mixed Doubles: 혼합 복식
- Mixed Nationality Team: 다른 나라 선수들과 짝을 이룬 팀
- Moved Table: 탁구대를 움직였을 때를 말하며 실점이 됨
- Multi-ball System: 다수의 공(보통 20개 이상)을 사용하여 경기하는 방식(포인트마다 부심이 선수들에게 공을 던져 줌)
- Multi-ball Training: 볼박스 훈련

N
- National Team: 국가대표팀. National Squad라고도 함

- National Team Head Coach: 국가대표팀 감독
- National Association: 국가별 협회. 예를 들면 KTTA(대한탁구협회), CTTA(중국탁구협회), JTTA(일본탁구협회) 등
- Net Assembly: 네트를 구성하는 모든 장비를 말함(네트, 지주, 좀쇠 등). 길이는 183cm이고 높이는 15.25cm임
- Net-cord Service: 서비스 시에 공이 네트에 닿은 경우

O
- Obstruction: 경기 중 방해하는 행동이나 방해물(예를 들어 공이 선수에 의해 방해받았을 경우)
- Official Ball: 공인구
- Open Hand Service: 손바닥을 펴고 넣는 서브
- Open Stance: 평행으로 서 있는 발의 자세
- Opponent(Opponent Player): 상대 선수

P
- Point: 경기에서의 득점. 또는 시드 배정을 위해 받는 포인트를 말함
- Pair: 복식에서의 한 조
- Partner: 복식에서의 파트너
- P-Card: 예비 엔트리
- Penalty: 벌점
- Penhold Grip: 라켓을, 펜을 쥐듯이 잡는 그립 방법
- Playing Surface: 시합 표면
- Preliminary Round: 본선 진출을 위한 예선 토너먼트
- Practice Hall: 연습장
- Proceedings: 예선, 본선, 8강, 4강, 결승 등의 대회 진행 과정

Q
- Qualification Stage: 예선경기
- Quarterfinal: 8강

R
- Racket: 라켓

- Racket Control: 라켓 검사
- Racket Covering: 블레이드에 붙이는 러버
- Racket Hand: 라켓을 잡은 손
- Rally: 공이 경기 중인 상황을 말함
- Receive: 서브를 받는 것. 제2구
- Receiver: 서브를 받는 사람
- Referee: 레프리(심판장)
- Return: 상대의 공을 되받아치는 것
- Right-handed Player: 오른손잡이 선수
- Right Spin: 우회전(공을 치는 사람의 오른쪽으로 공이 돌아가는 것)
- Round of 32: 32강전
- Round of 16: 16강전
- Round Racket: 원형 라켓
- Rule: 규칙
- Runner up: 2위 입상자를 말함. Finalist라고도 함

S
- Sandwich Rubber: 스펀지와 핌플 러버를 인 또는 아웃으로 붙인 것
- Server: 서브를 넣는 사람
- Service: 제1구
- Seed: 시드(경기 운영 상의 대진표 자리 배정)
- Score Sheet: 점수 기록지, 경기 결과 기록지
- Semifinal: 준결승전
- Shake Hand 라켓을 악수하듯 잡는 방법
- Short: 탁구대 안에 떨어지는 짧은 볼을 의미
- Side Line: 시합 표면 위에 흰색으로 그어 놓은 2cm 너비의 세로 라인
- Side Spin: 횡회전(공의 측면에 회전을 거는 타법)
- Singles: 단식 경기
- Sky Service: High Toss Service와 같음
- Soft Rubber: 연질 러버
- Smash: 강하게 치는 타법
- Spin: 공의 회전
- Stance: 발의 자세

- Step Back: 발을 뒤로 빼는 동작
- Straight: 직선 코스
- Stop Short: 공이 앞으로 나가지 않게 짧게 치는 타법
- Stroke: 공을 치는 것
- Stroke Counter: '경기 촉진제' 시행 시 리시빙 개수를 세는 사람
- Style: 전형(선수들만의 고유한 플레이 방식)
- Stretching: 경기 전/후 근육의 긴장을 풀어주는 준비 및 정리 운동
- Swing: 공을 치는 모양

T
- Table: 탁구대. 길이 274cm, 너비 152.5cm, 높이 76cm의 크기로 함
- Tactics: 전술 및 전법
- TBD: 'To Be Decided'의 약어로 확정되지 않은 모든 경우를 말함
- Team Event: 단체전
- Technique: 기술
- Time Out: 매치 중에 선수나 코치가 휴식 혹은 작전 지시를 위해 갖는 최대 1분 동안의 시간
- Tomahawk Serve: 토마호크 서브
- Top Spin: 공의 윗면에 회전을 주는 타법
- Top Seed: 1번 시드
- Toss Tack: 서브나 리시브 그리고 엔드를 결정하기 위하여 심판이 사용하는 도구 (단 네트에 닿은 것을 제외하고는 올바른 서브여야 함)
- Toweling: 양쪽 선수가 득점한 점수의 합이 6의 배수일 때 땀을 닦도록 허용되는 시간
- Triple Champion: 3관왕(한 대회에서 단식, 복식, 혼합 복식을 모두 우승한 선수를 말함)
- TTR(Table Tennis Review): 경기의 판정 결과를 확인하기 위한 시스템

U
- Umpire: 주심
- Upcoming: 토너먼트 대진표상의 선수가 아직 결정되지 않았을 경우에 대진표에 'Upcoming'으로 표기됨

V
- Vertical: 수직의 방향(서비스 시에 선수가 공을 수직에 가깝게 던져야 함)
- VOC Test: 휘발성 유기 복합물(Volatile Organic Compound) 테스트로 라켓 컨트롤 시에 러버의 유해성 테스트

W
- World Champion: 세계탁구선수권대회 우승자
- World Junior Championships: 세계주니어선수권대회
- World Rankings: 세계 랭킹
- World Table Tennis Championships: 세계탁구선수권대회. 개인전 경기(Individual Event)와 단체전 경기(Team Event)가 각각 격년제로 진행됨
- Women's Doubles: 여자 복식
- Women's National Team: 여자 국가대표팀
- Women's Singles: 여자 단식
- Wrong Player: 정해진 순서를 어긴 선수(복식 또는 단체전 오더에 적용됨)
- Wrong Side: 복식에서 서비스한 공이 왼쪽 하프 코트에 떨어졌을 때

찾아보기

A~Z

Adam Bobrow 219
ALC(아릴레이트 카본) 95, 96, 99, 100, 101, 102, 103, 162
AN 그립 98
ARE 246
AUT 246
CO 그립 98
DHS 141
ESN 108, 122
FL 그립 98, 103, 151, 168
Pongfinity 219
ST 그립 98, 168
T League 213
TableTennisDaily 220
TTGearLab 209, 210
VOC 35
WTT 37, 213, 220, 283
ZLC(자일론 카본) 95

ㄱ

가방 132, 133, 134, 157, 158, 159, 231
가위 143, 171, 178
강희찬 38, 46
경기 중 63, 64, 67, 87, 127, 190, 252, 258, 261, 267, 269, 287, 288, 289, 290
경도 93, 95, 108, 109, 110, 111, 112, 121, 122, 123, 144, 180
게오르그 레만 24
게임 20, 21, 22, 24, 26, 33, 34, 42, 43, 44, 46, 47, 48, 50, 56, 59, 65, 66, 69, 235, 256, 257, 258, 260, 263, 269, 270, 271, 272, 280, 283, 285, 287, 288
계림구락부 40
고슴도치 탁구클럽 206

고시마 21, 22, 23
공링후이 32, 34
공설 탁구장 181, 182
공공 체육 시설 181, 182, 183, 184
과거 지역 부수 195, 196, 199, 200
곽방방 38, 49
구술시험 226, 227, 230, 232
국내심판 240, 241, 242, 243, 244, 245
국민체육진흥공단 189, 222
국제심판 240, 245, 246
국제탁구연맹 24, 25, 26, 28, 31, 32, 33, 34, 35, 37, 41, 62, 63, 68, 70, 71, 75, 92, 108, 114, 118, 124, 125, 126, 127, 128, 144, 145, 207, 213, 227, 240, 243, 245, 246, 250
그랜드 슬램 36, 287
그립 36, 48, 83, 86, 90, 91, 96, 97, 98, 101, 102, 103, 104, 137, 138, 150, 151, 155, 166, 168, 177, 180, 188, 189, 289
그립 테이프 137, 138, 155
글루 140, 141, 142, 144, 145, 150, 162, 163, 170, 171, 172, 173, 174, 175, 176, 177, 179, 180
글루잉 140, 141, 144, 171, 172, 173, 174, 175, 176
김경아 38, 49, 52, 53
김기택 38, 45, 115
김남수의 탁구토크 216
김동현 49, 56
김무교 49
김복례 49
김완 38, 43, 44
김정훈 38, 49, 215, 216
김충용 38, 42
김택수 38, 46, 47, 48, 50, 52, 57, 93
김태민 60

ㄴ
남북 단일팀 46
너클 71

네트 어셈블리 63, 64, 65, 67, 70, 125, 250, 254, 255, 259, 262, 267
넷 65

ㄷ

다나카 토시아키 28
다마스 108
다이키 108
당예서 38, 49
대상 기술 111
대한체육회 40, 41, 52
대한탁구협회 41, 52, 75, 195, 196, 198, 199, 200, 202, 203, 207, 208, 213, 219, 222, 239, 240, 241, 242, 243, 244, 245, 289
대회 17, 18, 24, 25, 26, 27, 28, 31, 32, 33, 34, 39, 40, 41, 42, 43, 45, 46, 47, 48, 49, 50, 51, 52, 53, 55, 56, 58, 59, 60, 115, 120, 125, 126, 127, 132, 182, 189, 192, 193, 194, 196, 197, 198, 200, 201, 202, 203, 204, 206, 207, 212, 213, 214, 215, 218, 221, 240, 241, 246, 261, 282, 283, 285, 287, 289, 291, 292
데이비드 포스터 20
독일제 러버 121
돌출 러버 106, 112, 113, 114, 115, 152
동일구조 블레이드 102
드라이브 68, 75, 78, 79, 109, 130, 156, 227, 232
드롭 샷 68, 83, 84, 85, 86, 88

ㄹ

랄프 슬레이젠저 20
량징쿤 36
러버 16, 24, 27, 28, 29, 30, 31, 35, 36, 37, 82, 91, 92, 93, 103, 105, 106, 107, 108, 109, 110, 111, 112, 113, 114, 115, 116, 117, 118, 119, 120, 121, 122, 123, 133, 134, 135, 136, 137, 138, 139, 140, 141, 142, 143, 144, 145, 146, 148, 150, 151, 152, 153, 154, 155, 156, 161, 162, 163, 165, 166, 170, 171, 172, 173, 174, 175, 176, 177, 178, 179, 180, 204, 209, 211, 212, 248, 251, 259, 284, 287, 290, 292
러버 보호 필름 135, 136
러버 보호 커버 136

러버 부착 용품 140
레슨 5, 17, 18, 113, 128, 181, 182, 183, 184, 185, 186, 188, 189, 190, 191, 192, 193, 206, 212, 214, 215, 216, 217, 218, 219, 229
레이저 커팅 178
렛 63, 64, 65, 252, 254, 255, 267, 269
로브(로빙) 48, 68, 82, 84, 88, 89, 234
롱궈텐 28
롱 핌플 러버 28, 29, 112, 142
롱핌숏핌 214
루프 드라이브 79
류궈량 32, 47, 48
류지혜 38, 49
리그전 17, 18, 192, 193, 195, 196, 198, 199, 200, 201, 203, 204, 205
리닝 129
리두 141
리시브 26, 63, 64, 66, 69, 73, 74, 80, 81, 84, 85, 86, 90, 234, 254, 255, 256, 257, 258, 267, 291
리자웨이 52
린시동 36

ㅁ

마롱 36
마룻바닥 186, 187
마리아 메드난스키 24
마린 34, 51
매치 26, 33, 65, 66, 250, 252, 253, 254, 256, 257, 258, 260, 261, 262, 263, 265, 266, 268, 269, 270, 271, 272, 273, 274, 277, 278, 279, 280, 281, 284, 285, 288, 291
무게 73, 74, 75, 76, 77, 81, 84, 85, 87, 89, 92, 97, 99, 103, 108, 123, 126, 127, 136, 139, 140, 144, 151, 170, 175, 176, 179, 180, 229, 232, 233, 251, 284
무게 증량 테이프 139, 140
무게 측정 저울 144
무회전 71, 73, 85, 115, 116, 117, 118, 288
문규민 46

문현정 49
문화체육관광부 58, 222
미디엄 핌플 러버 116, 117
미즈노 129, 130, 156

ㅂ

바나나 플릭 68, 85, 86
박가현 38, 60
박미영 38, 49
박영숙 49, 56
박지현 44, 46
박창익 38, 44
반회전 반커트 72
백핸드 기본 타법 75, 76, 232, 284
백핸드 스트로크 68, 75
버터플라이 29, 99, 102, 104, 108, 121, 129, 139, 141, 150, 168, 171
베르너 슐라거 51
변화계 숏 핌플 러버 117
보스커트 80
부수 5, 188, 192, 193, 194, 195, 196, 197, 198, 199, 200, 201, 202, 203, 209
부스터 145
부스팅 36, 37, 144, 145, 146
부착 롤러 143
블레이드 16, 90, 92, 93, 95, 96, 97, 98, 99, 100, 101, 102, 103, 104, 105, 108, 118, 137, 138, 140, 141, 142, 145, 148, 150, 151, 152, 155, 161, 162, 163, 164, 165, 166, 168, 170, 171, 172, 173, 174, 175, 176, 177, 178, 179, 180, 209, 210, 211, 212, 251, 252, 255, 260, 262, 284, 287, 290
블록 68, 87, 88, 97, 118, 233, 234
비스카리아 99, 100, 101, 103, 104, 150, 151, 162
비점착 평면 러버 112, 121, 136, 152, 154
빅타스 116, 123, 168
빅터 바르나 25
빠빠빠 탁구클럽 208, 209

ㅅ

사설 탁구장   181, 182, 183, 184, 185
사이드라인   125, 250, 264
사이드 테이프   137, 140, 155, 163, 164, 166
사일런트 스매시   28
사토 히로지   27
생체탁구   214, 218
서말닷되 탁구방송   38, 60
서비스(서브)   214
서울YMCA   40
서현덕   38, 49, 56
서효원   38, 58, 82, 118
석은미   38, 49, 50
선수 출신(선출)   189, 196, 216, 217, 218, 219, 240
세트   20, 24, 33, 65, 135, 153, 161, 162
세계선수권대회   24, 25, 26, 27, 28, 32, 34, 39, 42, 43, 45, 46, 47, 48, 49, 50, 51, 53, 56, 58, 59
셀룰로이드 공   23, 48
셰이크핸드 그립   83
소프트 러버   27
손쓰임   188, 190
쇼트   68, 75, 214, 232, 233
숏 핌플 러버   29, 112
수명   92, 99, 118, 120, 145, 170, 211
수비주전형(커트주전형)   51, 53, 118
수성 글루   140, 142,
슈트 드라이브   78
스위트 스폿   96, 97
스펀지   24, 27, 28, 29, 30, 36, 106, 107, 108, 109, 110, 111, 112, 114, 117, 118, 119, 121, 134, 135, 140, 141, 142, 144, 153, 163, 170, 172, 173, 174, 175, 290
스피드 글루   30, 35, 48, 144, 145
스피드 드라이브   78
스피드계 숏 핌플 러버   115, 116

스텔란 벵트손 29
스톱 68, 83, 84
스포츠지도사 5, 189, 222, 223, 224, 225, 226, 238
시도 부수 5, 195, 196, 198, 200
시엔팅 31
시합구 155
시합 표면 63, 64, 67, 68, 124, 125, 287, 289, 290
신유빈 38, 55, 56, 58, 59, 60,
실기시험 223, 224, 225, 226, 228, 229, 230, 232, 235
심리스볼 128
심볼 127, 128
심새롬 49
심판 65, 132, 186, 190, 207, 221, 232, 239, 240, 241, 242, 243, 244, 245, 246, 252, 261, 262, 263, 265, 288, 290, 291
쏭튜브 218

ㅇ

아릴레이트 95, 100
아시아선수권대회 41, 56, 58
아시아탁구연합(연맹) 27
아시안게임 43, 44, 46, 47, 48, 50, 56
아식스 129
아이보르 몬태규 24
안드로 209, 217
안재현 38, 56, 57, 58, 59
안재형 38, 44, 45
안젤리카 로제아누–아델슈타인 26
안티스핀 러버 31, 106, 107
안해숙 43
알로이지 에를리히 25
앨런 듀크 20, 21
얀 오베 발드네르(발트너) 32, 52
양말 130, 131, 157, 165, 260

양영자　38, 43, 44, 45
양하은　38, 49
엑시옴　104, 122, 129, 136, 139, 143, 168
엔드　66, 70, 71, 72, 73, 125, 232, 250, 253, 255, 256, 257, 260, 264, 267, 271, 285, 286, 291
엔드라인　71, 72, 83, 125, 250, 253, 255, 260, 285
엣지　5, 64, 68, 190
역횡회전　71, 72
연습구　155
예절　18, 181, 190, 191, 248
오기무라 이치로　28, 35
오상은　38, 49, 50, 55
오소독스 러버　24, 27
오준성　38, 60
오픈 서비스(오픈 서브)　70, 190
올림픽　32, 33, 36, 45, 46, 49, 51, 52, 53, 55, 61, 127, 258, 260, 261, 262, 263, 278, 282, 283, 287
왕리친　34
왕추친　36
왕타오　48
왕하오　52
요니에르　30
용품병　100
우블링　29, 117, 118
월 회원　182, 183, 184, 185
원형핑퐁　219
유남규　32, 44, 45, 46, 48, 51, 60, 93
유성 글루　140
유예린　60
유은총　38, 49
유한나　38, 56
윤경미　43
윤재영　49

윤탁구 218
이너 93, 94, 100
이상수 38, 49, 54, 55, 56, 58
이선 44
이수자 43
이승수 60
이시온 38, 58
이에리사 38, 43
이은실 38, 49, 50
이은혜 38, 60
이정우 38, 49, 56
이진권 38, 49
이철승 38, 50
인버티드 러버 27
인플레이 64, 67, 68
일본식 펜홀더 90, 91, 93, 105, 128
일본제 러버 108, 109, 110, 121
임재현 38, 49
임종훈 38, 55, 56, 58, 60
임창국(조현우)의 핑퐁타임 216
임팩트 34, 72, 75, 76, 77, 79, 80, 83, 84, 85, 86, 88, 110, 119, 120, 227, 229

ㅈ
자격증 5, 18, 188, 189, 221, 222, 223, 224, 236, 239, 240, 241, 242, 243, 244, 245
자일론 95
장우진 38, 49, 55, 56, 58, 59
장이닝 52
장즈위안 50
저울 144, 170
전국도시대항탁구대회 41
전국종별탁구선수권대회 42
전국종합탁구선수권대회 41
전조선핑퐁경기대회 39, 40

전조선탁구선수권대회 39, 40
접착 시트 141, 142
접착제 30, 107, 108, 110, 114, 137, 140, 155, 163, 251, 262, 263, 287
전국 오픈 부수 195, 196, 198, 199, 200
전지희 38, 58, 59, 60
전진 회전(상회전) 29, 71, 78, 79, 80, 118, 284, 286, 288
전진속공형 115, 116
정현숙 39, 43
제임스 깁 22
제임스 데본셔 21
조선체육회 40
조언래 55, 56
조승민 38, 58, 59
존 자크 21, 22, 23
주세혁 38, 49, 50, 51, 55, 82, 118, 220
줄라 123, 168, 215
중국식 펜홀더 90, 93
중국제 러버 108, 109, 111, 121
중국탁구연구소 216

ㅊ

차이전화 31
체육지도자 221, 222, 225, 228, 238
촙 68, 81, 82, 83, 84
최근항 38, 40
최나현 60
최현진 49
최효주 38, 58

ㅋ

카뎃 55
카본 95, 100
카운터 드라이브 79

카운터 탑스핀　78, 79
칼리니코스 크레앙가　51
커터 칼　143, 170, 171, 178
커팅　142, 143, 170, 171, 175, 178, 179
커브 드라이브　78
클람파르　30
클리너　120, 132, 134, 135, 153, 165
클리너와 스펀지　134
코치　52, 62, 181, 182, 183, 184, 185, 186, 188, 189, 190, 193, 215, 216, 217, 222, 240, 273, 274, 284, 291

ㅌ

타토즈　209
탁고티비　219
탁구TV　214, 215, 217
탁구공　18, 33, 36, 111, 124, 126, 127, 128, 131, 132, 133, 155, 159, 165, 190, 250
탁구는 영화다 이감독　214
탁구 로봇　186, 187
탁구 마이너 갤러리　210, 211
탁구벼룩시장　211
탁구복　131, 133, 160, 163, 168, 230
탁구 월드컵　43, 46, 47, 50
탁구장　17, 18, 75, 81, 92, 126, 127, 129, 132, 155, 164, 181, 182, 183, 184, 185, 186, 187, 188, 190, 191, 192, 193, 195, 196, 198, 200, 201, 204, 205, 218, 222, 230, 248
탁구장 부수　195, 196, 198, 200, 201
탁구대　20, 36, 41, 46, 63, 64, 67, 68, 70, 71, 72, 73, 77, 80, 82, 84, 85, 86, 87, 89, 90, 113, 115, 118, 124, 125, 126, 128, 137, 183, 184, 186, 187, 190, 204, 213, 226, 231, 232, 233, 234, 250, 256, 259, 260, 261, 264, 266, 267, 270, 273, 284, 285, 286, 287, 288, 290, 291
탁구화　18, 128, 129, 130, 131, 134, 156, 157, 160, 163, 165, 166, 168
탁뀨TV　219
탁쳐　214
탑시트　24, 27, 28, 29, 107, 108, 110, 111, 112, 114, 119, 145, 178
탑스핀　36, 68, 74, 78, 79, 80, 81, 82, 87, 90, 91, 109, 112, 113, 128, 233, 234, 235, 285

타월링 33, 65, 66, 67
테나리 그립 98
트위들링 82
특수소재 17, 93, 94, 95, 96, 100
티밸런스 218

ㅍ

파워쇼트KOO 214
판젠동 36, 102, 103
팔러 테이블 게임즈 20
페네스 파르카스 25
펜홀드 그립 36, 48, 86, 90
포인트 25, 26, 63, 64, 67, 182, 197, 198, 202, 204, 217, 285, 287, 288, 289
포핸드 기본 타법 74, 75, 76, 232, 286
포핸드 롱 68, 75
포핸드 스트로크 68, 74, 232
폴리공 128
표면 보호 코팅제 138, 139
프리 핸드 31, 34, 63, 64, 69, 70, 252, 253, 255, 287
플라스틱 공 284
플릭 68, 84, 85, 86
핌플 러버 28, 29, 106, 112, 115, 116, 117, 142, 251, 259, 290
핌플 아웃 러버 27, 28, 29, 82, 106, 112
핌플 인 러버 27, 28, 29, 31, 82, 106, 107
핑퐁 23, 40

ㅎ

하드 러버 24
한국실업탁구연맹 42, 213
한국중고등학교탁구연맹 42
한국프로탁구리그 213
한지민 49
핸디 193, 194, 195, 197, 199, 200

헤드 96, 97, 98, 140, 180
현장실습 223, 235, 236, 237, 238, 239
현정화 38, 44, 45, 46, 47, 53, 115
홍차옥 38, 46
화(fore) 74
황민하 59
황세준 탁구클럽 216
회전 종류 72
회전계 숏 핌플 러버 116
후이준 45
후처리 용품 144
후퇴 회전(하회전) 68, 71, 118
횡회전 72, 73, 78, 86, 89, 234, 290